Fontes Christiani

ISIDOR VON SEVILLA
ÜBER DEN URSPRUNG DER KIRCHLICHEN ÄMTER

FONTES CHRISTIANI

Zweisprachige Neuausgabe christlicher Quellentexte
aus Altertum und Mittelalter

In Verbindung mit der Görres-Gesellschaft

herausgegeben von
Marc-Aeilko Aris, Peter Gemeinhardt,
Martina Giese, Winfried Haunerland, Roland Kany,
Isabelle Mandrella, Andreas Schwab

Band 95

ISIDOR VON SEVILLA
ÜBER DEN URSPRUNG
DER KIRCHLICHEN ÄMTER

LATEINISCH
DEUTSCH

ISIDOR VON SEVILLA

DE ORIGINE OFFICIORUM
ÜBER DEN URSPRUNG DER KIRCHLICHEN ÄMTER

EINGELEITET UND ÜBERSETZT
VON
GERD KAMPERS

FREIBURG · BASEL · WIEN

Zugrunde gelegt wurde der Text von Chr. M. Lawson in Corpus Christianorum, Series Latina, 113 mit freundlicher Genehmigung des Verlags Brepols Publishers, Turnhout/Belgien 1989.

Redaktion:
Horst Schneider

Zum Autor: Gerd Kampers, Dr. phil., geboren 1944 in Holdorf/Niedersachsen; 1966–1972 Studium der Geschichte und Anglistik an der Rheinischen Friedrich-Wilhelms-Universität Bonn, 1972 Erstes Staatsexamen, 1972–1979 wissenschaftlicher Mitarbeiter am Historischen Seminar der Universität Bonn; 1976 Promotion zum Dr. phil., 1979–1992 Gymnasiallehrer, seit 1990 Mitbegründer und Mitarbeiter des interdisziplinären Forschungsprojektes „Nomen et Gens"; seit 1993 selbständige Forschungstätigkeit mit dem Arbeitsschwerpunkt Frühes Mittelalter, besonders Prosopographie und Germanenreiche.

© Verlag Herder GmbH, Freiburg im Breisgau 2021
Alle Rechte vorbehalten
www.herder.de
Satz: Heidi Hein, Brühl (Baden)
Herstellung: Friedrich Pustet GmbH & Co. KG, Regensburg
Printed in Germany
ISBN 978-3-451-32926-5

INHALTSVERZEICHNIS

Einleitung 7
  I. Einführung 7
 II. Biographische Skizze 7
    1. Herkunft 7
    2. Ausbildung zum Mönch und Kleriker 11
    3. Isidor und der Aufstieg des *regnum Toletanum* unter den Königen Leovigild und Reccared 12
    4. Schöpfer eines neuen historischen Narrativs 15
    5. Isidors Verhältnis zum Königtum 18
    6. Bischof von Sevilla und Metropolit der Carthaginiensis 21
III. Isidors literarisches Werk 25
    1. Das Zeugnis des Braulio von Zaragoza 26
    2. Isidor und die *Etymologiae* 32
    3. Bildungshistorischer Kontext 37
IV. De origine officiorum – Überblick 40
    1. Titel und Charakter der Schrift 40
    2. Inhalt 42
      a) Buch 1 42
      b) Buch 2 43
    3. Zur Übersetzung 47

Text und Übersetzung

De origine officiorum –
Über den Ursprung der kirchlichen Ämter 49
Buch 1 50
Buch 2 146

Anhang

Abkürzungen
    Werkabkürzungen 260
    Allgemeine Abkürzungen 262
    Bibliographische Abkürzungen 263

Bibliographie
    Quellen 265
    Literatur 269

Register
    Bibelstellen 275
    Namen 279
    Lateinische Begriffe 282

Einleitung

I. Einführung

Die schmale Schrift *De origine officiorum* des berühmten Bischofs Isidor von Sevilla ist, anders als der Titel vermuten lässt, nicht nur eine Darstellung der christlichen Liturgie und der kirchlichen Ämter, sondern ein anschauliches Dokument der liturgischen Gebräuche, des Klerus, der Mönche, Nonnen, Eheleute und Witwen, das aufschlussreiche Einblicke in das gesellschaftliche Leben im hispano-gallischen Wisigotenreich der ausgehenden Spätantike im 6./7. Jahrhundert n. Chr. ermöglicht. Wie Isidors andere Schriften fand die Abhandlung schon früh außerhalb Spaniens Verbreitung. Von Italien, wo sie seit ca. 640 belegt ist, gelangte sie auf die Britischen Inseln, dann auch ins Frankenreich. Erst im Zeitalter der Reformation ging ihr durch das ganze Mittelalter belegter Gebrauch zurück.[1]

II. Biographische Skizze

1. Herkunft

Isidor (*554/561–†636) entstammte einer Familie der senatorischen Aristokratie, der führenden Gesellschaftsschicht der Spätantike. Im weltlichen Bereich besetzten ihre Mitglieder wichtige Ämter in der Verwaltung und im Militär, und als Bischöfe übernahmen ihre Angehörigen auch Leitungsfunktionen in der Kirche. Mit Ausnahme des Ostgotenreiches in Italien mutierte der Senatorenstand in den übrigen Germanenreichen zu einem „romanischen

---

[1] Von Bedeutung war sie allerdings auch für die Erneuerung der sog. mozarabischen Liturgie zu Beginn des 16. Jahrhunderts. Der erste wichtige Reformer der mozarabischen Liturgie, die noch heute in einigen Kirchen Spaniens gefeiert wird, war Kardinal Francisco Ximénez Cisneros (*1436–†1517), der *De origine officiorum* besonders schätzte. Die Struktur der Eucharistiefeier bei Isidor lebt im zeitgenössischen Ritus weiter; vgl. KNOEBEL, *Introduction* 18–23.

‚Erbadel'".[2] Die Grundlage seiner herausragenden sozialen Position bildete sein ausgedehnter Landbesitz, der nicht selten über verschiedene Provinzen verteilt war. Bewirtschaftet wurden die Ländereien von Sklaven und Kolonen, auch von Freigelassenen und Freien, die sich und ihren Grundbesitz dem Schutz eines Grundherrn (*patronus*) unterstellt hatten und ihm dafür Abgaben entrichteten. Während in Gallien eine Reihe dieser aristokratischen Geschlechter recht gut belegt ist, so ist die Quellenlage für die spanischen Provinzen weniger ergiebig.[3]

Auch nach dem Ende des Imperiums im Westen und der Entstehung der germanischen Reiche in Nordafrika, Italien, Spanien und Gallien blieben zahlreiche Familien der Senatorenaristokratie im Besitz großer Teile ihrer Latifundien, die nur zum Teil für die Ansiedlung der germanischen Stämme durch Aufteilung in Landlose, sog. *sortes*, herangezogen wurden. Dies dürfte grosso modo auch für die spanischen Provinzen gelten.[4]

Diese durch die Autorität der von Gott legitimierten Staatsgewalt[5] garantierten sozio-ökonomischen Verhältnisse seien, wie – in Übereinstimmung mit älteren christlichen Autoren – auch Isidor in seinen *Sententiae* ausführt, eine Folge des Sündenfalls im Paradies gewesen und von Gott selbst verfügt worden. Denn so wie es die Aufgabe der von den Völkern gewählten Fürsten und Könige sei, ihre Untertanen durch Gesetze und die Furcht vor Strafe zu einem rechten Lebenswandel anzuhalten, so sei es Aufgabe der Herren, die Zügellosigkeit der Knechte, Böses zu tun, einzuschränken.[6] Dieser gottgewollten sozialen Ordnung

---

[2] PABST, *Senatorenadel*.
[3] Vgl. STROHECKER, *Der senatorische Adel im spätantiken Gallien*; DERS., Spanische Senatoren der spätrömischen und westgotischen Zeit; HEINZELMANN, *Bischofsherrschaft in Gallien*; DERS., *Gallische Prosopographie 260–527*. HESS, *Das Selbstverständnis der gallo-römischen Oberschicht*; Kaiser, *Das römische Erbe und das Merowingerreich*.
[4] Vgl. KAMPERS, *Wicthairus arianae legis sacerdos* 110–114.
[5] In *Sent.* 3,48,10 (CCL 111,299) zitiert Isidor Röm 13, 1: *Non est potestas nisi a deo.*
[6] *Sent.* 3,47,1 (CCL 111,295): *Propter peccatum primi hominis humano generi poena diuinitus inlata est seruitutis, ita ut quibus aspicit non congruere libertatem, his misericordius inroget seruitutem. Et licet per peccatum hu-*

widerspreche auch nicht die Tatsache, dass gute Knechte unter schlechten Herren zu leiden hätten, weil nämlich eine unterwürfige Knechtschaft (*subiecta servitus*) besser sei als stolze Freiheit (*elata libertas*).[7]

Die Angehörigen der hispano-römischen Senatorenaristokratie hatten – trotz der Präsenz der Wisigoten in Spanien seit der zweiten Hälfte des 5. Jahrhunderts – im Süden der Halbinsel (näherhin im südlichen Teil der Provinzen *Carthaginiensis* und *Lusitania* und in der Provinz *Baetica*[8]) bis in die 530er Jahre eine durch den Zusammenbruch des Imperiums im Westen (476), die Niederlage der Wisigoten gegen die Franken in Vouillé (507) und die Herrschaft des Ostgotenkönigs Theoderich des Großen über das Wisigotenreich (511–526) begünstigte, weitgehend unabhängige politische Position behaupten können, die sie zudem von den dem Fiskus zu entrichtenden Steuern entlastete.

Zu einer grundlegenden Veränderung der politischen Lage im Mittelmeerraum führte jedoch die von Kaiser Justinian (527–567) mit beachtlichen Erfolgen betriebene *recuperatio imperii*, die auch für die Verhältnisse in Spanien nicht ohne Folgen bleiben sollte. Wegen der Eroberung des Wandalenreiches in Nordafrika durch die Byzantiner (533/34) und der Erfolge der oströmischen Truppen gegen das Ostgotenreich in Italien seit 535 wuchs die strategische Bedeutung der an das Mittelmeer angrenzenden südspanischen Gebiete für das Reich der Wisigoten. Erste Versuche zu einer Intensivierung der gotischen Herrschaft in diesem Raum fallen bereits in die Regierungszeit des Königs Theudis (531–548), dessen Frau einem äußerst vermögenden hispano-romanischen Senatorengeschlecht entstammte. Allerdings

---

manae originis, tamen aequus Deus ideo discreuit hominibus uitam, alios seruos constituens, alios dominos, ut licentia male agendi seruorum potestate dominantium restringatur. Nam si omnes sine metu fuissent, quis esset qui a malis quempiam cohiberet? Inde et in gentibus principes regesque electi sunt, ut terrore suos populos a malo coercerent, atque ad recte uiuendum legibus subderent.

[7] *Sent.* 3,47,3 (CCL 111,296): *Melius est subiecta seruitus quam elata libertas. Multi enim inueniuntur Deo libere seruientes sub dominis constituti flagitiosis; qui, etsi subiecti sunt illis corpore, praelati tamen sunt mente.*

[8] Vgl. KAMPERS, *Zum Ursprung der Metropolitanstellung Toledos*.

scheiterte sein Versuch, das nordafrikanische *Septem*/Ceuta zu erobern und damit die Kontrolle über die Straße von Gibraltar zu gewinnen. Trotz der besonders schlechten Quellenlage deuten die wenigen Informationen dennoch darauf hin, dass die beiden Nachfolger des Theudis weiterhin darum bemüht waren, das südliche Spanien unter gotische Kontrolle zu bringen. Das traf auf den Widerstand der in ihrer Unabhängigkeit bedrohten Angehörigen der Senatorenaristokratie. Theudis' Nachfolger Theudigisclus wurde 549 das Opfer eines Anschlages bei einem Bankett in Sevilla. Auch König Agila (549–555) gelang es nicht, Córdoba, das Zentrum des Widerstandes, zu erobern. Schließlich fand er, von dem zum Gegenkönig erhobenen Athanagild (555–567) besiegt, ein gewaltsames Ende. Athanagild hatte sich nämlich gegen die Abtretung südspanischer Gebiete die Unterstützung der Byzantiner gesichert, die – noch vor Beendigung des Ostgotenkrieges – Ende 552 einsetzte.

In diese Kämpfe war auch Isidors Vater, Severianus, verwickelt, der – ca. 552 von den Goten aus seinen Besitzungen im Süden der Provinz *Carthaginiensis* vertrieben – mit seiner namentlich nicht bekannten Frau und den Kindern Leander (*ca. 537/38), Fulgentius (*zwischen ca. 539 und vor 552) und Florentina (*ca. 552) in das von König Athanagild behauptete *Hispalis*/Sevilla geflüchtet war. Hier wurde Isidor – nach 554 und vor 561 – geboren. Seine Eltern starben, als er noch im Kindesalter, der *infantia*, stand, die mit dem sechsten Lebensjahr endete. Danach übernahm sein ältester Bruder Leander, der schon Mönch geworden war, Isidors Erziehung, mit dem ihn eine besonders enge Beziehung verband. „Wie ein wahrer Sohn ist er mir, seiner Liebe ziehe ich nichts Zeitliches vor und auf seine Zuneigung baue ich gern", schreibt Leander an die gemeinsame Schwester Florentina.[9] In welches Kloster Leander eingetreten war und welches Amt er dort bekleidete, ist nicht überliefert. Es war damals nicht ungewöhnlich, bereits Kinder, sog. *pueri oblati*

---

[9] LEANDER HISPALENSIS, *De institutione virginum et de contemptu mundi* 31,12 (215 VELÁZQUEZ; Übers. von FRANK, *Frühes Mönchtum im Abendland* 1, 358).

(die *pueritia* begann nach dem sechsten Lebensjahr), für den geistlichen Stand zu weihen,[10] und so liegt die Annahme nahe, dass auch Isidor – doch wohl im Kloster seines Bruders Leander – zum Mönch erzogen wurde.[11] Als Leander 580 Bischof von Sevilla wurde, war Isidor zwischen 20 und 25 Jahren alt. Auch Isidors Bruder Fulgentius war Kleriker, Schwester Florentina war Nonne und Äbtissin eines nicht bekannten Klosters. Auch sie starb vor Isidor (633?).[12] Fulgentius wurde Bischof von *Astigi*/Écija (geweiht spätestens 610, gestorben spätestens 624).

2. Ausbildung zum Mönch und Kleriker

Die intellektuelle und spirituelle Erziehung Isidors folgte dem spätantik-christlichen Erziehungsmodell, das aus einer für den christlichen Bedarf reduzierten Einführung in die *septem artes liberales*, die ohne Texte klassischer Autoren nicht auskam, und besonders aus der Lektüre der Heiligen Schrift und dem Studium der kirchlichen Autoren bestand. Der spirituellen Formierung der Mönche und Kleriker dienten darüber hinaus die Teilnahme an der Liturgie und die Ausübung liturgischer Pflichten,

---

[10] Vgl. ORLANDIS ROVIRA, *La oblación de niños a los monasterios en la España visigótica*; DE JONG, *In Samuel's Image. Child Oblation in the Early Medieval West* 40–46.
[11] So auch CASTILLO MALDONADO, *Gastrimargía y abstinentia en la normativa monástica hispanovisigótica (II): Isidoro de Sevilla* 31 f; BARATA DIAS, *L'ideal monastique, les moines et les monastères du monde wisigothique selon Isidore de Seville* 143 f. CASTILLO MALDONADO, *Living a Christian Life: Isidore of Seville on Monasticism, Teaching, and Learnig* 301–331; WOOD, *A Family Affair* 37.
[12] Zur Familiengeschichte vgl. FONTAINE/CAZIER, *Qui a chassé de Carthaginoise Severianus et les siens? Observations sur l'histoire familial d'Isidore de Séville*; CAZIER, *Isidore de Séville et la naissance de l'Espagne catholique* 29–36; FONTAINE, *Isidore de Séville. Genèse et originalité de la culture hispanique au temps de Wisigoths* 87–111. Vgl. dazu aber KAMPERS, *Isidor von Sevilla und seine Familie. Überlegungen zu ‚De institutione virginum et de contemptu mundi' c. 31*. Siehe auch DÍAZ Y DÍAZ, *San Isidoro el hombre*; WOOD, *A Family Affair. Leander, Isidore and the Legacy of Gregory the Great in Spain* 37–40.

das Stundengebet und besondere geistliche Übungen wie Fasten, Hymnen- und Psalmengesang.[13] Nach seiner Erziehung und Ausbildung zum Mönch und Kleriker setzte Isidor seine wissenschaftlichen und theologischen Studien intensiv fort. Besonderen Einfluss auf die geistliche wie wissenschaftliche Entwicklung Isidors hatte sein Bruder Leander.[14] Einen Eindruck von den Isidor zugänglichen und von ihm benutzten klassischen und christlichen Autoren vermitteln die (vielleicht von Leander oder gar von Isidor selbst verfassten) *Versus in bibliotheca*[15], d. h. unter den Büsten der Autoren auf den Bücherschränken der bischöflichen Bibliothek in Sevilla angebrachte kurze Verse oder Gedichte, und namentlich das literarische Werk Isidors, in dem sich die Quellen seiner außergewöhnlichen Belesenheit und Gelehrsamkeit widerspiegeln.[16]

3. Isidor und der Aufstieg des *regnum Toletanum* unter den Königen Leovigild und Reccared

Isidors Leben verlief parallel zu einer ebenso bewegten wie bedeutsamen Phase der Geschichte des Wisigotenreiches. Im Gegensatz zur Regierungszeit des Königs Athanagild (555–567), bei dessen Tod Isidor erst zwischen 8 und 13 Jahren alt war, hat er die politische Entwicklung während der Herrschaft König Leovigilds (568–586), des eigentlichen Begründers des hispanogallischen Gotenreiches von Toledo, bei dessen Tod Isidor ein Alter von 27–32 Jahren erreicht hatte, bereits bewusst miterlebt.

---

[13] Vgl. FONTAINE, *Fins et moyens de l'enseignement ecclésiastique dans l'Espagne wisigothique*; DERS., *Education and Learning in the Early Middle Ages*.
[14] Vgl. UBRIC RABANEDA, *Leander of Seville and His Influence on Isidore of Seville*.
[15] J. M. Sánchez Martín, Isidori Hispalensis Versus. Estudio literario, edición crítica y comentario, Salamanca 1997 (=CCL 113A, Turnhout 2000).
[16] FONTAINE, *Isidore de Séville. Genèse et originalité de la culture hispanique au temps de Wisigoths* 94–98. Zur Problematik der Ermittlung der von Isidor benutzten Quellen vgl. ELFASSI, *Connaître la bibliothèque pour connaître les sources: Isidore de Séville*.

Leovigild gelang die Ausdehnung der gotischen Herrschaft über die gesamte Iberische Halbinsel mit Ausnahme der byzantinischen Exklave im Süden und der Landschaften nördlich der cantabrischen Cordilliere. Die damit erreichte Ausschaltung der auf ihre Eigenständigkeit bedachten gotischen und hispanorömischen Aristokraten begünstigte eine Stärkung des Königtums. Durch die Ernennung seiner Söhne Hermenegild und Reccared zu Mitregenten (*consortes regni*) strebte Leovigild die Bildung einer Dynastie und damit die Abschaffung des Königswahlrechtes der gotischen Großen an. Die Einführung eines Königsornates, eines Thrones und eines Hofzeremoniells sowie der Ausbau Toledos zur Königsresidenz hatte eine bisher nicht gekannte Distanzierung zwischen dem König und seinen gotischen Untertanen und ihre Angleichung an die hispano- und gallo-römischen Bevölkerungsteile zur Folge. Der Integration der beiden Bevölkerungsgruppen diente auch eine Überarbeitung des Rechts im Codex Revisus Leovigilds mit seinem bereits weitgehend territorialen Charakter.

Dagegen scheiterte Leovigilds durch den – hinsichtlich seiner Ursachen bislang nicht eindeutig geklärten – Aufstand seines Sohnes Hermenegild 579 ausgelösten Versuch, die katholischen Hispano-Römer zu einem modifizierten homöischen Bekenntnis zu bekehren. Hermenegild, den sein Vater zum Unterkönig in Südspanien mit Residenz in Sevilla erhoben hatte, war unter dem Einfluss seiner katholischen fränkischen Ehefrau Ingund und von Isidors Bruder Leander, der seit 580 Bischof von Sevilla war, zum Katholizismus konvertiert und hatte den Namen Johannes angenommen. Im Verlauf des Aufstandes, um dessen Unterstützung durch den Kaiser sich Leander in Byzanz – wo er Freundschaft mit dem päpstlichen Apokrisiar, dem späteren Papst Gregor dem Großen schloss, dessen Schriften Isidor besonders beeinflussen sollten[17] – bemühte, nutzte Hermenegild sein neues religiöses Bekenntnis, um Anhänger unter den Leovigilds Bekehrungsanstrengungen weitgehend mit Reserve oder Ablehnung begegnenden katholischen Hispano-Römern zu gewinnen

---

[17] Vgl. WOOD, *A Family Affair* 31–56.

und um seine Revolte als Kampf für das katholische Bekenntnis ideologisch zu motivieren. Obwohl die in Byzanz erbetene Unterstützung ausblieb und nur die Spaniensueben unter ihrem König Mir den Aufständischen zur Hilfe kamen, konnte Leovigild den Bürgerkrieg erst 584 siegreich beenden.

Über Isidors Haltung zu den von ihm – bei der Belagerung Sevillas wohl hautnah – miterlebten Vorgängen ist nichts überliefert. Ob sie mit dem erst lange nach den Ereignissen in seiner *Historia Gothorum*[18] geäußerten Urteil übereinstimmte, Hermenegild sei als ein *tyrannus*, d. h. ein Rebell gegen den legitimen Herrscher zu verurteilen, entzieht sich deshalb unserer Kenntnis. Die Rolle seines Bruders Leander während des Aufstandes übergeht Isidor sowohl in dem Leander gewidmeten Kapitel seiner Schrift *De viris illustribus* als auch in seiner Gotengeschichte mit Schweigen.

Die Überwindung der durch den Aufstand bedingten schweren innenpolitischen Krise und die Versöhnung der beiden durch den Bekenntnisgegensatz getrennten Bevölkerungsteile war das Verdienst Reccareds I., der seinem Vater 586 auf dem Thron gefolgt war. Die Konversion des Königs und der Masse seiner gotischen Untertanen zum Katholizismus beruhte auf der aus dem Eingeständnis des Scheiterns der Bekehrungspolitik Leovigilds gewonnenen Einsicht, dass künftig nur so die dem Bekenntnisgegensatz inhärente innen- und außenpolitische Sprengkraft zu verhindern sei. Dass es möglich war, die trennenden Gräben zu überwinden, belegt exemplarisch die Betreuung Leanders, der Hermenegilds Aufstand ausdrücklich unterstützt hatte, mit der Vorbereitung und Durchführung des dritten Konzils von Toledo (589), auf dem der Glaubenswechsel der Wisigoten und ihres Königs feierlich dokumentiert wurde.

---

[18] Die letzte Edition stammt von Cr. Rodríguez Alonso, *Las Historias de los Godos, los Vándalos y los Suevos de Isidoro de Sevilla*, Leon 1975. Nützlich noch immer Isidorus Hispalensis, *De origine Gothorum* (hrsg. von Th. Mommsen = MGH.AA 11), Berlin 1894 (ND 1981), 268–295. Eine kurze Einführung und englische Übersetzung in Wolf, *Conquerors and Chronicles of Medieval Spain* 10–24.79–109. Vgl. dazu Collins, *Isidor, Maximus and the Historia Gothorum*; Velázquez, *La doble redacción de la Historia Gothorum de Isidoro de Sevilla* 91–126.

Die weitere Entwicklung des Reiches – nur kurz unterbrochen durch das tyrannische Regiment des Königs Witterich (603–610), der nach der Ermordung Liuvas II., Reccareds Sohn und Nachfolger, den Thron mit Gewalt okkupierte – war nun auch gekennzeichnet durch die Übernahme administrativer und jurisdiktioneller Aufgaben durch die Bischöfe, die Verchristlichung des Königtums und die Ausprägung eines hispano-gotischen Bewusstseins, das erstmals in Isidors Schriften belegt ist, der seinem Bruder Leander ca. 597/601 auf dem Bischofsstuhl von Sevilla gefolgt war.[19]

4. Schöpfer eines neuen historischen Narrativs

Seit dem Ende des westlichen Imperiums 476 war die überkommene Idee eines bis zum Ende der Zeiten dauernden römisch-christlichen Imperiums angesichts der veränderten politischen Realitäten als ideologische Grundlage für die neu entstandenen germanischen Reiche nicht länger tauglich. Um die eingetretenen Wandlungen zu erklären und zu verstehen, benötigte man eine neue Geschichtserzählung, zudem – angesichts der an die Stelle des Kaisers getretenen Könige – eine ethische und rechtliche Grundlegung des Königtums. Wie ließ sich zudem die Eroberung Spaniens gerade durch die häretischen Goten mit dem göttlichen Heilsplan in Einklang bringen? Im Wisigotenreich widmete sich Isidor als erster diesen Fragen und Aufgaben.[20]

Die Gotengeschichte Isidors und das ihr vorangestellte „Lob Spaniens"[21] bewahrt zwar auch Erinnerungen an die ruhmreiche Geschichte der Stadt Rom und ihres Imperiums. Diese Zeiten

---

[19] Vgl. KAMPERS, *Isidor von Sevilla und seine Familie. Überlegungen zu ‚De institutione virginum et de contemptu mundi'* c.31 56.
[20] Vgl. NAGENGAST, *Gothorum florentissima gens*; WOOD, *The Politics of Identity in Visigothic Spain.*
[21] Vgl. RODRÍGUEZ, *Cántico de san Isidoro a España*; FONTAINE, *Isidore de Séville. Genèse et originalité de la culture hispanique au temps de Wisigoths* 225–227 (Literatur) und 361–363; DERS., *Une manifeste politique et estétique: le ‚De laude Spaniae' d'Isidore de Seville.* Siehe auch BRONISCH, *El concepto de España en la historiografía visigoda y asturiana* 12–18.

sind nun jedoch Vergangenheit, denn das Volk der Goten hat Spanien, mit dem sich zuerst Rom vermählte, nach vielen Siegen in der Welt gleichsam wie eine Braut geraubt und sich in Spanien verliebt. Jetzt erfreuen sich hier die Goten unter ihren Königen und in ihren Reichtümern einer sicheren und glücklichen Herrschaft.

Trotz der Nachrichten der ihm zur Verfügung stehenden Quellen[22] über die Goten, die sie als barbarische Eindringlinge in das Imperium oder als Geißel Gottes schildern, bemüht sich Isidor in seiner Gotengeschichte darum, die Vergangenheit der Goten auch vor der Errichtung ihres hispano-gallischen Reiches in einem positiven Licht erscheinen zu lassen, sie sozusagen mit den Leistungen der Wisigoten im ausgehenden 6. und beginnenden 7. Jahrhundert in Einklang zu bringen. Isidor erscheint die Vergangenheit der Goten als die Geschichte ihres Aufstieges auf Kosten Roms, und er ist bemüht, die jüngsten militärischen, politischen und religiösen Errungenschaften der Wisigoten auf die gesamte Spanne ihrer Geschichte zu projizieren.

Die barbarische Wildheit der Goten verwandelt sich bei Isidor in zu rühmende militärische Stärke, was bereits durch ihren als *‚tectum'*/Stärke ins Lateinische zu übertragenden Namen[23] zum Ausdruck komme. Als Beleg für die Schlagkraft der gotischen Heere zieht Isidor nicht nur die von den Goten im Im-

---

[22] Es handelt sich um die Chroniken des Hieronymus, Prosper Tiro und Victor von Tunnuna und des Hydatius, ferner die *Geschichte gegen die Heiden* (*Historia adversum paganos*) des Orosius, die allerdings die Goten nicht nur negativ darstellt, und die Chronik des Johannes von Biclaro, die aber keine Nachrichten über die Goten vor der 2. Hälfte des 6. Jahrhunderts enthält.

[23] Isidors Etymologie, die mit der wirklichen Bedeutung des Namens (vgl. dazu WOLFRAM, *Die Goten. Von den Anfängen bis zur Mitte des sechsten Jahrhunderts* 30–41) allerdings nichts zu tun hat, geht zurück auf Hieronymus (*quaest. hebr. gen.* 18–22 [CCL 72,11]), der den Namen der Goten von der zweiten Silbe des Namens Magog, des Sohnes Japhets und Enkel Noahs herleitete und ihn (*nom. hebr.* [CCL 72,69]) folgendermaßen erklärte: *magog quod δῶμα (id est tectum) vel domate (hoc est de tecto)*. Ein anschauliches Beispiel für Isidors – verglichen mit unseren Etymologien – häufig unsinnige Worterklärungen.

perium errungenen Siege (wie die Schlacht von Adrianopel 375 und die Eroberung Roms 410) als Beweise heran, sondern auch die besondere Ehrung der Kaiser Claudius und Constantin mit dem Beinamen *Goticus* wegen ihrer Siege über die nur schwer zu schlagenden Goten. Isidor beabsichtigte mit seiner Erzählung, die Wisigoten mit einer Geschichte auszustatten, die sie für die schließlich errungene Herrschaft über Spanien würdig erscheinen ließ.

Bei seinem Bemühen, die jüngsten gotischen Erfolge vor einem angemessenen und positiven historischen Hintergrund zu präsentieren, scheute sich Isidor nicht, seine Quellen auch zu manipulieren, indem er Sachverhalte und Informationen falsch oder verkürzt wiedergab oder auch verschwieg.[24] So löste er das Problem, den Sieg der arianischen Wisigoten – d. h. von abtrünnigen Christen, die eigentlich der Zorn und die Strafe Gottes hätte treffen müssen – über das römische Reich noch vor ihrer Konversion zum Katholizismus dadurch zu erklären, dass er die Annahme des arianischen Bekenntnis durch die Goten als Ergebnis unglücklicher Umstände schildert. Während er möglichst vermeidet, über die Verstrickung der Goten in die arianische Häresie und dadurch bewirkte Konflikte zu berichten, stellt er die christlichen Tugenden gotischer Könige heraus, etwa bei der Plünderung Roms (Beachtung des Kirchenasyls, Verschonung der Bewohner bei Anrufung Christi oder der Heiligen) oder beim Kampf um Ceuta, den die Goten verloren, weil sie infolge der Beachtung des Sonntagsgebotes vom Angriff der Byzantiner überrumpelt wurden.

Wie sehr Isidor sich mit dem Reich von Toledo identifizierte, zeigt seine Behandlung der Herrschaft der katholischen Gotenkönige Reccared, Sisebut und Svinthila, deren Zeitgenosse er war. Sieht man einmal ab von der Kritik an Sisebut wegen der Zwangsbekehrung der Juden, so weiß Isidor nur Lobenswertes über sie zu berichten. Die besondere Leistung der Herrscher des Reiches von Toledo bis auf Svinthila war für Isidor „die politische und religiöse Einigung von Goten und Römern in einem

---

[24] Vgl. dazu etwa MESSMER, *Hispania-Idee und Gothenmythos* 85–137.

die gesamte Halbinsel einschließenden Reich."[25] Mit der Vertreibung der letzten oströmischen Truppen durch Svinthila war sie Wirklichkeit geworden. Deutlicher konnte Isidor seine Identifikation mit dem Wisigotenreich nicht zum Ausdruck bringen. Trotz Isidors Bemühungen, noch bestehende Differenzen zwischen den Goten und den übrigen Bevölkerungsteilen zu verringern, kam es noch nicht zur Herausbildung eines gemeinsamen hispano-gotischen Identitätsbewusstsein.[26]

5. Isidors Verhältnis zum Königtum

Vor allem die Herrscherportraits Reccareds, Sisebuts und Svinthilas vermitteln einen Eindruck von Isidors Vorstellungen vom Königtum, die er in seiner Schrift *Sententiae* ausführlicher begründete. Damit lieferte er als erster eine theoretische Fundierung des christlichen Königtums in einem der Nachfolgestaaten des westlichen Imperiums.

Im Gegensatz zu Isidors Reaktionen auf wichtige Ereignisse, Personen und Entwicklungen seiner Zeit im Wisigotenreich, finden sich kaum Informationen über seine Beziehungen zu den Königen. Mit dem König Sisebut, seinem ehemaligen Schüler, auf dessen Veranlassung Isidor seine Abhandlung *De natura rerum* verfasste, verband ihn ein durch gemeinsame wissenschaftliche Interessen gefördertes Verhältnis. Sisebut dedizierte seinem Lehrer sein Gedicht über die Mondfinsternisse (*De luna*)[27] und dieser dem König eine erste Fassung seiner *Etymologiae*.[28] Isidors politischer Einfluss wird aber deutlich bei der Lösung der durch den Sturz Svinthilas ausgelösten Krise, dem er in seiner Gotengeschichte wegen seiner auf der Achtung des Rechts ge-

---

[25] KAMPERS, *Isidor von Sevilla und das Königtum* 127.
[26] Vgl. POHL/DÖRLER, *Isidor and the Gens Gothorum*.
[27] Das Gedicht wurde herausgegeben von J. FONTAINE, *Isidore de Séville: Traité de la nature*, Bordeaux 1960, 328–335. Vgl. FEAR, *Putting the Pieces Back Together. Isidore and De Natura Rerum*.
[28] Über das Verhältnis zwischen den beiden, die literarischen Interessen und die Persönlichkeit des Königs vgl. HEN, *A Visigothic king in search of an identity – Sisebutus Gothorum gloriosissimus princeps* 89–99.

gründeten und sozialen Regierungstätigkeit besonderes Lob gespendet hatte.

Svinthila, der nach dem mysteriösen Tod Sisebuts und seines von ihm zum Nachfolger ernannten Sohnes Recareds II. 621 auf den Thron gelangt war und seinen Sohn Riccimir zum Mitregenten erhoben hatte, war 631 gestürzt und von den Aufständischen gefangen genommen worden. Der Grund für den Aufstand war die Furcht vor der Abschaffung des Wahlrechtes durch die Errichtung einer Dynastie. Svinthila hatte versucht, den Widerstand seiner innenpolitischen Gegner durch Enteignungen zu brechen, die er an alte und neue Gefolgsleute verteilte, um seine Machtbasis zu verbreitern. Nur mit fränkischer Hilfe konnten seine Gegner sein Vorhaben verhindern. Angeführt wurde ihr durch ein fränkisches Expeditionscorps unterstützter Aufstand von Sisenand, der – wie die Variation der Glieder der Namen ‚Sise-but' und ‚Sise-nand' vermuten lassen – ein Mitglied der Familie Sisebuts, wohl dessen Bruder war. Der Grund, weshalb sich Sisenand an die Spitze des Aufstandes stellte, war die Befürchtung, dass seine Familie von der Nachfolge im Königtum ausgeschlossen zu werden drohte. Erst nach der Niederschlagung einer Insurrektion gegen den neuen König entspannte sich die innenpolitische Krise und konnte auf einem Ende 633 unter dem Vorsitz Isidors tagenden Reichskonzil, dem 4. Toletanum, beigelegt werden. Darüber berichtet der *canon* 75, der letzte und von der Königsidee Isidors maßgeblich geprägte des Konzils.[29]

> „Wegen der Sünde des ersten Menschen wurde das Menschengeschlecht durch Gottes Fügung mit der Knechtschaft bestraft. Trotz der Schuld des menschlichen Ursprungs (d. h. der Erbsünde) gewährte Gott den Menschen das Leben, wobei er die einen zu Dienern, die anderen zu Herren bestimmte, damit die Zügellosigkeit der Diener, schlecht zu handeln, durch die Macht der Herrschenden beschränkt wird. Denn wer sollte jemanden am Bösen hindern, wenn alle ohne Furcht wären? Deshalb werden unter den Völkern Kaiser und Könige gewählt, damit

---

[29] Vgl. KAMPERS, *Isidor von Sevilla und das Königtum*; vgl. auch ESDERS, *Regem iura faciunt* 84–97; dort auch eine deutsche Übersetzung des *canon* 75.

sie die Völker durch ihren Schrecken vom Bösen abhalten und, um richtig zu leben, den Gesetzen unterwerfen."[30]

Auf dieser von Isidor in seiner Schrift *Sententiae* formulierten Grundlage der Herrschaft basiert auch der Inhalt des *canon* 75. Die gemäß den Bestimmungen des Kanons von den Großen und den Bischöfen des Reiches zu vollziehende Wahl des König ist Ausdruck der göttlichen Vorsehung. Als Gesalbter des Herrn ist der König nur Gott Rechenschaft schuldig und kann nicht abgesetzt werden. Die freien Reichsbewohner haben ihm einen Treueid (*sacramentum fidei*) zu leisten, dessen Bruch – nach weltlichem Recht mit dem Tod und Vermögensverlust – nun auch mit der Exkommunikation bestraft wird. Allerdings steht dem König ein Begnadigungsrecht zu. Aber auch der König verpflichtet sich durch einen Eid, die ihm von Gott übertragene Herrschergewalt mit Gerechtigkeit und Milde auszuüben und sich an die Gesetze zu halten. Ausführlicher handelt Isidor von diesen im canon 75 erstmals schriftlich niedergelegten Grundlagen der ‚Verfassung' des Wisigotenreiches in den am Ende seines Lebens verfassten *Sententiae*, die die Entwicklung der mittelalterlichen Vorstellung vom Königtum wesentlich mitprägen sollten.[31]

Trotz der Svinthila vorgeworfenen Gesetzesverstöße billigte das Konzil den Widerstand gegen den gestürzten König nicht. Es folgte damit der biblisch fundierten Königsidee Isidors, in der eine Absetzung des ja von Gott selbst erwählten Herrschers und damit eine befriedigende Lösung der Verfassungskrise nicht möglich war. Dies der Theorie vom Gottesgnadentum des Königtums inhärente Defizit löste das Konzil, indem es die – im Gegensatz zur Aussage des Konzils – wohl kaum freiwillige Abdankung des Gestürzten akzeptierte. Die von ihm Svinthila in den Mund gelegte Begründung für seinen Thronverzicht – er habe aus Reue über seine Vergehen selbst abgedankt – erinnert allerdings auffällig an die ebenfalls von Isidor mittels der etymologischen Methode gewonnene Wesensbestimmung des Kö-

---

[30] Vgl. *sent.* 3,47,1 (CCL 111,295), bereits oben zitiert in Anm. 5.
[31] Vgl. KAMPERS, *Isidor von Sevilla und das Königtum* 130–132.

nigtums, wonach der Name der Könige (*reges*) sich vom richtigen/gerechten Handeln (*recte agendo/faciendo*) herleite und sie folglich nicht mehr Könige seien, wenn sie sündigten, d. h. unrecht handelten.[32] Die Diskrepanz zwischen der biblisch fundierten und der etymologisch gewonnenen Königsidee dürfte Isidor kaum verborgen geblieben sein. Obwohl letztere eine Lösung des Problems ermöglicht hätte, musste sich Isidor, wenn er sein Weltbild nicht ins Wanken bringen wollte, für die Heilige Schrift als die höhere Autorität entscheiden. Den Zeitgenossen offenbarte sich die göttliche Vorsehung allerdings nicht nur durch die Königswahl, sondern auch durch den Schlachtenentscheid, das *iudicium belli* bzw. *examen pugnae*, das als ein Gottesurteil angesehen wurde,[33] zu dessen blutiger Austragung es infolge des Überlaufens der Truppen Svinthilas zu den Aufständischen allerdings diesmal nicht mehr kam.

6. Bischof von Sevilla und Metropolit der *Carthaginiensis*

Den Mittelpunkt der Aktivitäten Isidors bildeten aber nicht allein politische Aufgaben, über die nur wenige Nachrichten vorliegen, sondern seine literarischen Arbeiten und seine aus dem Bischofsamt resultierenden Pflichten.[34] Dazu gehörten vor allem die religiöse Unterweisung der Diözesanen mit Hilfe des Klerus, dessen Ausbildung in der bischöflichen Kathedralschule Sevillas erfolgte. Vor allem diese pastoralen Aufgaben waren der Anlass für die noch näher zu behandelnden literarischen Arbeiten Isidors, durch die er Kleriker und Gläubige mit knappen, klaren und zuverlässigen Handreichungen zu allen möglichen Wissensgebieten versorgte.

---

[32] *Sent.* 3,48,7 (CCL 111,298): *Reges a recte agendo uocati sunt, ideoque recte faciendo regis nomen tenetur, peccando amittitur. ... Recte igitur illi reges uocantur, qui tam semetipsos quam subiectos, bene regendo, modificare nouerunt.*
[33] Vgl. dazu BRONISCH, *Reconquista und heiliger Krieg* 59–61.
[34] Vgl. FONTAINE, *Isidore de Séville. Genèse et originalité de la culture hispanique au temps de Wisigoths* 113–127; FERNÁNDEZ, *Isidoro como obispo* 81–95.

Als Bischof von Sevilla war Isidor zugleich auch der Metropolit der Provinz *Baetica*, deren Sprengel neben Sevilla/Hispalis zehn weitere Bistümer umfasste: Itálica, *Astigi*/Écija, *Corduba*/Córdoba, *Egabrum*/Cabra, *Tucci*/Martos, *Assido*/Medina Sidonia, *Iliberris*/Granada, *Malaca*/Málaga, *Acci*/Guadix und *Ilipula*/Niebla. Aktivitäten, Probleme in und Streitigkeiten unter den verschiedenen Suffraganbistümern wurden auf den Provinzialsynoden verhandelt, die jährlich stattfinden sollten. In der *Collectio Canonica Hispana* ist allerdings nur eine von Isidor geleitete Provinzialsynode verzeichnet, nämlich das 2. Konzil von Sevilla vom 13. November 619, an dem außer Isidor acht Suffraganbischöfe teilnahmen. Neben Grenzstreitigkeiten zwischen einigen Bistümern und der strittigen Zugehörigkeit von Kirchengebäuden befasste sich das Konzil hauptsächlich mit Fragen der kirchlichen Disziplin, Bestimmungen für das Mönchtum und der Widerlegung der von dem nach Spanien gelangten syrischen Bischof Gregorius vertretenen Häresie der Acephalisten durch Isidor. Die Kanones dokumentieren eine profunde Kenntnis sowohl des weltlichen wie des kirchlichen Rechts und theologischer Fragen, sicherlich ein Reflex der Gelehrsamkeit des Vorsitzenden.[35]

Von einem weiteren Konzil der Provinz Baetica, das ca. 624 stattfand, ist nur der *canon* 10 überliefert. Dass die Akten dieses 3. Konzils von Sevilla keine Aufnahme in die *Collectio canonica Hispana* fanden und man bereits 638 nur noch mit Mühe eine Kopie von ihnen beschaffen konnte, war eine Folge der Bemühungen, die peinliche Affäre um den Bischof Martianus von Astigi zu vertuschen, dessen – wie sich später herausstellen sollte aufgrund falscher Beschuldigungen und Zeugenaussagen erfolgte – Amtsenthebung das 3. Hispalenser Konzil gebilligt hatte. Gestützt auf Mt 20,18 – „Wo zwei oder drei in meinem Namen versammelt sind, da bin ich mitten unter euch." – war man davon überzeugt, dass in gemeinsam gefassten Konzilsbeschlüssen

---

[35] Vgl. ORLANDIS ROVIRA, *Die Synoden im katholischen Westgotenreich* 137–142; STOCKING, *Bishops, Councils, and Consensus in the Visigothic Kingdom* 129–132.

sich die Wirkung des Heiligen Geistes offenbare, sie mit göttlicher Billigung zustande gekommen seien.[36] Ein Fehlurteil durch ein Konzil war deshalb „not simply a matter of procedural error; it also implied either that the Holy Spirit could be manipulated into offering an incorrect judgement or that the personal holy authority of the gathered prelates had been somehow inauthentic, thereby preventing the Holy Spirit's attendance. In either case the public acknowledgement of the full scope of the debacle would not only have undermined Isidore's own authority and that of his conprovincial bishops but also the divine authorization of church councils in general."[37] Auffälligerweise wurde der Fall auf dem von Isidor präsidierten 4. Toletanum wegen Zeitmangels nicht verhandelt. Erst nach Isidors Tod wurde Martianus durch das 6. Toletanum (638) rehabilitiert, sein Bistum erhielt er aber nicht zurück.

Der *canon* 10 nimmt Bezug auf die Zwangsbekehrung der Juden unter König Sisebut. Darin wird Sisebut ausdrücklich dafür gelobt, dass er seiner Pflicht, alle seiner Herrschaft Unterworfenen – einschließlich der Juden – dem rechten Glauben zuzuführen, nachgekommen sei. Die unter Isidors Vorsitz versammelten Bischöfe kritisieren jedoch, dass Sisebut bei seiner Bekehrungsmaßnahme das von der Kirche geforderte Katechumenat der zu Bekehrenden nicht beachtet habe. Das Problem wurde erneut auf dem 4. Konzil von Toledo behandelt, dessen *canon* 57 die Verurteilung der Zwangstaufe wiederholte. Es beschäftigte sich auch mit den daraus resultierenden religiösen, wirtschaftlichen und rechtlichen Problemen, da nach kirchlicher Auffassung auch das ohne Einwilligung gespendete Taufsakrament Gültigkeit besaß.[38]

Mit der Judenbekehrung hatte sich Isidor bereits in seiner Schrift *Quaestiones in Vetus Testamentum* und auf Bitte seiner

---

[36] Vgl. STOCKING, *Bishops, Councils, and Consensus in the Visigothic Kingdom* 7.
[37] STOCKING, *Bishops, Councils, and Consensus in the Visigothic Kingdom* 141. Siehe auch DIES., *Martianus, Avientius, and Isidor* 169–188.
[38] Vgl. BRONISCH, *Die Judengesetzgebung im katholischen Westgotenreich von Toledo* 34–68.

Schwester Florentina insbesondere in *De fide catholica ex Vetere et Novo Testamento contra Judaeos* befasst. Über den Hintergrund der Bitte und den Zweck des Traktates, in dem Isidor Argumente aus den Schriften der Kirchenväter Tertullian, Cyprian, Augustinus und Hieronymus wieder aufgreift und christliche Standpunkte mit Beispielen aus der Heiligen Schrift erläutert, wird in der Forschung kontrovers diskutiert. Die genannten Traktate und die anderen Äußerungen zu den Juden in Isidors Gesamtwerk stehen in der Tradition der antijüdischen christlichen Apologetik. Obwohl Isidor zur Bekehrung der Juden einen auf Überzeugung setzenden pastoralen Ansatz empfahl, war seine Haltung den Juden gegenüber dennoch durch absolute Unnachgiebigkeit sowohl hinsichtlich seiner theologischen Argumentation wie auch der gesetzlich verordneten Maßnahmen gekennzeichnet.[39]

Mehr als vier Jahrzehnte nach dem Konversionskonzil von 589 versammelte sich Ende 633 erstmals wieder ein – von König Sisenand einberufenes – Reichskonzil, das 4. Konzil von Toledo, auf dem 69 Bistümer vertreten waren. Das vom König zusammen mit Isidor vorbereitete Konzil zeigt den Metropoliten der *Baetica* auf dem Höhepunkt seines kirchlichen und politischen Einflusses. Unter Isidors Führung, der als dienstältester Metropolit den Vorsitz innehatte, bemühte sich das Konzil, mit den 75 von ihm verabschiedeten *canones* das kirchliche und politische Leben des Reiches neu zu ordnen. Außer der erstmals schriftlichen Formulierung der Verfassungsgrundlagen des Reiches einschließlich der Königswahl in dem bereits behandelten *canon* 75 befassten sich die Väter mit der Vereinheitlichung der Liturgie und kirchlichen Disziplin des hispano-gallischen Gotenreiches, der Bestellung, Qualifikation und den Aufgaben der Bischöfe, mit der Ausbildung und Lebensweise des Klerus, der Mönche, Büßer und gottgeweihten Witwen – Problemkreise, die Isidor bereits ausführlich in *De origine officiorum* behandelt hatte.

---

[39] BRONISCH, *Die Judengesetzgebung im katholischen Westgotenreich von Toledo* 160–165. Ferner GONZALEZ SALINERO, *Confronting the Other: Isidore of Seville on Pagans, Romans, Barbarians, Heretics and Jews* 376–386.

Erlassen wurde auch eine Verordnung zur Abhaltung der Reichs- und Provinzialsynoden (*Ordo de celebrando concilio*).[40] Wie erwähnt behandelte die Versammlung auch die aus der Zwangsbekehrung der Juden resultierenden Probleme.

Auf dem Weg nach Toledo zur Vorbereitung des Konzils hatte Isidor in einem Brief an seinen Freund und Mitbischof Braulio von *Caesaraugusta*/Zaragoza schon über seine angeschlagene Gesundheit geklagt. Gut zwei Jahre nach dem erfolgreichen Abschluß des Konzils, als er die Siebzig bereits weit überschritten hatte, starb Isidor am 6. März 636, kurz nach dem Tod König Sisenands.[41]

III. Isidors literarisches Werk

Die spezifische Bedeutung Isidors für die Geistesgeschichte des frühen Mittelalters liegt darin, dass er in seinem literarischen Œuvre, namentlich in den *Etymologiae*, auch eine Enzyklopädie der erhalten gebliebenen Reste der antiken weltlichen Wissenschaften überliefert hat, die als wissenschaftliches Kompendium und Wissensspeicher für kommende Generationen dienen sollte. Dieses von Isidor verfasste Resümee der Wissenschaften ist – angesichts der dem Autor zur Verfügung stehenden Quellen[42] – erstaunlich vollständig und weit umfassender als die Werke seiner Zeitgenossen Boethius und Cassiodor. Es fußt vor allem auf den römischen Enzyklopädisten Varro, Verrius Flaccus, Plinius dem Älteren und Suetonius und erfasste das gesamte intellektuelle Spektrum seiner Zeit. In dieser von Isidor geprägten, mit zahlreichen – aus heutiger Sicht – Irrtümern behafteten Fassung

---

[40] Siehe dazu die kritischen Bemerkungen von KAMPERS, *Das Prooemium des 4. Konzils von Toledo (633)*.
[41] Überlegungen zu Isidors Gesundheitszustand (Magengeschwür) bei Díaz y Díaz, *San Isidoro el hombre* 75. Vgl. auch KAMPERS, *Exemplarisches Sterben. Der ‚Obitus beatissimi Isidori Hispalensis episcopi' des Klerikers Redemptus*.
[42] Vgl. ELFASSI, *Connaître la bibliothèque pour connaître les sources: Isidore de Séville*.

gelangten die erhaltenen Überreste der antiken Wissenschaften in das frühe Mittelalter, dienten als Vorbild für die Organisation des Unterrichts und bewahrten eine, wenn auch nur dürftige Erinnerung an die Existenz einer säkularen Wissenschaft.[43]

1. Das Zeugnis des Braulio von Zaragoza

Erlaubt die begrenzte Quellenlage oft nur eine unvollständige Rekonstruktion der Vita Isidors, so bildet eine kurze Zusammenfassung seiner literarisch-wissenschaftlichen Arbeiten – angesichts der großen Menge seiner Schriften und der Komplexität der in ihnen behandelten philologischen, philosophischen, theologischen, historischen, medizinischen, juristischen und naturwissenschaftlichen Themen – eine kaum zu bewältigende Herausforderung.

Ein erstes Verzeichnis der Schriften Isidors stammt von seinem Freund, dem Bischof Braulio von Zaragoza (†651). Die sog. *Renotatio Isidori a Braulione Caesaraugustano edita*[44] bietet neben kurzen Inhaltsangaben der Werke Isidors auch eine Würdigung der kulturhistorischen Bedeutung ihres Verfassers. Die ebenso knappen wie präzisen Ausführungen Braulios empfehlen sich auch heute noch als Einstieg in eine Übersicht über Isidors literarisches Schaffen. Braulio schreibt:

„(1) Isidor, eine außergewöhnliche Persönlichkeit, Bischof der Kirche von Sevilla, Nachfolger und Bruder des Bischofs Leander, erstrahlte seit der Zeit des Kaisers Mauricius und des Königs Reccared. In ihm rettete sich sozusagen die Vergangenheit, ja vielmehr erlangte unsere Zeit in ihm eine Vorstellung von der Wissenschaft der Vergangenheit. (2) Er war ein in jedem Sprachregister gebildeter Mann, so dass er sich einem Ungebildeten wie einem Gebildeten in angemessener Sprache verständ-

---

[43] BREHAUT, *An Encyclopedist of the Dark Ages. Isidore of Seville* 15–18.
[44] Text nach *Codex Legionensis* 22, 352 ff. Abgedruckt bei Fontaine, *Isidore de Seville. Genèse et originalité de la culture hispanique aux temps de Wisigoths* 431–433; französische Übersetzung 433–435. Die folgende deutsche Übersetzung wie die Zählung stammen vom Verfasser. Einen Eintrag über Isidor und seine – vor allem theologischen Werke – enthält auch ILDEFONSUS TOLETANUS, *De viris illustribus* 8 (128 f CODOÑER MERINO).

lich machen konnte, aber bei passender Gelegenheit von unvergleichlicher Eloquenz. (3) Wie groß aber seine Gelehrsamkeit war, vermag ein verständiger Leser aus seinen Studien und der von ihm verfassten Werke sehr leicht zu erkennen. (4) Von diesen (Werken) möchte ich abschließend diejenigen erwähnen, die zu meiner Kenntnis gelangten.

(5) Er veröffentlichte zwei Bücher *Differentiae*, in denen er diejenigen (Wörter/Begriffe), die durch falschen Gebrauch verwechselt werden, scharfsinnig nach ihrer Bedeutung unterschied. (6) Ein Buch *Prooemia*, in dem er den Inhalt jedes der Bücher der Heiligen Schrift kurz zusammenfasste. (7) Ein Buch *Über Herkunft und Tod der Väter* (*De ortu et obitu patrum*), in dem er kurze Notizen über ihre Taten, ihre Würde und auch über ihren Tod und ihr Begräbnis verfasste. (8) An seinen Bruder Fulgentius zwei Bücher über die *officia* (*De origine officiorum*), in denen er – unter Berücksichtigung der alten Autoritäten in eigenen Worten den Ursprung der *officia* erklärte und warum ein jedes *officium* in der Kirche verrichtet wird. (9) Zwei Bücher der Synonyme, durch die er – trotz des Einspruchs der Vernunft – zur Tröstung der Seele und zur Hoffnung, Vergebung zu erlangen, ermuntert. (10) Ein dem König Sisebut gewidmetes Buch über das Wesen der Dinge (*De natura rerum*), in dem er einiges über die Elemente erklärt, was von der Erforschung sowohl durch die kirchlichen Gelehrten wie auch durch die Philosophen unklar ist. (11) Ein Buch der Zahlen (*De numeris*), in dem er wegen der in die kirchlichen Schriften eingefügten Zahlen teilweise auch die arithmetische Diziplin behandelt. (12) Ein Buch über die (Personen-)Namen des Alten Testamentes und der Evangelien (*De nominibus legis et euangeliorum*), in dem er zeigt, was die mystische Bedeutung der genannten Personen ist. (13) Ein Buch über die Häresien (*De haeresibus*), in dem er die verstreuten Beispiele der Vorfahren aufspürt und sie so knapp wie möglich zusammenfaßt. (14) Drei Bücher Sentenzen (*Sententiae*), die er mit Glanzpunkten aus den Büchern des Papstes Gregor ausschmückte. (15) Ein Buch Chroniken (*Chronica*) vom Anfang der Welt bis auf seine Zeit, von besonderer Kürze. (16) Auf Wunsch seiner den Jungfrauen vorgesetzten Schwester Florentina zwei Bücher gegen die Juden (*Contra Judaeos*), in denen er das ganze katholische Bekenntnis aus den Zeugnissen des Alten Testamentes und der Propheten als wahr erweist. (16) Ein Buch über bedeutende Männer (*De uiris inlustribus*), dem wir diesen Artikel hinzufügen. (17) Ein Buch mit einer Mönchsregel (*Regula Monachorum*), die er für den Gebrauch in (seinem) Vaterland und für den Charakter der Schwachen sehr schicklich verfasste. (18) Ein Buch über die Entstehung der Goten und das Reich der Vandalen und auch der Sueven (*De origine Gothorum et regno Sueuorum et Vandalorum*). (19) Zwei Bücher *Quaestiones*, in denen der Leser eine reichliche Ausbeute aus alten Autoren findet. (20) Einen besonders großen Band Etymologien, der von ihm durch Überschriften gegliedert

wurde und den ich – da er ihn auf meine Aufforderung hin verfasste und wenn er ihn auch unvollständig hinterliess – in fünfzehn Bücher gegliedert habe. Jeder, der dieses Werk, das jegliche Art von Wissenschaft versammelt, häufig und nachdenklich durchliest, wird verdientermaßen der göttlichen und menschlichen Dinge nicht unkundig sein, weil dieses Werk, das überquillt von den verschiedenen Wissenschaften, gründlich und in knapper Form alles zusammenfasst, was man wissen sollte.

(21) Es gibt viele andere Schriften dieses Mannes und Gerätschaften von großer Kunstfertigkeit in der Kirche Gottes. (22) Ich glaube, dass Gott, der in jüngster Zeit eine so große Schwächung Hispaniens verursacht hat, ihn gleichsam als Schutz aufgestellt hat, um die Werke der Alten wiederherzustellen, damit wir nicht durch allgemeine Ungebildetheit vergreisen. (23) Auf ihn wird von uns verdientermaßen jene weise Aussage bezogen: ‚Uns', so lautet sie, ‚die wir in unserer Stadt umherschweifen und herumirren wie Fremde, haben deine Bücher gleichsam nach Hause zurückgeführt, damit wir einmal erkennen können, wer und wo wir sind. Du hast das Alter des Vaterlandes, du hast die Beschreibungen der Zeiten, du hast die Gesetze der Religion, du hast die private und öffentliche Ordnung, du hast die Namen, die Arten, Ämter und Ursachen der Priester, Bischofssitze, der Regionen, Orte und der göttlichen und menschlichen Dinge dargelegt.' (24) Mit welchem Fluss von Beredsamkeit und mit wie vielen Speeren der heiligen Schriften und Zeugnissen der Väter er die Häresie der Acephalen zerschmettert hat, legen die Akten der von ihm in Sevilla abgehaltenen Synode klar dar, auf der er gegen Gregorius, den Bischof der genannten Häresie, die katholische Wahrheit bekräftigt hat.

(25) Er starb während der Herrschaft des Kaiser Heraclius und des sehr christlichen Königs Chintila, alle durch die Reinheit seiner Lehre überragend und reicher als alle an Werken der Liebe."

Braulios Ausführungen vermitteln einen ersten Eindruck des umfangreichen literarischen Schaffens Isidors. Neben Werken teilweise eher weltlichen Inhaltes (*Differentiae, Synonyma, De natura rerum*), und historischen Schriften (*Chronicon, Historia Gothorum, De viris illustribus*) bilden die theologischen Arbeiten zu dogmatischen, exegetischen und moraltheologischen Fragen (*Prooemia, Allegoriae, Quaestiones in Vetus Testamentum, De ortu et obitu patrum, Contra Iudaeos, Sententiae*) und Fragen der kirchlichen Organisation (*De origine officiorum, Regula monachorum*) den Schwerpunkt der literarischen Arbeiten Isidors. Darüber hinaus enthält Isidors Hauptwerk, die *Etymologiae*,

einen für seine Zeit ausgezeichneten Conspectus der klassischen und weltlichen Kultur in 20 Büchern. Außer den *artes liberales* (Grammatik, Rhetorik, Dialektik, Arithmetik, Geometrie, Musik und Astronomie) werden Medizin, Recht, Geschichte, Theologie, Anthropologie, Erdkunde, Architektur, Schifffahrtskunde, Kriegskunde usw. behandelt. Zur Erklärung des Sinngehaltes zentraler Begriffe bedient sich Isidor dabei der etymologischen Methode, d. h. er versucht, durch die Ermittlung des Ursprungs (*origo*) der Wörter/Begriffe zur Erkenntnis des Wesens der mit ihnen bezeichneten Phänomene/Sachen zu gelangen.

Zu den heidnischen Schriftstellern, auf die Isidor sich bezieht, zählen so unterschiedliche Autoren wie Aesop, Apuleius, Aristoteles, Caesar, Cicero, Lucretius, Ovid, Plato, Plinius der Ältere, Quintilian, Sallust, Solinus, Suetonius (besonders seine *Prata* genannte verlorene Enzyklopädie), Varro und Vergil. Auch Verrius Flaccus, der in augusteischer Zeit ein Werk *Über die Bedeutung der Wörter* (*De verborum significatu*) verfasste und der im späten 4. Jahrhundert tätige Grammatiker Servius beeinflussten Isidors Arbeiten. Schwierig zu entscheiden ist, ob er die Werke der von ihm erwähnten Autoren im Original oder nur aus zweiter Hand – etwa aus Florilegien oder aus den Schriften des Augustinus oder Cassiodors – kannte. Direkten Zugriff hatte er wohl auf die Schriften Ciceros, Quintilians, Vergils, des Lucretius und Martials, vielleicht auch auf einige Schriften Ovids und des Sallust. Die Werke des Origenes und Johannes Chrysostomus kannte er dagegen wohl nur in lateinischer Übersetzung.[45]

Braulio betont, Isidor habe in seinen Werken eine Zusammenfassung des bis auf seine Zeit überlieferten Wissens gegeben.

---

[45] Weiterführende Informationen zu Isidors Werken finden sich etwa in den Isidor gewidmeten (meist von Jaques Fontaine verfassten) Artikeln des Reallexikon für Antike und Christentum, Lexikon für Theologie und Kirche, Lexikon des Mittelalters, der Theologischen Realenzyklopädie (Roger Collins), bei FONTAINE, *Isidore de Séville. Genèse et originalité de la culture hispanique au temps de Wisigoths*; ferner in dem Sammelband VELÁZQUEZ/RIPOLL, *Isidor de Séville et son temps* sowie bei FEAR/WOOD, *A Companion to Isidore of Seville*.

Ihn deshalb als „le dernier savant du monde ancien" (Charles de Montalambert, *1810–†1870) zu bezeichnen[46], beschreibt aber nur einen Teilaspekt der Leistungen und Absichten Isidors. Zwar ist für ihn „Unwissenheit die Mutter aller Irrtümer und Förderin der Laster, ist ein Ungebildeter leicht zu täuschen und wird ein Dummkopf schnell in Sünden verstrickt."[47] Dennoch warnt er davor, sich um Wissen nur um seiner selbst willen zu bemühen. Für besonders gefährlich hält er die Werke der heidnischen Dichter, die wegen des Versmaßes die Bedeutung der Wörter und Begriffe verwirrt hätten und durch ihre unvernünftigen Geschichten die Lust ihrer Leser anstachelten.[48]

Da die göttliche Wahrheit in der Bibel erkennbar sei, komme es vielmehr darauf an, das Wissen zu nutzen, um die in den heiligen Schriften enthaltene historische und moralische Wahrheit zu entschlüsseln und dann zur Erkenntnis der theologischen Wahrheit zu gelangen.[49] Ferner schade unzulängliches

---

[46] Zitiert im Vorwort von BREHAUT, *An Encyclopedist of the Dark Ages. Isidore of Seville.*

[47] ISIDOR VON SEVILLA, *synon.* 2,65 (PL 83,860): *Ignorantia mater errorum est, ignorantia vitiorum nutrix. ... indoctus enim facile decipitur. Stultus in vitia cito dilabitur.*

[48] ISIDOR VON SEVILLA, *diff.*, praef. (PL 83,9): *Poetae autem gentiles necessitate metrica confuderunt sermonum proprietates.*; *sent.* 3,13,1 (CCL 111, 296): *Ideo prohibetur Christianus figmenta legere poetarum, quia per oblectamenta inanium fabularum mentem excitant ad incentiva libidinum.*

[49] Diese dreifache Form der Erkenntnis nennt Isidor *trimodum intelligentiae genus* und knüpft dabei an die klassische Lehre der verschiedenen Schriftsinne an; vgl. *diff.* 2,154 (PL 83,94f): *Post logicam sequitur ethica, quae ad institutionem pertinet morum. Haec enim bene vivendi magistra est, dividitur que in quatuor principales virtutes: prudentiam, scilicet, atque justitiam, fortitudinem, et temperantiam. Prudentia est agnitio verae fidei, et scientia Scripturarum, in qua intueri oportet illud trimodum intelligentiae genus. Quorum primum est per quod quaedam accipiuntur historialiter sine ulla figura, ut sunt decem praecepta; secundum est per quod quaedam in Scripturis permixto jure accipiuntur, tam secundum finem rerum gestarum, quam etiam juxta figurarum intellectum, sicut de Sara et Agar. Primum quod vere fuerint, dehinc quod tropice duo Testamenta figurentur. 155. Tertium genus est quod tantum spiritualiter accipitur, sicut de Canticis canticorum. Quae si juxta sonum verborum vel efficientiam operis sentiantur, corporalis magis luxuria quam virtus sacramentorum accipitur.*

Wissen (wie z. B. über die Elemente) niemandem, solange er den rechten Glauben bekenne. So müsse auch jemand, der sich einem Disput über das Wesen der körperlichen und unkörperlichen Dinge nicht stellen könne, nicht um sein Seelenheil fürchten, solange er ein am Glauben ausgerichtetes Leben führe.[50]

Isidor verstand sich nicht als Kämpfer für die Wissenschaft der antiken Welt, sondern als Vorkämpfer einer neuen christlichen Ordnung, in der dem Studium der Wissenschaften allerdings durchaus ein angemessener Platz zukam, denn: „Alle Weisheit besteht aus Wissen und Vermutungen. Ein Urteil ist aber besser, wenn es auf Wissen als wenn es nur auf Vermutung beruht."[51]

Es war nicht Isidors Absicht, das in den Werken der heidnischen und christlichen Autoren tradierte Wissen lediglich weiterzuvermitteln. Vielmehr griff er darauf zurück, um es für Antworten auf die Bedürfnisse seiner historischen Gegenwart zu nutzen. Isidors Werke wurden entscheidend beeinflusst durch ihren historischen Kontext und das Bemühen des Autors, Einfluss zu nehmen auf die religiöse, politische und soziale Entwicklung des hispano-gallischen Wisigotenreiches, für die er die Kirche in der Verantwortung sah. Seine Werke bilden gleichsam einen Filter, der das überkommene Wissen aufnahm, es umformte und rekonfigurierte, um es für die christliche Gesellschaft des Reiches nutzbar zu machen.

---

[50] ISIDOR VON SEVILLA, sent. 2,1,14 (CCL 111,93): *Nihil obesse cuiusquam si per simplicitatem aliqua de elementis indigne sentiat, dum modo de Deo uera pronuntiet. Nam quamuis de incorporeis corporeis que naturis nequeat quisque disputare, beatum tamen illum facit uita recta cum fide.*
[51] ISIDOR, sent. 2,1,8 (CCL 111,92): *Omnis sapientia ex scientia et opinatione consistit. Melior est autem ex scientia veniens quam ex opinatione sententia. Nam illa vera est, ista dubia.*

2. Isidor und die *Etymologiae*

Die *Etymologiae*[52] sind zweifelsohne Isidors Meisterstück, an dem er jahrzehntelang bis 633 arbeitete. Zusammen mit den *Sententiae* und *Synonyma* waren sie während des Mittelalters besonders geschätzt und es gibt kaum einen mittelalterlichen Autor, der sie nicht benutzt hätte.[53] Auch gegenwärtig beziehen sich die meisten Studien, die sich mit Isidors Werken befassen auf die Etymologiae. Eine erste, wohl aus den ersten zehn Büchern bestehende, Fassung, widmete Isidor König Sisebut (†620). Die zweite übersandte er 633 an seinen Freund Braulio, der sie nach Isidors Tod redigierte und publizierte. Die Genese des Werkes bis zu seiner schließlich in 20 Bücher gegliederten Fassung wird bis heute in der Forschung kontrovers diskutiert.

Von den eine Enzyklopädie prägenden Charakteristika – Multidisziplinarität, erschöpfende Erfassung und systematische Anordnung des Wissens – nennt die ersten beiden bereits Braulio in seiner *Renotatio*.[54] Die Erforschung des Inhaltes und der Struktur, d.h. der Logik bzw. der Sicht der Welt, der die Anordnung des Wissens in diesem immens vielseitigen Werk folgt, ist trotz erheblicher Anstrengungen erst teilweise gelungen.

Dass Isidor für seine Enzyklopädie den Titel *Etymologiae*[55] wählte, hat einen besonderen Grund. Moderne Lexika fügen der

---

[52] Die folgenden Ausführungen stützen sich auf ELFASSI, *Isidore of Seville and the Etymologies*.
[53] Vgl. dazu die einschlägigen Beiträge in den beiden von FEAR/WOOD herausgegebenen Sammelbänden.
[54] Siehe oben 28: „(20) ... Jeder, der dieses Werk, das jegliche Art von Wissenschaft versammelt, ... durchliest, ... wird der göttlichen und menschlichen Dinge nicht unkundig sein, weil dies Werk, das überquillt von den verschiedenen Wissenschaften, gründlich und in knapper Form alles zusammenfasst, was man wissen sollte."
[55] Verschiedentlich wurden die *Etymologiae* auch unter dem Titel *Origines* von modernen Herausgebern ediert oder zitiert, etwa in der bis heute nicht ersetzten Edition von W. M. Lindsay (*Etymologiae sive Origines*) oder im Thesaurus Linguae Latinae (Index 135). Gestützt vor allem auf BRAULIO, *epist.* 4 (o. S. LINDSAY), wo von den *libri Originum* die Rede ist, vermutete FONTAINE, *Cohérance et originalité de l'étymologie* isidorienne 142–144, *Origines* sei vielleicht der ursprünglich von Isidor vorgesehene Titel für

eigentlichen Definition eines Wortes manchmal noch dessen etymologische Erklärung hinzu. Im Gegensatz dazu ist in Isidors Enzyklopädie die Etymologie nicht nur ein Teil der Definition eines Wortes, vielmehr bildet sie die eigentliche Grundlage für dessen Definition.

Die moderne Linguistik unterscheidet – angelehnt an Ferdinand de Saussure – zwischen dem formalen und lautlichen und dem gedanklichen Aspekt eines Wortes / Zeichens – dem Bezeichner und dem Bezeichneten. Die Verknüpfung der beiden ist nicht Folge einer irgendwie gearteten Beziehung zwischen den beiden, sondern rein willkürlich (arbiträr). Sie gründet vielmehr auf einer von einer Gemeinschaft von Sprechern akzeptierten Übereinkunft. Saussure unterschied zudem zwischen der diachronischen und synchronischen Betrachtung von Sprache, d.h. der Erforschung ihrer historischen Veränderungen unterworfenen Entwicklung einerseits und ihrem Studium zu einem bestimmten Zeitpunkt in ihrer Geschichte anderseits.[56]

Im Gegensatz dazu besteht für Isidor gewöhnlich eine natürliche Beziehung zwischen den Wörtern und den mit ihnen bezeichneten Gegenständen. Die Wörter sind nicht willkürliche Zeichen, vielmehr spiegeln sie das Wesen der Dinge wider. Deshalb ist die Erklärung der Wörter von überragender Bedeutung, und genau darin besteht für ihn die Aufgabe der Etymologie:

Etymologia est origo uocabulorum, cum uis uerbi uel nominis per interpretationem colligitur. ... Cuius cognitio saepe usum necessarium habet in interpretatione sua. Nam dum uideris unde ortum est nomen, citius uim eius intelligis. Omnis enim rei inspectio etymologia cognita planior est.[57]

Die Etymologie ist der Ursprung der Wörter, wobei die Aussagekraft eines Wortes oder Namens durch Deutung ermittelt wird. Die Kenntnis der Herkunft [eines Wortes] ist oft von Nutzen [für die Erkenntnis

---

seine Enzyklopädie gewesen, blieb aber nicht bei dieser Meinung. Angesichts des Zeugnisses der Manuskripte, die alle *Etymologiae* überliefern, besitzt das indirekte Zeugnis Braulios kein entscheidendes Gewicht (vgl. ELFASSI, *Isidore of Seville and the Etymologies* 257).
[56] Vgl. SAUSSURE, *Grundfragen der allgemeinen Sprachwissenschaft*.
[57] *Etym.* 1,29,1–2 (o. S. LINDSAY).

seiner] Bedeutung. Denn wenn man sieht, woher ein Wort stammt, erkennt man schneller dessen Aussagekraft. Denn jede Einsicht in eine Sache ist klarer, wenn man die Herkunft des Wortes erkannt hat.[58]

Die Kenntnis der Etymologie eines Wortes ermöglicht es, dessen eigentliche Bedeutung (*uis*) zu erfassen, die Wort und Gegenstand miteinander verbindet. Auf diese Weise gelingt es dem Etymologisten, sich der Erkenntnis des Wesens der von Gott geschaffenen Realität anzunähern.

So leitet Isidor etwa das lateinische Wort für König, *rex*, ab von *regere* (regieren), das er als *recte agere* (richtig, gerecht handeln) interpretiert. Mit dieser Herleitung und Interpretation „gewinnt Isidor zugleich eine Wesensbestimmung der Sache. Die etymologisch gewonnene Erkenntnis findet er bestätigt in der heiligen Schrift, in der heilige Männer deshalb als Könige bezeichnet werden, *weil sie richtig handeln* (*recte agant*), ,ihre Sinne gut beherrschen' (*sensusque proprios bene regant*) und ,ihre Triebe durch die Vernunft kontrollieren'(*motus ... rationabili discretione componant*). ,Zurecht', so führt Isidor weiter aus, ,werden nämlich jene als Könige bezeichnet, die sowohl sich selbst wie ihre Untertanen durch eine gute Herrschaft zu mäßigen verstehen,." (*Recte enim illi reges uocantur, qui tam semetipsos, quam subiectos, bene regendo modificare nouerunt.*) „Nur wenn ein Herrscher diesem Anspruch gerecht wird, verdient er den Namen König; verstößt er – meist aus Hochmut infolge der ihm übertragenen Machtfülle – gegen das Wesen des Königseins, indem er zügellos und ungerecht regiert, dann steht ihm die Bezeichnung König nicht mehr zu, weil der Name und die mit ihm bezeichnete Sache nicht mehr übereinstimmen (*recte faciendo nomen regis tenetur, peccando amittitur*). Solchen Herrschern, die ihre Völker mutwillig und grausam regieren, gebührt der Name Tyrann."[59]

---

[58] Übersetzt von Möller, *Die Enzyklopädie des Isidor von Sevilla* 52. Die Übersetzung des *cum* mit „wenn" bei Möller, ist – der Argumentation von Schweichard, „*ETYMOLOGIA EST ORIGO VOCABULORUM ...*". *Zum Verständnis der Etymologiedefinition Isidors von Sevilla* folgend – durch „wobei" ersetzt worden.
[59] Kampers, *Geschichte der Westgoten* 243. Die Isidorzitate aus *etym.* 1,29,3 (o. S. Lindsay) und *sent.* 3,48,7 (CCL 111,298).

Angesichts dieses Verständnisses der Etymologie konnte Isidor allerdings die Erkenntnis nicht erspart bleiben, „daß die Herkunft" (*origo*) „nicht bei allen Wörtern gefunden wird, weil einige nicht wegen ihrer ursprünglichen Aussagekraft (*qualitas*), aus welcher sie entstanden sind, sondern gemäß dem Gutdünken des menschlichen Willens ihre Bezeichnung erhielten."[60]

Dieses Problem löste Isidor durch die – in den *Etymologiae* nur selten vorkommende – Erklärung solcher Wörter mittels Glossierung, Analogie oder *differentia*, d.h. die Unterscheidung solcher Wörter, deren Bedeutung oder Aussprache sich ähneln.[61] Zu den wenigen Ausnahmen, in denen Isidor in den *Etymologiae* ein Wort nicht etymologisch erklärt, gehört *quinque* (fünf):

> *Quinque autem non secundum naturam, sed secundum placitum voluntatis vocabulum acceperunt ab eo, qui numeris nomina indidit.*[62]

> „die Fünf aber erhielt ihren Namen nicht aus ihrer Natur heraus, sondern nach dem persönlichen Gefallen dessen, der den Zahlen ihre Namen gab."[63]

Das *placitum voluntatis* ist hier nicht gleichzusetzen mit der willkürlichen (arbiträren) Übereinkunft einer Sprachgemeinschaft wie in der modernen Linguistik. An wen Isidor als Namengeber dachte – etwa an den ihm vielleicht bekannten Gesetzgeber aus Platons Kratylos,[64] den ersten Menschen Adam, dessen Sprache ausweislich *etym.* 12,1,12 allerdings das Hebräische war, oder eine im weiterern Sinne göttliche Einmischung –, teilt er nicht mit.[65]

---

[60] *Etym.* 1,29,3 (o. S. LINDSAY).
[61] Vgl. *etym.* 1,29,3 (o. S. LINDSAY).
[62] Vgl. *etym.* 3,3,2 (o. S. LINDSAY).
[63] MÖLLER, *Die Enzyklopädie des Isidor von Sevilla* 124.
[64] In diesem Dialog diskutieren Sokrates, der Philosoph Kratylos und dessen Freund Hermogenes das Problem, ob die Bezeichnungen den Dingen von Natur aus zugeordnet sind (so Kratylos) oder ob sie auf einer willkürlichen Vereinbarung beruhen (so Hermogenes). Im ersteren Fall würde die Etymologie der Wörter Rückschlüsse auf das Wesen der mit ihnen bezeichneten Dinge ermöglichen. Sokrates nimmt zu beiden Positionen kritisch Stellung, worauf hier nicht näher eingegangen wird. Der Dialog Kratylos gilt als Ausgangspunkt der europäischen Sprachphilosophie und -wissenschaft. Vgl. dazu etwa MEISSNER, *Natur, Norm, Name. Sprache und Wirklichkeit in Platons „Kratylos"*.

Der zentrale Begriff der isidorischen Etymologiedefinition ist *origo*. Isidor verwendet ihn z. B. auch im Titel seiner Gotengeschichte *De origine Gothorum* in historischer Bedeutung, ebenso im Titel von *De origine officiorum* und *Etym.* 15,1,2, wo es heißt, dass die Geschichtsschreibung (*historiae*) über den sicheren Ursprung (*origo*) von Städten berichtet.

Dennoch ist Isidors Etymologie grundsätzlich weder diachronisch noch synchronisch, vielmehr achronisch. Sie bemüht sich, den Ursprung eines Wortes darzustellen, ohne auf dessen Geschichte einzugehen. Gestützt wird diese Feststellung durch Isidors Ausführungen in *sent.* 1,8,6 (CCL 111,21):

> *Materies, ex qua formatus est mundus, origine non tempore res a se factas praecessit ut sonus cantum. Prior enim est sonus cantu, quia suauitas cantilenae ad sonum uocis, non sonus pertinet ad suauitatem. Ac per hoc utrumque simul sunt, sed ad quem pertinent cantus prior est, id est sonus.*

> Die Materie, aus der die Welt geformt wurde, ging den Dingen, die aus ihr gemacht wurden, nicht zeitlich, sondern ursprünglich voraus – so wie der Ton dem Gesang. Voraussetzung für den Gesang ist der Ton, weil der Reiz eines Liedes sich auf den Ton der Stimme bezieht, der Ton aber nicht auf den Reiz des Liedes. Und deshalb existieren beide gleichzeitig, wenngleich das zum Gesang Gehörende, nämlich der Ton, früher ist.

Daraus folgt, dass der *origo* nur ein logischer, nicht aber ein chronologischer Vorrang gebührt, d.h. ein Ding muss nicht unbedingt deshalb einen zeitlichen Vorrang haben, weil es in der *origo* eines anderen enthalten ist. Gleiches gilt für Isidors Begriff der Etymologie: Aus der Tatsache, dass ein Wort in der *origo* eines anderen enthalten ist, folgt nicht, dass es bereits vorher existierte; die Verbindung eines Wortes mit seiner *origo* ist unabhängig von der Zeit.

Ob Isidor seinen – hier nur knapp skizzierten, von der Forschung aber recht gut untersuchten – Vorstellungen der Etymologie in der Praxis auch gerecht wurde, wird erst langsam Gegenstand philologischer Studien, worauf hier aber nicht näher eingegangen werden kann.[66]

---

[65] Vgl. FONTAINE, *Isidore de Séville. Genèse et originalité de la culture hispanique au temps de Wisigoths* 369 Anm. 1.
[66] Vgl. dazu ELFASSI, *Isidore of Seville and the Etymologies* 261–264.

3. Bildungshistorischer Kontext

Isidors Œuvre wurde in der älteren Forschung sowohl in literarischer wie auch in wissenschaftlicher Hinsicht häufig abwertend beurteilt. Seine *Etymologiae* überlieferten eine Pseudokultur, die mit verantwortlich sei für das finstere Mittelalter. Dieses Urteil ist aber keine Antwort auf die Frage, weshalb ein so umfangreiches Werk entstand und worin die Bedeutung seines Verfassers liegt.

Unbestritten ist, dass Werk und Autor zu einer Epoche des Übergangs gehören, wobei keine Einigkeit besteht, ob sie dem Ende der Spätantike oder dem beginnenden Mittelalter zuzuweisen sind. Ebenso unumstritten ist, dass Isidor unter den Autoren seiner Epoche eine zentrale und unverwechselbare Position einnimmt.

Einen Zugang zum Verständnis von Autor und Werk ermöglichen vor allem das zeitgenössische Erziehungssystem und die von den literarischen Arbeiten der Autoren der Anfangsphase der Christianisierung des Imperiums ausgehenden Einflüsse, die durch utilitaristische und anwendungsbezogene Intentionen gekennzeichnet sind. Da Schülerbücher nicht überliefert sind, ist ein Urteil über das Verhältnis von Theorie und Praxis des Unterrichtes nicht möglich. Eine Vorstellung von der Theorie vermitteln die Kompendien für die Lehrer, deren zeitliche Einordnung aber Schwierigkeiten bereitet. Unklar bleibt zudem, ob und in welchem Umfang die in ihnen festgelegte Erziehungsmethode beachtet wurde.

Für das 4. Jahrhundert darf man konstatieren, dass die Erziehung einen hohen Stellenwert besaß. Sowohl die Zahl der Schüler wie auch die Qualität des Unterrichts lassen sich aber kaum beurteilen. Das Unterrichtsniveau war eher gering. Im Mittelpunkt stand die Grammatik, zu deren Vermittlung man sich nur auf literarische Werke konzentrierte. Das – erst von Martianus Capella Ende des 5. bzw. Anfang des 6. Jahrhunderts etablierte – Schema der *septem artes liberales* bildete nicht die Grundlage des Unterrichtes. Das sog. Quadrivium (Arithmetik, Geometrie, Musik und Astronomie) wurde erst an den Philosophenschulen

behandelt. Vorher wurden nur Grundkenntnisse im Rechnen vermittelt, im 4. Jahrhundert zunehmend auch elementares historisches Wissen.

Während der Unterricht in seinen traditionellen Formen weiterging, vollzog sich während des 4. Jahrhundert der Niedergang der von einer Fülle von Wandlungen geprägten Epoche der Spätantike. Die Teilung des Imperiums in einen Ost- und Westteil, die Trennung von Zivilgesellschaft und – zunehmend aus Barbaren rekrutiertem – Militär, Bürokratisierung und Christianisierung, beginnender Verlust der Kontrolle über die Provinzen im Westen, in denen im 5. Jahrhundert germanische Völker die Herrschaft übernahmen, blieben auch für Unterricht und Bildung nicht ohne Folgen. Entscheidende Bedeutung kam dabei der Kirche zu, die bald nicht nur die Lehrer stellte, sondern auch den Unterricht neu regelte, da in den traditionellen Schulen die Ziele des Christentums nicht vermittelt wurden.

Zwar hielt man an den alten Autoren fest, passte die Behandlung ihrer Werke aber den christlichen Bedürfnissen an, nutzte sie zum Erwerb des korrekten lateinischen Sprachgebrauches und erweckte den Anschein einer Kontinuität der antiken in der christlichen Kultur. Die Kenntnis antiker Traditionen war aber nicht länger identisch mit ihrer Wertschätzung. Die Lektüre auch heidnischer Autoren wurde nicht beanstandet, wenn sie christliche Vorstellungen, historische Kenntnisse, spirituelle Emotionen und für die Bewertung und das Verständnis der Bibel unverzichtbare Kenntnisse vermittelte. Das Bemühen um das Verständnis der Heiligen Schrift, die allmählich auch die Grundlage des Unterrichtswesens bildete, begünstigte neben dem Bestreben, sich von den Barbaren zu unterscheiden, den Fortbestand des Unterrichtswesens im 5. Jahrhundert, zu dem auch die Klosterschulen gehörten, die den Mönchen vor allem die Bibellektüre ermöglichen sollten.

Die Situation im 6. Jahrhundert verkörpert exemplarisch Magnus Aurelius Cassiodorus (*Ende 5. Jahrhundert-†585). Als *praefectus praetorio* unter dem Ostgotenkönig Theoderich dem Großen vertrat er eine Politik der Kooperation von Römern und Goten. In Rom begründete er für die Jugend eine Schule für

Rhetorik und Theologie. Eine Vorstellung von seiner Bildungskonzeption vermittelt die Aufzählung der Schriften, die die Bibliothek des von ihm am Ende seines Lebens gegründeten Klosters Vivarium enthalten sollte. Neben der Bibel und den Schriften der Kirchenväter enthält die Liste auch zahlreiche heidnische Autoren (allerdings keine Poeten), die zum Verständnis der Bibel und ihrer Überlieferung nützlich sind (Grammatiker, Rhetoriker, Historiker, Geographen, Astronomen) oder für die Ausübung unterschiedlicher Tätigkeiten im Kloster (Agronomen, Ärzte, Autoren landwirtschaftlicher Traktate). Während des 6. Jahrhundert vollzieht sich die Verlagerung des Bildungswesens an die Kloster- und Kathedralschulen.[67] In dieser Bildungstradition wurde Isidor, der beim Tod Cassiodors zwischen 24 und 30 Jahren alt war, erzogen. Zu dieser Zeit setzten seine literarischen Aktivitäten ein, wobei er auf die umfangreiche bischöfliche Bibliothek in Sevilla zurückgreifen konnte, in deren Bestände die bereits erwähnten *Versus in bibliotheca*[68] Einblick gewähren.

Isidors Aktivitäten in Kirche und Staat blieben nicht ohne Einfluss auf seine literarischen Werke, die einen Kompromiss zwischen seinen wissenschaftlichen Neigungen und den pastoralen Verpflichtungen seines Bischofsamtes für Kirche und Staat darstellen. Alle Werke Isidors gründen mehr oder weniger stark auf der antiken Gelehrsamkeit einerseits und der Bibel und den Werken der Kirchenväter andererseits und sind bestrebt, Bildung und Religion zu verbinden. Isidor steht dabei in der Tradition der spätantik-christlichen Gelehrsamkeit, die er an die veränderten politischen und gesellschaftlichen Verhältnisse seiner Zeit anzupassen versuchte.

---

[67] Vgl. CODOÑER MERINO, *El mundo cultural de Isidoro de Sevilla*.
[68] Siehe oben 12 mit Anm. 14.

IV. De origine officiorum – Überblick

1. Titel und Charakter der Schrift

Obwohl Isidor seine Abhandlung über die Liturgie und die kirchlichen Ämter *De origine officiorum* genannt hatte, behielt Christopher M. Lawson für seine – auf Vorarbeiten seines Vaters A. C. Lawson aufbauende – Edition, die nach seinem Tod von Jocelyn M. Hillgarth herausgegeben wurde,[69] den Titel *De ecclesiasticis officiis* bei, der sich seit ihrer spätestens 1524 erfolgten ersten gedruckten Publikation eingebürgert hatte. Sinnvoller erscheint es demgegenüber jedoch, Isidors Schrift unter ihrem tatsächlich überlieferten, vom Autor sehr wahrscheinlich selbst generierten Titel zu veröffentlichen.[70]

Isidor verfasste die Schrift auf Bitten seines Bruders Fulgentius, Bischof von Astigi von ca. 610 bis ca. 624, und nannte sie vermutlich *liber* oder *libellus de origine officiorum*. Das Wort *officium* bezeichnet sowohl die (geistliche) Amtshandlung, den Gottesdienst, die Liturgie (*officium divinum*) als auch das (kirchliche) Amt (*officium ecclesiasticum*). Dieser Unterscheidung folgt auch die Schrift Isidors. Gegenstand des ersten Teils sind die geistlichen Gesänge, Lesungen und Stundengebete, die Feier der Eucharistie, die Zeiten und Feste des Kirchenjahres und was sonst noch zur Liturgie des christlichen Kultus gehört. Der zweite Teil handelt von den verschiedenen Amtsträgern und ihren Aufgaben in der christlichen Gemeinschaft, angefangen mit den Bischöfen und den weltlichen Klerikern über die Mönche, die geweihten Jungfrauen bis hin zu den Eheleuten, den getauften Laien, Katechumenen und den Asketen.

Über den von Ambrosius von Mailand verfassten Trakat *De officiis (ministrorum)*, in dem dieser die von Panaitios von Rhodos (†110 v. Chr.) „Über die Pflicht" (Περί τοῦ καθήκοντος) angeregte Abhandlung Ciceros *De officiis* gleichsam christiani-

---

[69] Vgl. LAWSON 14*.119*–121*.1.
[70] Den auf Isidor zurückgehenden Titel benutzte auch Jacques Fontaine in seinen Publikationen.

sierte, d. h. die antik-heidnischen durch christliche Vorbilder ersetzte, steht Isidors Schrift in einer antik-christlichen Tradition. Wenngleich Ambrosius seine für den Klerus in seiner Umgebung bestimmten Ausführungen im Wesentlichen auf die Befolgung der vier Kardinaltugenden durch die kirchlichen Amtsträger beschränkte, erhielt der lateinische Begriff *officium* durch den Verweis des Ambrosius auf den von dem Leviten Zacharias im Tempel verrichteten Dienst (griechisch: λειτουργία, lateinisch *officium*), nämlich die Darbringung des Rauchopfers, eine jüdisch-christliche Bedeutungsnuance, die seine Verwendung im isidorischen Sinn begünstigte.

Bei aller Gelehrsamkeit verfolgte Isidor mit der Abfassung der Schrift insbesondere ein aus der konkreten Situation der Kirche des Wisigotenreiches resultierendes praktisches Ziel. Als Folge der germanischen Invasionen Spaniens und der mit ihnen verbundenen Kämpfe, Zerstörungen und politischen Wirren während des 5. und 6. Jahrhunderts war auch die Organisation des kirchlichen Lebens in Unordnung geraten. Kirchen und kirchliche Gebäude wurden zerstört oder aufgegeben, in der Liturgie verbreiteten sich Nachlässigkeiten und Missbräuche, in Klerus und Mönchtum mangelte es an Disziplin und Ausbildung. Die bereits von seinem Bruder Leander begonnene Reorganisation der spanischen Kirche setzte Isidor fort und er schuf dafür mit *De origine officiorum* sozusagen einen kanonischen Leitfaden und zugleich ein Nachschlagewerk für Fragen der Liturgie und der kirchlichen Disziplin vor allem für den Klerus, namentlich die Bischöfe.

Unter Bezug auf die christlichen Autoren des 4. und 5. Jahrhunderts – vor allem Augustinus und Hieronymus –, die Episteln des Apostels Paulus, die *Statuta ecclesiae antiqua* etc.[71] arbeitet Isidor dabei die biblische, apostolische (bzw. paulinische) Kontinuität und die kirchliche Tradition der *officia* heraus. Die aus seinen Quellen jeweils zu gewinnenden Informationen über die *officia* – ihren Ursprung und ihre Geschichte, ihre Definition und Etymologie, ihre fachliche und spirituelle Interpretation –

---

[71] Vgl. die ausführlichen Nachweise in der Ausgabe von LAWSON.

fasst Isidor meist mit eigenen Worten (*meo stilo*) zusammen, bringt aber zuweilen auch wörtliche Zitate, wenn sie ein leichteres Glaubensverständnis ermöglichen.[72]

2. Inhalt

Der doppelten Bedeutung des Begriffes *officia* folgt auch die Gliederung der Schrift Isidors. Gegenstand des ersten Buches sind die geistlichen Gesänge, Lesungen und Stundengebete, die Feier der Eucharistie, die Zeiten und Feste des Kirchenjahres und die übrigen zur Liturgie gehörenden Dinge. Das zweite Buch handelt von den verschiedenen Amtsträgern und ihren Aufgaben in der christlichen Gemeinschaft.

a) Buch 1

Isidor beginnt seine Ausführungen mit einigen Bemerkungen über die Kirche als katholische Institution und die Bedeutung des Namens der Christen und die Kirchen, d. h. die einzelnen Gotteshäuser, und wendet sich dann dem Kirchengesang zu: den Chören, Kirchenliedern, Psalmen, Hymnen, Antiphonen und Responsorien. Unter Verweis auf die Lieder des Königs David und den Gesang der drei Jünglinge im Feuerofen befürwortet er ausdrücklich die Komposition neuer Hymnen und lobt dabei den ersten lateinischen Hymnographen, Hilarius von Poitiers, und die in der gesamten westlichen Christenheit verbreiteten ambrosianischen Gesänge (Kap. 1–8).

Vor der näheren Behandlung der Eucharistiefeier erinnert er an die Kontinuität zwischen den Bibellesungen in der Messe und den Schriftlesungen der Juden. Betritt jemand während einer Lesung das Gotteshaus, dann hat er zu schweigen, sich zu bekreuzigen und aufmerksam zuzuhören (Kap. 9). Dann wendet sich der Verfasser den 72 Büchern des biblischen Kanons und

---

[72] Vgl. FONTAINE, *Isidore de Séville. Genèse et originalité de la culture hispanique au temps de Wisigoths* 199–202.

ihren Verfassern zu. Danach werden die Zeremonien des Messopfers behandelt: die Tradition der spanischen Kirche, das Alleluja außer an Fasttagen und in der Fastenzeit immer zu singen, das gesungene *offertorium*, die sieben Gebete des Messkanons, die Rezitation des nizänischen Glaubensbekenntnisses, der Segen über die Gemeinde, schließlich die ausführliche Erläuterung der Pflicht, bei der Wandlung Wasser und Wein zu mischen, und die strengen Vorschriften für den Kommunionempfang der Gläubigen (Kap. 11–19).

Bei der Behandlung der Stundengebete (Terz, Sext, Non, Vesper, Komplet, Vigil und Matutin) erläutert er deren Namen, ihre Entstehung und ihren Sinn (Kap. 20–24).

Von den Festen des Kirchenjahres erhalten der Karfreitag, Ostern und Pfingsten einen hauptsächlich auf Augustinus beruhenden längeren geistlichen Kommentar. Darauf finden sich kurze Bemerkungen über die Märtyrerfeste, die Kirchweihe und die Fastenzeiten. Lokale Fastengewohnheiten seien – sofern sie nicht gegen den Glauben und die guten Sitten verstießen – zu dulden, damit es wegen unterschiedlicher Observanzen nicht zu schismatischen Entwicklungen komme. Schließlich eine Warnung vor dem Verzehr von Fleisch und die Erlaubnis, Fisch zu essen, wie es auch Jesus nach der Auferstehung getan habe (Kap. 25–44).

b) Buch 2

Die Ausführungen über die Amtsträger der Kirche bzw. den Klerus im zweiten Buch beginnen – nach einer Etymologie des Wortes, das sich von dem griechischen Wort *cleros*, lateinisch *sors* ‚Erbteil, Anteil' (nämlich am Erbe Christi) herleitet – mit einer Aufzählung von Gegenständen, die von den Geistlichen zu meiden sind: vulgäres Benehmen, weltliche Vergnügungen, Schauspiele und Umzüge, öffentliche Festmähler; ferner: schändliche Profite, Bestechung, Habgier, Betrug, die Ausübung öffentlicher und ökonomischer Tätigkeiten, Ehrsüchtigkeit, Simonie, Verschwörungen, unschickliches Reden und Handeln, häufige Besuche von Frauen (*uiduas et uirgines*). Verboten sind Verhältnisse (*conturbernia*)

mit fremden Frauen. Einmalige Heirat ist gestattet. Kleriker sollen sich vielmehr ohne Unterbrechung um den Glauben bemühen, um die Schriftlesung, den Gesang der Psalmen, Hymnen und geistlichen Lieder (Kap. 1–2).

Besonders heftig werden die widerspenstigen Kleriker kritisiert, die sich – im Gegensatz zum ordentlichen Klerus – keinem Bischof unterordnen, weder wie die Laien einer weltlichen noch wie die Kleriker einer religiösen Beschäftigung nachgehen, sondern ohne irgendwelche Bindungen, hingerissen von ihren entfesselten Begierden ein skandalöses Leben als Vagabunden führen, das geistliche Gewand tragen, ohne ein geistliches Amt zu besitzen. Weder richtige Laien noch richtige Kleriker sind sie – gleich den Kentauren – ein *mixtum genus*, das sich in der westlichen Kirche verbreitet hat (Kap. 3).

Die Tonsur – neben dem geistlichen Gewand Erkennungszeichen der Kleriker – sei zuerst von den Nazareern (sic!) getragen worden, deren Name ‚die Heiligen Gottes' (*nazirs = sancti dei*) bedeute. Ihrem Beispiel seien bereits einige der Apostel und Jünger Christi gefolgt. Das körperliche Zeichen der Rasur des Haupthaares symbolisiere einen geistigen Vorgang, nämlich die Abkehr von den Lastern und fleischlichen Begierden, die durch den Eintritt in den Stand der Kleriker gleichsam ebenfalls zurückgeschnitten würden. Der das geschorene Haupt wie eine Krone begrenzende Haarkranz sei das Zeichen des vom Apostel Petrus bezeugten königlichen Priestertums (*regale sacerdotium*). Das Haar (*coma*) werde im Alten Testament auch als Schleier (*uelamentum*) gedeutet. Durch die Tonsur werde symbolisch die Entfernung des Schleiers zwischen den dunklen Prophezeiungen des Alten Testamentes und der Offenbarung des Evangeliums zum Ausdruck gebracht (Kap. 4).

Am längsten ist das Kapitel über die Priester bzw. Bischöfe (Kap. 5). Sie werden – wie zuerst Aaron auf Geheiß Gottes durch (den Gottessohn präfigurierenden) Mose – von Christus, dem Mittler zwischen Gott und den Menschen, als Nachfolger Petri und der Apostel als oberste Priester (*summi sacerdotes*) eingesetzt; gegenwärtig meist mit der Zustimmung von Volk und Herrschern (*his temporibus fauore populi et potestatum*).

Der Begriff *episcopatus* ist eine Tätigkeitsbezeichnung und kein Ehrentitel (*nomen operis est non honoris*). Das griechische Wort *skopos* entspricht dem lateinischen Wort *intentio* ('Achtsamkeit', 'Sorge'), *episkopin* (= griechisch ἐπισκοπεῖν) bzw. *superintendere* heißt demnach soviel wie 'für seine Untergebenen Sorge tragen' bzw. 'die Aufsicht über sie haben'. Jemand, der sich um seine Gemeinde nicht sorge, sondern ihr nur Vorschriften mache, könne deshalb kein Bischof sein (Kap. 5,8).

Die Ordination der Bischöfe erfolgt – nach dem im Alten Testament und im Evangelium (Lk 24,50–52) von Christus und den Aposteln bezeugten Beispiel – durch Handauflegen amtierender Bischöfe. Vorgeschrieben ist ein Mindestalter von 30 Jahren, in dem auch Jesus zu predigen begann und das zur Ausübung jeden Berufes und jedes Amtes befähigt. Ordiniert werden dürfen lediglich Kandidaten, die nur einmal geheiratet haben, eine jungfräuliche Ehe führen oder ehelos leben. Die Einsetzung eines Bischofs durch alle Konprovinzialen – mindestens drei Bischöfe der Provinz müssen persönlich anwesend sein, die anderen schriftlich zustimmen – soll verhindern, dass durch Amtsmissbrauch eines einzelnen häretischen Bischofs die kirchliche Autorität beschädigt wird. Der bei der Weihe überreichte Bischofsstab ist Zeichen für die Herrschaft über und die Verbesserung der Gemeinde sowie der Verpflichtung zur Unterstützung der Schwachen. Der Ring ist Zeichen der bischöflichen Würde und Verschwiegenheit.

Von der Bischofsweihe ausgeschlossen sind Laien, da sie weder ein geistliches Amt bekleiden noch eine entsprechende Ausbildung besitzen. Weder aus Gefälligkeit noch auf Ersuchen eines Vorgesetzten oder infolge Bestechung darf jemand zum Bischof geweiht werden; ebensowenig Söhne oder Verwandte eines Bischofs. Wenn falsche Bischöfe gewählt werden, sollen ihre Gemeinden erkennen, dass sie wegen ihrer Verfehlungen die Herrschaft eines solchen Oberhirten verdient und zu ertragen haben. Ausgeschlossen sind auch Todsünder; abzusetzen Kleriker, die in ihrer Amtszeit eine Todsünde begehen.

Bischöfe haben ein heiliges und untadeliges Leben zu führen, denn wer nicht richtig zu handeln versteht, kann auch nicht das

Richtige lehren. Erforderlich sind weiter gute Kenntnisse der Heiligen Schrift, um die Gläubigen belehren und Gegnern Paroli bieten zu können, und eine klare, einfache, leicht verständliche und dem jeweiligen Anlass angemessene Sprache. Besondere Pflicht der Bischöfe ist das Schriftstudium, dann die Lektüre der Kanones, die Nachahmung der Heiligen, Nachtwachen, Fasten und Gebet; Friedenhalten mit den Mitbrüdern, niemanden zu verachten oder zu verurteilen, wenn er nicht überführt wurde, oder ohne Prüfung zu exkommunizieren. Zwischen Demut und Autorität ist das rechte Verhältnis zu wahren, wobei die Liebe (*caritas*) den Maßstab des Handelns bilden muss. Der bischöflichen Fürsorge sind Bedürftige und Hungernde anvertraut. Nackte sind zu kleiden, Fremde zu beherbergen, Gefangene freizukaufen, Witwen und Waisen zu beschützen. Sein Richteramt hat der Bischof ohne Ansehen der Person sachgerecht und nicht nach Gefälligkeit auszuüben. Ermahnt werden die Bischöfe zur Milde, Mäßigung, Nüchternheit und Enthaltsamkeit bzw. Keuschheit.

Relativ knapp werden die übrigen geistlichen Amtsträger behandelt: Chorbischöfe, Presbyter, Diakone, Sakristane, Subdiakone, Lektoren, Psalmisten, Exorzisten und Ostiarier (Kap. 6–14).

Ausführlicher wird dagegen wieder die monastische Lebensweise, vor allem die der Mönche, weniger die der Nonnen beschrieben. Von den von Isidor unterschiedenen und näher charakterisierten sechs Arten von Mönchen sind nur die Coenobiten, die Eremiten und Anachoreten gute Mönche. Es folgt eine auf wesentliche Aspekte beschränkte Übersicht über die Organisation und die Abläufe des Klosterlebens (Kap. 15).

Obwohl nicht zu den kirchlichen Ämtern gehörend, werden auch die christlichen Stände (*ordines*), in die sich die Laien gliedern, behandelt: die Poenitenten, Jungfrauen, Witwen und – besonders ausführlich – der Stand der Eheleute; ferner die Katechumenen und Taufbewerber (*competentes*) (Kap. 16–21).

Mit Bemerkungen zum Glaubensbekenntnis, zu den Regeln des Glaubens, über die Taufe, die Weihe des Chrisamöls und die Firmung endet das zweite Buch (Kap. 22–26).

3. Zur Übersetzung

Nach Übertragungen ins Spanische und Englische[73] ist die folgende die erste deutsche Übersetzung von De *origine officiorum*. Sie ist – wenngleich jede Übersetzung in gewissem Umfang bereits auch eine Interpretation darstellt – um eine möglichst wortgetreue Wiedergabe der Vorlage bemüht, die auch noch einen gewissen Eindruck der charakteristischen, dem heutigen Leser fremd erscheinenden zeitgenössischen Sprach- und Stilgewohnheiten vermitteln soll.

Isidor erläutert in den einzelnen Kapiteln der beiden Bücher die biblischen und kirchengeschichtlichen Ursprünge der Ämter, ihre liturgischen Funktionen, die höchsten Kirchenfeste (wie z. B. Weihnachten) etc. nach den zeitgenössischen Vorstellungen und Gebräuchen, bisweilen recht präzise (z. B. Kap. 2,11 Über die Lektoren), bisweilen aber auch nur sehr oberflächlich (z. B. Kap. 1,16 Über das Glaubensbekenntnis von Nizäa). Dabei greift er auf eine sehr große Zahl patristischer Quellen zurück, die er in der Regel eigenständig zusammenfasst und hier und da auch nach dem Wortlaut zitiert. Diese umfangreiche Texttradition, die Lawson in seinem Similien- und Quellenapparat dargestellt hat, detailliert zu analysieren wäre ebenso wie die präzise Aufarbeitung der Geschichte der einzelnen Ämter, der kirchlichen Hochfeste etc. Aufgabe eines umfangreichen wissenschaftlichen Kommentars, was den Rahmen unserer Ausgabe sprengen würde. Die Kommentierung beschränkt sich daher darauf, die Schriftzitate und Schriftverweise aus dem Alten und Neuen Testament anzugeben, ebenso die Herkunft der wörtlichen Zitate der Autoren, auf die sich Isidor namentlich beruft, sowie einige weitere Hilfen zum unmittelbaren Verständnis des

---

[73] Isidore of Seville, De ecclesiasticis officiis. Übers. und Einl. von Th. L. Knoebel (Ancient Christian Writers. The Works of the Fathers in Translation 61), New York 2008; San Isidoro de Sevilla, De los oficios eclesiásticos, übers. von A. Viñayo Gonzalez, (Edición Isidoriana) Leon 2007; San Isidoro, obispo de Sevilla, Los oficios eclesiásticos, übers. von J. Urdeix, (Centre de Pastoral Litúrgica. Cuadernos Phase 200), Barcelona 2011.

Textes zu geben. Die Zählung der Kapitel orientiert sich anders als in der Edition von Lawson an den jeweils am Anfang der beiden Bücher platzierten Verzeichnisse.[74]

---

[74] Vgl. LAWSON 8*; 28.

TEXT UND ÜBERSETZUNG

INCIPIT LIBER ISIDORI HISPALENSIS ECCLESIAE EPISCOPI DE ORIGINE OFFICIORVM

Domino meo et dei seruo Fulgentio episcopo Isidorus.

Quaeris a me originem officiorum quorum magisterio in ecclesiis erudimur, ut quibus sint inuenta auctoribus breuibus cognoscas indiciis. Itaque, ut uoluisti, libellum de genere officiorum ordinatum misi, ex scriptis uetustissimis auctorum ut locus obtulit commentatum. In quo pleraque meo stilo elicui, nonnulla uero ita apud ipsos erant admiscui, quo facilius lectio de singulis fidei auctoritatem teneret. Siqua tamen ex his displicuerint erroribus meis paratior uenia erit, quia non sunt referenda ad culpae meae titulum, de quibus testificatio adhibetur auctorum.

Es beginnt das Buch des Bischofs Isidor von Sevilla über den Ursprung der kirchlichen Ämter

Den Bischof Fulgentius[1], meinen Herrn und Diener Gottes, (grüßt) Isidor.

Du fragst mich nach dem Ursprung der *officia*,[2] durch deren Leitungs- und Lehramt wir in den Kirchen unterwiesen werden, damit Du durch kurze Hinweise erkennst, auf welche Urheber sie zurückgehen. Deshalb habe ich, wie Du wolltest, das bestellte Büchlein ‚Über das Genus der *officia*' geschickt, erläutert – soweit es die Lage erlaubt – aus den ältesten Schriften der Autoren. Darin habe ich die meisten Sachverhalte mit meinen eigenen Worten zusammengefasst, einige aber wörtlich aus den ältesten Autoren übernommen, damit die Lektüre umso leichter bei den einzelnen Texten die Autorität des Glaubens festhalten kann. Wenn aber von diesen Texten einige keine Zustimmung finden sollten, wird man mir meine Irrtümer umso bereitwilliger nachsehen, weil das, wofür ein Zeugnis der Autoren verwandt wird, nicht mir zur Last zu legen ist.

---

[1] Fulgentius (*zwischen ca. 539 und vor 552) war ein Bruder des Isidor und Bischof von Astigi von ca. 610 bis ca. 624. Isidor hatte noch einen älteren Bruder namens Leander (*ca. 537/38), Bischof von Sevilla 580-ca. 597/601, der seine Erziehung übernommen hatte, sowie eine Schwester namens Florentina (*ca. 552), die Nonne und später Äbtissin in einem namentlich nicht bekannten Kloster war; siehe die Einleitung, oben 10f. 31.
[2] Der Begriff *officium* kann sowohl den Gottesdienst wie das (christliche) Amt bezeichnen, siehe hierzu die Einleitung, oben 40.

Incipiunt capitula.

I. De ecclesia uel uocabulo Christianorum.
II. De templis.
III. De choris.
IIII. De canticis.
V. De psalmis.
VI. De hymnis.
VII. De antiphonis.
VIII. De responsoriis.
VIIII. De precibus.
X. De lectionibus.
XI. De libris testamentorum.
XII. De scriptoribus sacrorum librorum.
XIII. De laudibus.
XIV. De offertoriis.
XV. De missa et orationibus.
XVI. De symbolo niceno.
XVII. De benedictione in populo.
XVIII. De sacrificio.
XVIIII. De tertiae, sextae et nonae horae.
XX. De uespertinis.
XXI. De conpletis.
XXII. De uigiliis.
XXIII. De matutinis.
XXIIII. De dominica die.
XXV. De natale domini.
XXVI. De epiphania.
XXVII. De palmarum die.
XXVIII. De cena domini.
XXVIIII. De parasceue.
XXX. De sabbato paschae.
XXXI. De pascha.
XXXII. De ascensione domini.
XXXIII. De pentecosten.
XXXIIII. De festiuitatibus martyrum.

Es beginnen die Kapitelüberschriften.

1. Über die Kirche und den Namen der Christen.
2. Über die Tempel.
3. Über die Chöre.
4. Über die (geistlichen) Lieder.
5. Über die Psalmen.
6. Über die Hymnen.
7. Über die Antiphonen.
8. Über die Responsorien.
9. Über die Gebete.
10. Über die Lesungen.
11. Über die Bücher der Testamente.
12. Über die Verfasser der Heiligen Schriften.
13. Über den Alleluia-Gesang.
14. Über die Offertorien.
15. Über die Messe und Messgebete.
16. Über das Glaubensbekenntnis von Nizäa.
17. Über die Segnung des Volkes.
18. Über das Messopfer.
19. Über die Stundengebete Terz, Sext und Non.
20. Über die Vesper.
21. Über die Komplet.
22. Über die Vigilien.
23. Über das Morgenlob.
24. Über den Tag des Herrn (Sonntag).
25. Über den Geburtstag des Herrn (Weihnachten).
26. Über die Epiphanie.
27. Über den Palmsonntag.
28. Über das Abendmahl des Herrn (Gründonnerstag).
29. Über den Karfreitag.
30. Über den Karsamstag.
31. Über das Osterfest.
32. Über die Himmelfahrt des Herrn.
33. Über Pfingsten.
34. Über die Märtyrerfeste.

XXXV. De enceniis.
XXXVI. De ieiunio quadragensimae.
XXXVII. De ieiunio pentecosten.
XXXVIII. De ieiunio septimi mensis.
XXXVIIII. De ieiunio kalendarum nouembrium.
XL. De ieiunio kalendarum ianuarium.
XLI. De triduani ieiunii consuetudine.
XLII. De diuersorum dierum ac temporum ieiuniis.
XLIII. De uario usu ecclesiarum.
XLIIII. De carnium esu uel piscium.

Expliciunt capitula.

Ea quae in officiis ecclesiasticis celebrantur partim sanctarum scripturarum auctoritate partim apostolica traditione uel consuetudine uniuersalis ecclesiae statuta repperiuntur. Quorum quidem primordia repetentes quibus exorta fuerint, ut praediximus, auctoribus referamus.

35. Über die Kirchweihen.
36. Über das vierzigtätige Fasten.
37. Über das Pfingstfasten.
38. Über das Fasten des siebten Monats.
39. Über das Fasten am 1. November.
40. Über das Fasten am 1. Januar.
41. Über die Sitte des dreitägigen Fastens.
42. Über das Fasten an verschiedenen Tagen und Zeiten.
43. Über unterschiedliche Gebräuche der Kirchen.
44. Über den Verzehr von Fleisch und Fisch.

Ende der Kapitelüberschriften

Was in den kirchlichen Gottesdiensten gefeiert wird, findet man teils durch die Autorität der Heiligen Schrift, teils durch die apostolische Tradition bzw. die Gewohnheit der gesamten Kirche angeordnet. Wenn wir uns ihre Ursprünge vergegenwärtigen, durch die sie entstanden sind, wollen wir uns, wie wir bereits zuvor gesagt haben, auf die Autoren beziehen.

I. De ecclesia uel uocabulo Christianorum.

(1) Primum a Petro ecclesia in Antiochia est fundata, ibique primum nomen Christianorum per eius est praedicationem exortum, sicut Actus Apostolorum testantur.

Vocantur autem Christiani diriuatiuo uocabulo ex nomine Christi; (2) nam, sicut ex Iudae nomine uocabulum traxerunt Iudaei a quo in illa gente regiae stirpis dignitas claruit, ita a Christo Christianae gentis nomen inhesit, cuius et in gentibus et in Iudaeis praerogatiua est dignitas potestatis.

Ecclesia autem uocatur proprie, propter quod omnes ad se uocet et in unum congreget. (3) Catholica autem ideo dicitur, quia per uniuersum mundum est constituta; uel quoniam catholica, hoc est generalis, in ea doctrina est ad instructionem hominum de uisibilibus atque inuisibilibus rebus caelestium ac terrestrium; uel propter omne hominum genus ad pietatis subiectionem tam principum quam etiam qui principantur, oratorum et idiotarum; uel propter quod generaliter curat omnium peccata quae per corpus et animam perficiuntur. |

II. De templis

(1) Tabernaculum Moyses legislator primum domino condidit; Salomon deinde templum prudentiam petiturus instituit; nostrorum post haec temporum fides in toto mundo Christi atria consecrauit.

1. Über die Kirche und den Namen der Christen

(1) Die Kirche wurde zuerst von Petrus in Antiochia gegründet, und dort entstand durch seine Predigt erstmals der Name der Christen, wie in der Apostelgeschichte bezeugt wird (vgl. Apg 11,26).

Christen aber wurden sie genannt durch die Ableitung ihres Namens von Christus. (2) Denn wie die Juden ihren Namen von Juda herleiten, durch den in jenem Volk die Würde des königlichen Geschlechts erglänzte, so leitet sich der Name des christlichen Volkes von Christus ab, dessen Privileg bei den Völkern und den Juden die Würde der Herrschaft ist.

Kirche wird sie zu Recht genannt, weil sie alle zu sich ruft und als eine Einheit versammelt.[3] (3) Katholisch[4] wird sie deshalb genannt, weil sie über die gesamte Welt eingesetzt ist, oder weil die Lehre in ihr katholisch, d.h. allgemein, ist, die die Menschen über die sichtbaren und unsichtbaren Dinge im Himmel und auf der Erde instruiert; ferner wegen der Unterordnung des gesamten Menschengeschlechtes, sowohl der Herrschenden wie der Beherrschten, der Kleriker wie der Laien, unter die Frömmigkeit und schließlich, weil sie allgemein die Sünden aller heilt, die vom Körper oder Geist begangen werden.

2. Über die Tempel

(1) Als erster errichtete der Gesetzgeber Mose dem Herrn ein Offenbarungszelt. Danach erbaute Salomo, der nach Weisheit strebte, den Tempel. Dann hat der Glaube unserer Zeit auf der ganzen Erde Häuser Christi geweiht.

---

[3] Die Grundbedeutung von ἐκκλησία ist „Versammlung".
[4] Das Adjektiv καθολικός bedeutet soviel wie „ganz/gesamt/allgemein".

III. De choris.

(1) Choros idem Moyses post transitum rubri maris primus instituit, utrorumque sexuum distinctis classibus se ac sorore praeeunte canere deo in choris carmen triumphale perdocuit.

Chorum autem ab imagine factum coronae et ex eo ita uocatum; (2) unde et Ecclesiasticus liber scribit: „Stantem sacerdotem ante aram, et in circuitu eius corona fratrum."

Chorus enim proprie multitudo canentium est; quique apud Iudaeos non minus a decem constat canentibus, apud nos autem incerto numero a paucioribus plurimisue sine ullo discrimine constat.

IIII. De canticis.

(1) Canticum idem tunc Moyses primus inuexit quando, percussa Aegypto decem plagis et Pharaone submerso cum populis, per insueta maris itinera ad desertum gratulabundus egressus est dicens: „Cantemus domino; gloriose enim honorificatus est."

(2) Deinde Debbora, non ignobilis femina, in libro Iudicum hoc ministerio functa repperitur; postea multos non solum uiros sed etiam feminas spiritu diuino conpletas dei cecinisse mysteria. |

Canticum autem uox humana est, psalmus autem qui canitur ad psalterium.

3. Über die Chöre

(1) Derselbe Mose richtete nach dem Zug durch das Rote Meer als erster Chöre ein und unterwies die verschiedenen Abteilungen, nachdem sie nach dem Geschlecht unterteilt worden waren, darin, für Gott ein Triumphlied in Chören zu singen, wobei er und seine Schwester vorsangen.

Ein Chor aber wird nach dem Bild eines Kranzes gebildet und wird deshalb so genannt. (2) Deshalb heißt es auch im Buch Ecclesiasticus: „Den Priester, der vor dem Altar steht, und um ihn herum der Kranz der Brüder" (Sir 50,13).

Eigentlich ist ein Chor nämlich eine Anzahl von Singenden; bei den Juden bestand er aus nicht weniger als zehn Sängern, bei uns besteht er aus einer unbestimmten Zahl, wobei nicht nach wenigen oder sehr vielen unterschieden wird.

4. Über die (geistlichen) Lieder

(1) Mose war es auch, der zuerst das (geistliche) Lied erfand, als er – nachdem Ägypten von den zehn Plagen getroffen und der Pharao mit seinen Völkern ertränkt worden war – auf dem ungewöhnlichen Weg durch das (Rote) Meer zur Wüste gelangte, wobei er dankbar sagte: „Lasst uns dem Herrn ein Lied singen, denn er ist glorreich und erhaben" (Ex 15,1).

(2) Danach erfahren wir aus dem Buch der Richter, dass Debora, eine vornehme Frau, dieses Amt ausübte (Ri 5, 1–31). Später (erfahren wir), dass nicht nur viele Männer, sondern auch vom Geist Gottes erfüllte Frauen die Geheimnisse Gottes gesungen haben.

Ein Lied wird nur von der menschlichen Stimme gesungen, ein Psalm unter Begleitung des Psalteriums.[5]

---

[5] Das Psalterium war ein zitherartiges Saiteninstrument.

V. De psalmis.

(1) Quod usum esse primum post Moysen Dauid prophetam in magno mysterio prodit ecclesia. Hic enim, a pueritia in hoc munus a domino specialiter lectus, et cantorum princeps psalmorumque thesaurus esse promeruit.

Cuius psalterium idcirco cum melodia cantilenarum suauium ab ecclesia frequentatur, quo facilius animi ad conpunctionem flectantur. (2) Primitiua autem ecclesia ita psallebat ut modico flexu uocis faceret resonare psallentem, ita ut pronuntianti uicinior esset quam canenti. Propter carnales autem in ecclesia, non propter spiritales, consuetudo cantandi est instituta ut, quia uerbis non conpunguntur, suauitate modulaminis moueantur. Sic namque et beatissimus Augustinus in libris Confessionum suarum consuetudinem canendi adprobat in ecclesia, „ut per oblectamenta", inquid, „aurium infirmior animus ad affectum pietatis exsurgat." Nam in ipsis sanctis dictis religiosius et ardentius moueantur animi nostri ad flammam pietatis cum cantatur quam si non cantetur. Omnes enim affectus nostri pro sonorum diuersitate uel nouitate nescio qua occulta familiaritate excitantur magis cum suaui et artificiosa uoce cantatur. |

VI. De hymnis.

(1) Hymnos primum eundem Dauid prophetam condidisse ac cecinisse manifestum est, deinde et alios prophetas. Postea quidem et tres pueri in fornace positi, conuocata omni creatura, creatori omnium hymnum canentes dixerunt. Itaque et in hymnis

---

[6] AUGUSTINUS, *conf.* 10,33,49–50 (CCL 27,181 f.).

5. Über die Psalmen

(1) Die Kirche überliefert in einem großen Mysterium, das erstmals nach Mose der Prophet David das Psalterium benutzte. Für diese Begabung von Kindheit an vom Herrn besonders auserwählt, verdient er es, König der Sänger und Schatzkammer der Psalmen zu sein.

Deshalb wird sein Psalter zusammen mit der Melodie wohlklingender Lieder von der Kirche häufig verwendet, damit die Seelen leichter zur Reue umgestimmt werden. (2) Die Urkirche sang die Psalmen in der Art, dass sie den Psallierenden dazu veranlasste, durch eine leichte Modifikation der Stimme so zu klingen, dass er eher einem Sprecher als einem Sänger ähnelte. Die Gewohnheit des Gesangs ist in der Kirche wegen der Sünder (*carnales*) und nicht wegen der Frommen (*spiritales*) eingeführt worden, damit sie, weil sie durch Worte nicht zerknirscht, (vielmehr) durch den Wohlklang der Melodie bewegt werden. So hat nämlich bereits der heilige Augustinus in den Büchern seiner *Confessiones* die Gewohnheit des Gesangs in der Kirche gutgeheißen, „damit sich" – wie er sagt – „durch die Ergötzung der Ohren der schwächere Geist zur Leidenschaft der Frömmigkeit erhebt."[6] Denn bei denselben heiligen Worten werden unsere Seelen gottesfürchtiger und brennender zur Frömmigkeit entflammt, wenn sie gesungen als wenn sie nicht gesungen werden. Ich weiß nicht, durch welche geheimnisvolle Vertrautheit all unsere Zuneigung für verschiedene und neue Klänge mehr erregt wird, als wenn sie von einer wohlklingenden und kunstfertigen Stimme gesungen werden.

6. Über die Hymnen

(1) Es ist offenbar, dass derselbe Prophet David Hymnen geschrieben und gesungen hat, dann auch andere Propheten. Später sollen, sagen einige, die drei Jünglinge im Feuerofen unter Anrufung der gesamten Schöpfung für den Schöpfer von allem Hymnen gesungen haben (Dan 3,51–90). Deshalb haben wir für

et psalmis canendis, non solum prophetarum sed etiam ipsius domini et apostolorum habemus exemplum et praecepta de hac re utilia ad mouendum pie animum et inflammandum diuinae dilectionis affectum.

(2) Sunt autem diuini hymni, sunt et ingenio humano conpositi. Hilarius autem Gallus episcopus, Pictauis genitus, eloquentia conspicuus, hymnorum carmine floruit primus. Post quem Ambrosius episcopus, uir magnae gloriae in Christo et in ecclesia clarissimus doctor, copiosius in huiusmodi carmine claruisse cognoscitur; atque inde hymni ex eius nomine Ambrosiani uocantur, quia eius tempore primum in ecclesia Mediolanensi celebrari coeperunt; cuius celebritatis deuotio dehinc per totius occidentis ecclesias obseruatur.

Carmina autem quaecumque in laude dei dicuntur hymni uocantur.

VII. De antiphonis.

(1) Antiphonas Greci primi conposuerunt, duobus choris alternatim concinentibus quasi duo seraphin duoque testamenta inuicem sibi conclamantia. Apud Latinos autem primus idem beatissimus Ambrosius antiphonas instituit, Grecorum exemplum imitatus; exhinc in cunctis occiduis regionibus earum usus increbuit.

---

[7] Hilarius (*315–†367/368), Bischof von Poitiers 350–356, war der erste christliche Hymnendichter, nur wenige Hymnen sind von ihm fragmentarisch erhalten; siehe Durst, *Hilarius von Poitiers* 334.

den Gesang von Hymnen und Psalmen auch das Beispiel und nützliche Vorschriften nicht nur von den Propheten, sondern auch des Herrn selbst und der Apostel, um den Geist fromm zu bewegen und die Leidenschaft der göttlichen Liebe zu entfachen.

(2) Es gibt nun göttliche, aber auch vom menschlichen Verstand komponierte Hymnen. Als erster aber war der gallische Bischof Hilarius[7], gebürtig aus Poitiers und bekannt wegen seiner Eloquenz, berühmt wegen des Hymnengesangs. Bekanntlich war nach ihm der Bischof Ambrosius[8], ein Mann von großem Ruhm in Christus und ein glänzender Lehrer in der Kirche, berühmt wegen seiner zahlreichen derartigen Gesänge. Deshalb werden die Hymnen nach ihm als ambrosianisch bezeichnet, weil sie zu seiner Zeit erstmals in der Mailänder Kirche gesungen wurden. Seine Berühmtheit wird seither in den Kirchen des gesamten Westens zutiefst verehrt.

Alle Lieder, die zum Lob Gottes gesungen werden, heißen Hymnen.

7. Über die Antiphonen

(1) Als erste verfassten die Griechen Antiphonen, von zwei Chören im Wechsel kunstvoll zusammen gesungen gleich zwei Seraphimen oder den zwei Testamenten, die im Wechsel zueinander erklingen. Bei den Lateinern war ebenso der heilige Ambrosius der erste, der nach dem Beispiel der Griechen Antiphonen einführte. Seitdem hat sich ihr Gebrauch in allen Gegenden des Westens verbreitet.

---

[8] Der berühmte Kirchenvater Ambrosius von Mailand kann als der bedeutendste christliche Hymnendichter gelten. Seine Hymnen sind noch heute im liturgischen Gebrauch; er führte außerdem den Wechselgesang zwischen Chor und Gemeinde ein; siehe das folgende Kapitel 7. Vgl. WALSH, *Hymnen I*.

VIII. De responsoriis.

Responsoria ab Italis longo ante tempore sunt reperta, et uocata hoc nomine quod uno canente chorus consonando respondeat. Ante autem id solus quisque agebat, nunc interdum unus interdum duo uel tres communiter canent, choro in plurimis respondente.

VIIII. De precibus.

(1) Precibus dominum deprecari Christus nobis et conposuit et constituit. Cum ergo quaererent supplicare apostoli deum et nescirent quomodo deprecarentur, dixerunt Christo: „Domine doce nos orare", id est conpone nobis preces; statim dominus de libro iuris caelestis docuit quomodo orarent uel quomodo dominum inpetrarent.

Ex hoc perducta est consuetudo ecclesiae deum precibus exposcere contra aegritudines animae, et utere preces ad instar earum quas constituit Christus, quasque primi Greci coeperunt conponere quibus domino supplicaretur.

X. De lectionibus.

(1) Lectiones pronuntiare antiquae institutionis esse Iudaeorum traditio docet. Nam et ipsi legitimis praefinitisque diebus | ex lege et prophetis lectiones in synagogis utuntur, et hoc de ueteri patrum institutione seruantes.

Est autem lectio non parua audientium aedificatio. Vnde oportet ut quando psallitur psallatur ab omnibus, cum oratur oretur ab omnibus, cum lectio legitur facto silentio aeque audiatur a cunctis. (2) Nam et si tunc superueniat quisque cum

8. Über die Responsorien

Die Responsorien wurden vor langer Zeit von den Italern ersonnen und werden deshalb mit diesem Namen bezeichnet, weil ein Chor einem einzelnen Sänger harmonisch antwortet. Früher tat das nur ein einzelner Sänger, inzwischen aber singt einer zuweilen, bisweilen auch zwei oder drei gemeinsam, und der Chor antwortet darauf mit vielen Sängern.

9. Über die Gebete

(1) Christus verfasste und bestimmte Gebete für uns, um den Herrn um Gnade zu bitten. Wenn nämlich die Apostel Gott um etwas bitten wollten, aber nicht wussten, wie sie beten sollten, sagten sie zu Christus: „Herr, lehre uns beten" (Lk 11,1), d. h. verfasse ein Gebet für uns. Sofort lehrte der Herr sie aus dem Buch des himmlischen Rechtes, wie sie beten oder den Herrn um etwas bitten sollten.

Daraus ist die Gewohnheit der Kirche hergeleitet, Gott durch Gebete anzuflehen gegen Krankheiten der Seele und Gebete nach dem Vorbild der von Christus eingeführten Texte zu gebrauchen, die als erste die Griechen zu verfassen begannen, um Gott um Hilfe zu bitten.

10. Über die Lesungen

(1) Die Überlieferung lehrt, dass das Vortragen von Lesungen eine alte Einrichtung der Juden ist. Denn sie benutzen an den gesetzlich vorgeschriebenen Tagen in der Synagoge Lesungen aus dem Gesetz und den Propheten. Auch (die Kirchen Christi) befolgen dies nach der alten Anordnung der Väter.

Die Lesung ist aber eine große Erbauung für die Zuhörer. Deshalb ist es nötig, dass, wenn Psalmen gesungen werden, alle sie singen, wenn gebetet, von allen gebetet wird, und wenn eine Lesung vorgetragen wird, Schweigen eintritt, und sie gleichermaßen von allen angehört wird. (2) Sollte aber jemand unversehens

lectio celebratur, adoret tantum deum et praesignata fronte aurem sollicite commodet (patet tempus orandi cum omnes oramus, patet cum uoluerit orare priuatim), obtentu orationis ne perdideris lectionem; quia non semper eam quilibet paratam potest habere, cum orandi potestas in promptu sit. Nec putes paruam nasci utilitatem ex lectionis auditu; (3) siqidem oratio ipsa fit pinguior dum mens recenti lectione saginata per diuinarum rerum quas nuper audiuit imagines currit. Nam et Maria soror Marthae „quae sedens ad pedes Iesu" sorore neglecta „uerbum" intentius „audiebat bonam partem" sibi „elegisse" domini uoce firmatur. Ideo et diaconus clara uoce silentium ammonet ut, siue dum psallitur siue dum lectio pronuntiatur, ab omnibus unitas conseruetur, ut quod omnibus praedicatur aequaliter ab omnibus audiatur.

XI. De libris testamentorum.

(1) Pronuntiantur autem lectiones in Christi ecclesiis de scripturis sanctis. Constat autem eadem sacra scriptura ex ueteri lege et noua. Vetus lex illa est quae data est primum Iudaeis per Moysen et prophetas, quae dicitur uetus testamentum; testamentum autem dicitur quia idoneis testibus utique a prophetis scriptum est atque signatum. Noua uero lex euangelium est, quod dicitur nouum testamentum, quod per ipsum filium dei Christum et per suuos apostolos dedit. (2) Illa lex uetus uelut radix est, haec noua uelut fructus ex radice. Ex lege enim | uenitur ad euangelium. Siquidem Christus, qui hic manifestatus est, ante

erscheinen, wenn eine Lesung bereits vorgetragen wird, dann soll er Gott nur kurz anbeten und aufmerksam zuhören, nachdem er sich die Stirn bezeichnet hat, damit er, aufgrund der Inanspruchnahme durch sein Gebet, nicht die Lesung versäumt. (Zu beten ist erlaubt, wenn alle beten, aber auch für sich allein, wenn der Wunsch danach besteht.) Eine Lesung steht jedem nicht immer zur Verfügung, während Gelegenheit zu beten immer besteht. Du darfst nicht meinen, dass aus dem Anhören einer Lesung nur ein geringer Nutzen erwächst, (3) weil nämlich das Gebet fruchtbarer wird, wenn sich ein Geist – durch eine gerade gehörte Lesung erfüllt – die Bilder der göttlichen Dinge vergegenwärtigt, von denen er soeben hörte. Denn auch Maria, die Schwester der Martha, die „zu Füßen Jesu sitzend das Wort" aufmerksamer hörte, hatte, wenngleich sie sich um ihre Schwester nicht kümmerte, nach Aussage des Herrn „den guten Teil für sich gewählt" (Lk 10,39.42). Deshalb soll auch ein Diakon mit klarer Stimme zur Ruhe ermahnen, damit alle sich – sei es beim Singen der Psalmen oder bei der Anhörung einer Lesung – einheitlich verhalten, so dass, was allen vorgetragen, auch von allen in gleicher Weise verstanden wird.

11. Über die Bücher der Testamente

(1) In den Kirchen Christi werden die Lesungen aus den Heiligen Schriften vorgetragen. Diese Heilige Schrift besteht aus dem alten und dem neuen Gesetz. Das alte Gesetz, das als Altes Testament bezeichnet wird, wurde durch Mose und die Propheten zuerst den Juden gegeben. Testament heißt es, weil es durch geeignete Zeugen, besonders die Propheten, verfasst und mit ihrem Siegel versehen wurde. Das neue Gesetz ist das Evangelium, das als Neues Testament bezeichnet wird, weil es durch den Sohn Gottes, Christus, selbst und seine Apostel gegeben wurde. (2) Jenes alte Gesetz ist sozusagen die Wurzel, das neue gleichsam die Frucht aus der Wurzel. Aus dem Gesetz gelangt man zum Evangelium. Wahrlich, Christus, der hier (sc. im Evangelium) offenbart wird, wurde zuvor im Gesetz vorhergesagt, ja

in lege praedictus est, immo ipse locutus in prophetis sicut scriptum est: „Qui loquebar ecce adsum"; legem quidem praemittens uelut infantibus pedagogam, euangelium uero perfectum uitae magisterium iam adultis omnibus praestans. (3) Ideo in illa operantibus bona terrae promittebantur, hic uero sub gratia ex fide uiuentibus regnum caeleste tribuitur. Euangelium autem dicitur bonum nuntium, et re uera bonum nuntium ut qui susceperint filii dei uocentur.

Hii sunt autem libri ueteris testamenti quos ob amorem doctrinae et pietatis legendos recipiendosque ecclesiarum principes tradiderunt.

(4) Primi namque legis, id est Moysi, libri quinque sunt: Genesis, Exodi, Leuitici, Numeri, Deuteronomium. Hos sequuntur historici libri sedecim, Iesu Naue scilicet et Iudicum libri singuli siue Ruth, Regum etiam libri quattuor, Paralipomenon duo, Esdrae duo, Tobi quoque et Ester et Iudith singuli, et duo Machabeorum. Super hos prophetici libri XVI sunt: Esaias, Hieremias, Ezechiel et Danihel libri singuli, Duodecim quoque prophetarum libri singuli, et haec quidem prophetica sunt. (5) Post haec uersuum octo libri habentur qui diuerso apud Hebreos metro scribuntur, id est Iob liber et liber Psalmorum et Prouerbiorum et Ecclesiastes, et Cantica Canticorum, siue Sapientiae et Ecclesiasticum, Lamentationesque Hieremiae. Sicque conplentur libri ueteris testamenti XLV.

(6) Noui autem testamenti primum quattuor euangelia sunt: Mathei, Marci, Lucae et Iohannis. Hos quattuordecim Pauli | apostoli epistolae sequuntur; quibus etiam subiunctae sunt septem catholicae epistolae Iacobi, Petri, Iohannis et Iudae, Actus quoque XII Apostolorum; quorum omnium signaculum est Apocalypsin Iohannis, quod est reuelatio Iesu Christi qui omnes libros et tempore concludit et ordine.

er sprach selbst (in Gestalt) der Propheten, wie geschrieben steht: „Seht, ich, der spricht, bin da" (Jes 52,6). Christus schickte das Gesetz gleichsam wie einen Erzieher für Kinder voraus, das Evangelium aber gewährte er als vollkommene Lehre des Lebens allen bereits Erwachsenen. (3) Deshalb wurde in jenem (sc. im Alten Testament) den Arbeitenden die Güter der Erde versprochen, hierin (sc. im Neuen Testament) aus Gnade den im Glauben Lebenden das Himmelreich verliehen. Evangelium bedeutet gute Botschaft, und es ist wahrlich eine gute Botschaft, dass diejenigen, die es annehmen, Söhne Gottes genannt werden.

Dies aber sind die Bücher des Alten Testament, die die Ersten der Kirchen überliefert haben, damit sie aus Liebe zum Glauben und zur Frömmigkeit gelesen und rezipiert werden.

(4) Die ersten Bücher des Gesetzes sind die fünf Bücher des Mose: Genesis, Exodus, Leviticus, Numeri, Deuteronomium. Auf diese folgen sechszehn Bücher der Geschichte, nämlich das Buch Josua, Sohn des Nun, das Buch der Richter, das Buch Rut, vier Bücher der Könige, zwei Bücher Paralipomena (sc. Chronik), zwei Bücher Esra, das Buch Tobit, das Buch Esther und das Buch Judit, zwei Bücher der Makkabäer. Sechszehn prophetische Bücher: je ein Buch Jesaja, Jeremia, Ezechiel und Daniel und jeweils ein Buch der zwölf Propheten, und dies sind freilich die prophetischen Bücher. (5) Danach folgen acht Bücher von Versen, die bei den Hebräern in verschiedenen Versmaßen verfasst sind, nämlich das Buch Ijob, das Buch der Psalmen und der Sprüche und das Buch Ecclesiastes (sc. Prediger oder Kohelet), das Hohelied, das Buch der Weisheit, das Buch Ecclesiasticus (sc. Jesus Sirach) und die Klagen des Jeremia. Damit sind die 45 Bücher des Alten Testamente vollständig.

(6) Die vier Evangelien – nach Matthäus, Markus, Lukas und Johannes – sind der Beginn des Neuen Testamentes. Darauf folgen die vierzehn Briefe des Apostels Paulus, denen auch die sieben katholischen des Jakobus, Petrus, Johannes und Judas und die Taten der zwölf Apostel nachgeordnet sind. Dieser aller Siegel ist die Apokalypse des Johannes, d. h. die Offenbarung Jesu Christi, die alle Bücher sowohl nach der Zeit als auch der Reihenfolge nach beschließt.

(7) Hii sunt libri canonici LXXII, et ob hoc Moyses LXX<II> elegit presbiteros qui prophetarent, ob hoc et Iesus dominus noster LXXII discipulos praedicare mandauit; et quoniam LXXII linguae in hoc mundo erant diffusae, congrue prouidit spiritus sanctus ut tot libri essent quot nationes quibus populi et gentes ad percipiendam fidei gratiam aedificarentur.

XII. De scriptoribus sacrorum librorum.

(1) Veteris autem testamenti secundum Hebreorum traditionem hii scriptores habentur. Primum Moyses scripsit Pentatheucum, Iesu Naue edidit librum suum. Iudicum autem et Ruth et Samuhelis primam partem scripsit Samuhel, sequentia Samuhelis usque ad calcem scripsit Dauid. Malachim totum edidit Hieremias; nam antea sparsus erat per singulorum regum historias. Iob librum Hebrei Moysen scripsisse putant, alii unum ex prophetis. (2) Psalterium uero scripserunt decem prophetae, id est Moyses, Dauid, Salomon, Asaph, Ethan, Idithun, Eman et filii Core, id est Asir, Elcana, Ebiazap; sunt qui et Esdram et Aggeum et Zachariam scripsisse dicant. Salomon scripsit Prouerbia, Ecclesiasten et Cantica Canticorum. Esaias scripsit librum suum, Hieremias librum suum cum Lamentationibus | eius. Viri synagogae sapientes scripserunt Ezechihelum, Duodecim, Danihelum et Paralipomenon et Ester. Esdras scripsit librum suum.

(3) Omnes autem hos libros idem Esdras scriba, post incensam legem a Chaldeis, dum Iudaei regressi fuissent in Hierusalem diuino afflatus spiritu reparauit, cunctaque prophetarum uolumina quae fuerant a gentibus corrupta correxit, totumque testamentum

(7) Dies sind die 72 kanonischen Bücher, und deshalb erwählte Mose 72 Priester, die weissagten, und deshalb befahl unser Herr Jesus 72 Jüngern zu predigen. Und weil 72 Sprachen über die Welt verstreut sind, sorgte der Heilige Geist angemessen dafür, dass es ebenso viele Nationen wie Sprachen gibt, durch die die Völker und Geschlechter erbaut werden, um die Gnade des Glaubens zu empfangen.

12. Über die Verfasser der Heiligen Schriften

(1) Nach der Überlieferung der Hebräer werden die folgenden für die Verfasser des Alten Testamentes gehalten: Zuerst schrieb Mose den Pentateuch (sc. die fünf ersten Bücher des Alten Testaments) und Josua, Sohn des Nun, gab sein Buch heraus. Das Buch der Richter, das Buch Rut und den ersten Teil des Buches Samuel verfasste Samuel. Die Fortsetzung des Buches Samuel bis zum Ende schrieb David. Das gesamte Buch Maleachi edierte Jeremia. Vorher war es nämlich über die Geschichten der einzelnen Könige verstreut. Die Hebräer meinen, Mose habe das Buch Ijob verfasst, andere glauben, einer der Propheten. (2) Den Psalter verfassten zehn Propheten, nämlich Mose, David, Salomo, Asaph, Ethan, Idithun, Eman und die Söhne des Core, d. h. Asir, Elcana, Ebiazap. Es gibt aber auch einige, die sagen, dass auch Esra, Aggeus (Haggai) und Zacharias (Sacharja) zu den Verfassern zählten. Salomo verfasste das Buch der Sprüche, das Buch Ecclesiastes (Prediger/Kohelet) und das Hohelied. Jesaja verfasste sein Buch selbst. Jeremia schrieb das seine mit seinen Klagen. Weise Männer der Synagoge schrieben das Buch Ezechiel, die zwölf (Propheten), Daniel, Paralipomenon (sc. Chronik) und Esther. Esra schrieb sein Buch selbst.

(3) Als die Juden nach Jerusalem zurückgekehrt waren, stellte Esra, erfüllt vom Geist Gottes, als das Gesetz (sc. das Alte Testament) von den Chaldäern verbrannt worden war (vgl. 2 Kön 25,1), alle diese Bücher wieder her und korrigierte sämtliche Bände der Propheten, die von den Heiden verdorben worden waren, und gliederte das ganze (Alte) Testament in 22 Bücher,

in XXII libros constituit, ut tot libri essent in lege quot habentur et litterae.

(4) Primam post Esdram editionem de hebreo in greco LXX interpretes ediderunt sub Ptolomeo Aegyptio rege, successore Alexandri, qui in legendo studiosus fuit omniumque libros gentium congregauit. Iste enim ab Eleazaro qui erat princeps sacerdotum, multa dona mittens ad templum, petiit ut seni de duodecim tribu<bu>s Israhel transmitterentur qui interpretarent omnes libros; et ut fidem interpretationis aduerteret singulis eorum qui fuerant destinati singulas cellulas dedit, et adsignans omnibus omnes scripturas iussit interpretari. (5) Qui cum per LXX dies istius rei negotium adimplessent omnium simul interpretationes, quas per diuersa segregati nullo ad nullum propinquante fecerunt, congregauit in unum, atque ita omnes libri interpretati per spiritum sanctum inuenti sunt ut non solum in <in>tellectu, uerum etiam in sermonibus consonantes inuenirentur. Haec fuit prima interpretatio uera ac diuina. (6) Hos libros meditare omnium gentium ecclesiae primum coeperunt, eosdemque de greco in latinum interpretantes primi ecclesiarum prouisores tradiderunt. Post haec secundam editionem Aquila, tertiam et quartam Theodotion et Symmachus | ediderunt, ambo Iudaei proseliti; quintam uero et sextam editionem Origenis repperit et cum ceteris supradictis editionibus conparauit.

---

[9] Isidor fasst hier eine frühchristliche, jüdisch beeinflusste Tradition zusammen, die sich bereits bei IRENÄUS, *adv. haer.* 3,21,2 (FC 8/3,258f) findet: „Als nämlich während der Gefangenschaft des Volkes unter Nebukadnezzar (vgl. 2 Kön 25,1) die (biblischen) Bücher vernichtet worden waren und die Juden nach siebzig Jahren in ihr Land zurückkehrten, da hat er (*sc.* Gott), zur Zeit des Perserkönigs Artaxerxes, auch den Priester Esra aus dem Stamm Levi inspiriert, alle Worte der Propheten aus früheren

damit im Gesetz ebenso viele Bücher wie Buchstaben seien (vgl. 4 Esra 4,23; 14,21–44).[9]

(4) Nach Esra gaben die 70 Übersetzer die erste vom Hebräischen ins Griechische übertragene Ausgabe heraus unter dem König Ptolemäus von Ägypten, dem Nachfolger Alexanders, der sehr eifrig im Lesen war und die Bücher aller Völker sammelte. Dieser bat – unter Übersendung vieler Geschenke an den Tempel – Eleazar, den ersten der Priester, dass von den zwölf Stämmen Israels je sechs gesandt würden, die alle Bücher übersetzen sollten. Und um auf die Zuverlässigkeit der Übersetzung zu achten, wies er jedem einzelnen von denen, die entsandt worden waren, getrennte Zimmer zu und, indem er sie allen zuteilte, befahl er, dass alle Schriften übersetzt werden. (5) Als sie nach 70 Tagen ihre Aufgabe erledigt hatten, sammelte er die Übersetzungen von allen gleichzeitig ein, die sie getrennt durch verschiedene (Zimmer), ohne dass sich einer dem anderen näherte, gemacht hatten. Und alle Bücher erwiesen sich als vom Heiligen Geist so übersetzt, dass sie nicht nur nach dem Sinn, sondern auch in den Worten übereinstimmten. Dies war die erste, wahre und göttliche Übersetzung.[10] (6) Die Kirchen aller Völker begannen damit, diese Bücher zu betrachten, und die ersten Verwalter der Kirchen überlieferten die vom Griechischen ins Lateinische übersetzten Bücher. Danach gaben Aquila eine zweite, eine dritte und vierte Ausgabe Theodotion und Symmachus heraus, die beide jüdische Proselyten waren.[11] Die fünfte und sechste Ausgabe fand Origenes und verglich sie mit den oben genannten Ausgaben.[12]

Zeiten noch einmal aufzuschreiben und dem Volk das mosaische Gesetz wiederherzustellen". Esra fungiert hier als eine Art zweiter Mose. Vgl. HIEKE, *Esra*; SCHREINER, *Esra*.

[10] Isidor bietet hier eine Kurzform der Septuaginta-Legende.

[11] Aquila, Theodotion und Symmachus übersetzten das Alte Testament ins Griechische.

[12] Isidor spielt hier auf die berühmte Bibelausgabe des Origenes an, die sog. Hexapla, die in sechs verschiedenen Kolumnen die verschiedenen Bibelübersetzungen nebeneinander präsentierte.

Hii sunt itaque tantum qui scripturas sacras de hebreo in grecum uerterunt. Quique etiam et numerantur. (7) Nam latinorum interpretum qui de greco in nostrum eloquium transtulerunt, ut meminit sanctus Agustinus, infinitus numerus est. „Sicut enim", inquid„, primis fidei temporibus ad manus uenit codex grecus atque aliquantulum sibi utriusque linguae peritiam sensit, ausus est statim interpretare"; atque inde accidit tam innumerabiles apud Latinos extitisse interpretes.

(8) De hebreo autem in latinum eloquium tantummodo Hieronimus presbiter sacras scripturas conuertit; cuius editionem generaliter omnes ecclesiae usquequaque utuntur, pro eo quod ueracior sit in sententiis et clarior in uerbis.

Librum Sapientiae Salomon scripsisse probatur testimoniis illis quibus ibi legitur: „Tu me", inquid, „elegisti regem populo tuo et dixisti aedificare templum in nomine sancto tuo et in ciuitatem habitationis tuae." (9) Hoc opus Hebrei, ut quidam sapientium meminit, inter canonicas scripturas recipiebant; sed postquam conprehendentes Christum interfecerunt, memorantes in eodem libro tam euidentissima de Christo testimonia quibus dicitur: „Dixerunt inter se impii: Conprehendamus iustum quia inutilis est nobis et contrarius est operibus nostris"; et: „Promittit scientiam dei se habere et filium dei se nominat"; et infra: „Si enim est uere filius dei suscipiet illum et liberabit eum de manu contrariorum"; ac deinde: „Vt sciamus reuerentiam illius et probemus patientiam eius morte turpissima condemnemus eum", conlatione facta ne nostri eos pro tam aperto sacrilegio derogarent a propheticis eum uoluminibus reciderunt legendumque suis prohibuerunt. |

---

[13] AUGUSTINUS, *doctr. christ.* 2,11,16 (CCL 32,42).

Dies sind aber nur die Übersetzer, die die Heiligen Schriften vom Hebräischen ins Griechische übersetzten, und sie wurden alle einzeln aufgezählt. (7) Es gibt aber eine unbegrenzte Anzahl lateinischer Übersetzer, die vom Griechischen ins Lateinische übersetzten, wie sich der heilige Augustinus erinnert. „Wenn", so berichtet er, „in den ersten Zeiten des Glaubens jemandem ein griechischer Codex in die Hand kam und er von sich meinte, er habe eine gewisse Kenntnis der anderen Sprache, wagte er es sofort zu übersetzen."[13] Deshalb existieren so zahllos viele Übersetzer bei den Lateinern.

(8) Die Heiligen Schriften vom Hebräischen ins Lateinische übersetzte nur der Presbyter Hieronymus. Seine Ausgabe wird allgemein in allen Kirchen benutzt, weil sie inhaltlich wahrhaftiger und im Ausdruck klarer ist.[14]

Dass Salomo das Buch der Weisheit verfasste, wird durch jene Zeugnisse bewiesen, durch die man dort liest: „Du hast mich", so spricht er, „zum König für dein Volk erwählt und mir gesagt, in deinem heiligen Namen einen Tempel zu erbauen in der Stadt deiner Wohnung" (Weish 9,7f). (9) Dies Werk nahmen die Hebräer, wie sich einer von den Gelehrten erinnert, unter ihre kanonischen Schriften auf. Nachdem sie erkannten, dass sie Christus (sc. den Messias) getötet hatten, erinnerten sich an die besonders eindeutigen Beweise über Christus in eben diesem Buch, durch die gesagt wird: „Und die Gottlosen sprachen unter sich: Lasst uns den Gerechten ergreifen, weil er uns nicht nützt und unseren Werken entgegensteht", und danach: „Er versichert, Gott zu kennen, und bezeichnet sich als Sohn Gottes." Und weiter unten: „Wenn er wirklich der Sohn Gottes ist, wird dieser ihn aufnehmen und aus der Hand seiner Gegner befreien." Schließlich: „Lasst uns ihn zum schmachvollsten Tod verurteilen, damit wir seine Verehrungswürdigkeit erkennen und seine Geduld auf die Probe stellen" (Weish 2,1;2,12f;2,18–20). Nachdem sie abgestimmt hatten, entfernten sie es aus den prophetischen Büchern, damit die Unsrigen sie nicht wegen einer so offenkundigen Gotteslästerung anklagen, und verboten den Ihrigen die Lektüre.

---

[14] Ein wichtiger Hinweis auf die Verbreitung der sog. Vulgata, der berühmten Bibelübersetzung des Hieronymus.

(10) Librum autem Ecclesiasticum conposuit Iesus filius Sirach Hierusolimita, nepos Iesu sacerdotis de quo meminit Zacharias; qui liber apud Latinos propter eloquii similitudinem Salomonis titulo praenotatur. Praeterea Iudith et Tobi siue Machabeorum libros qui auctores scripserunt minime constat.

(11) In nouo autem testamento quattuor libros euangelicorum quattuor euangelistae singulos scripserunt; quorum solus Matheus hebreo scripsisse perhibetur eloquio, ceteri greco. Paulus apostolus suas scripsit epistolas; ex quibus nouem septem ecclesiis scripsit, reliquas discipulis suis Timotheo, Tito et Filimoni. Ad Hebreos autem epistola plerisque Latinis eius esse incerta est propter dissonantiam sermonis, eandemque alii Barnaban conscripsisse, alii a Clemente scriptam fuisse suspicantur. (12) Petrus scripsit duas nominis sui epistolas quae catholicae nominantur; quarum secunda a quibusdam eius esse non creditur propter stili sermonisque distantiam. Iacobus suam scripsit epistolam, quae et ipsa a nonnullis eius esse negatur sed sub nomine eius ab alio dictata existimatur. Iohannis epistolas idem Iohannis edidit; quarum tantum prima a quibusdam eius esse asseritur, reliquae duae Iohannis cuiusdam presbiteri existimantur; cuius, iuxta Hieronimi sententiam, alterum sepulchrum apud Ephesum demonstratur. Iudas suam edidit epistolam. Actus Apostolorum Lucas conposuit sicut audiuit uel uidit. Apocalypsin Iohannis euangelista scripsit eodem tempore quo ob euangelii praedicationem in insulam Pathmos traditur alligatus. |

(13) Hii sunt scriptores sacrorum librorum „diuina inspiratione" loquentes atque „ad eruditionem" nostram praecepta caelestia dispensantes. Auctor autem earundem scripturarum spiritus sanctus esse creditur; ipse enim scripsit qui per prophetas suos scribenda dictauit.

Iam tibi, post psalmorum originem atque hymnorum, post sanctorum etiam librorum numerum, postulata sequentia praenotabo.

---

15 Vgl. HIERONYMUS, *uir. ill.* 9 (TU 14/1a,13).

(10) Das Buch Ecclesiasticus verfasste Jesus, der Sohn des Jerusalemers Sirach, ein Enkel des Priesters Josua, an den Zacharias sich erinnert. Bei den Lateinern wird dieses Buch wegen der Ähnlichkeit der sprachlichen Kunst mit dem Titel des Salomo bezeichnet. Außerdem steht keineswegs fest, welche Verfasser die Bücher Iudit, Tobit und Makkabäer geschrieben haben.

(11) Im Neuen Testament haben die vier Evangelisten jedes einzelne der vier Bücher der Evangelien geschrieben. Von ihnen, heißt es, habe nur Markus in hebräischer Sprache geschrieben. Der Rest in Griechisch. Der Apostel Paulus schrieb seine Briefe. Neun von ihnen richtete er an sieben Kirchen, den Rest an seine Jünger Timotheus, Titus und Philemon. Bei den meisten Lateinern ist nicht sicher, ob der Hebräerbrief von Paulus ist, weil sie sprachlich nicht übereinstimmten. Einige halten Barnabas für seinen Verfasser, während andere vermuten, er sei von Clemens verfasst worden. (12) Petrus schrieb zwei Briefe, die seinen Namen tragen, und als katholische bezeichnet werden. Der zweite von ihnen sei, wie einige glauben, wegen des abweichenden Stils und Wortschatzes nicht von ihm. Jakobus schrieb seinen Brief. Auch seine Autorschaft wird von einigen verneint und man ist der Ansicht, dass er unter seinem Namen von einem anderen diktiert wurde. Die Briefe des Johannes veröffentlichte Johannes selbst. Einige behaupten, nur der erste von ihnen sei von ihm. Die übrigen, nimmt man an, stammten von einem gewissen Presbyter Johannes, dessen anderes Grab nach dem Urteil des Hieronymus[15] bei Ephesus bezeugt wird. Judas gab seinen Brief heraus. Die Apostelgeschichte verfasste Lukas als Ohren- und Augenzeuge. Die Apokalypse des Johannes schrieb der Evangelist zu der Zeit, als er wegen der Verkündigung des Evangeliums gefesselt auf die Insel Patmos gebracht wurde.

(13) Dies sind die Verfasser der Heiligen Schriften, die „mit göttlicher Inspiration" (2 Tim 3,16) reden und die himmlischen Gebote zu unserer „Belehrung" vorschreiben. Der Autor eben dieser Schriften ist, so wird geglaubt, der Heilige Geist; denn er selbst diktierte, was seine Propheten schreiben sollten.

Nach dem Ursprung der Psalmen und Hymnen, und nach der Anzahl der Heiligen Schriften werde ich Dir außerdem sogleich das Weitere, was Du erbeten hast, aufzeichnen.

XIII. De laudibus.

(1) Laudes, hoc est alleluia, canere antiquum est Hebreorum; cuius expositio duorum uerborum interpretatione consistit, hoc est „laus dei"; de cuius mysterio Iohannis in Apocalypsin refert <se> spiritu reuelante uidisse et audisse uocem caelestis exercitus angelorum tamquam uocem aquarum multarum et tamquam uocem ualidorum tonitruum dicentium „alleluia". (2) Ex quo nullus debet ambigere hoc laudis mysterium, si digna fide et deuotione celebretur, angelis esse coniunctum.

Alleluia autem sicut et amen de hebrea in aliam linguam nequaquam transfertur, non quia interpretari minime queant sed, sicut aiunt doctores, seruatur in eis antiquitas propter sanctiorem auctoritatem.

(3) In Africanis autem regionibus non omni tempore sed tantum dominicis diebus et quinquaginta post domini resurrectionem alleluia cantatur pro significatione futurae resurrectionis et laetitiae; uerum apud nos secundum antiquam Hispaniarum traditionem, praeter dies ieiuniorum uel quadragensimae, omni tempore cantatur alleluia; scriptum est enim: „Semper laus eius in ore meo".

(4) Quod uero post consummatam psalmorum siue lectionum praedicationem alleluia in fine cantatur, hoc in spe futura facit ecclesia significans, post adnuntiationem regni caelorum quae in hac uita per utrumque testamentum mundo praedicatur, actionem nostram non esse futuram nisi in laudem dei, sicut scriptum est: „Beati qui habitant in domo tua; in saecula saeculorum laudabunt te". Hinc est quod et liber Psalmorum in laude concluditur ut eadem post finem saeculi laus aeterna monstretur.

---

[16] Dies allgemeine Gotteslob ist zu unterscheiden von den *laudes*, die als Abschluss des *officium matutinum* (siehe unten Kap. 1,23, wo die *laudes* allerdings nicht eigens erwähnt werden) als Teil des Stundengebetes

13. Über den Alleluia-Gesang

(1) Laudes, d. h. Alleluia zu singen,[16] ist eine alte Sitte der Hebräer. Das Alleluia wird durch die Übersetzung zweier Wörter, nämlich „Lob Gottes", erklärt. Über sein Mysterium wird in der Apokalypse des Johannes berichtet, dass er (Johannes) durch die Offenbarung des (Heiligen) Geistes die himmlische Heerschar der Engel gesehen und ihre Stimme gehört habe, gleichsam wie die Stimme vieler Wasser und starken Donners, die „Alleluia" riefen (vgl. Offb 19,6). (2) Daher darf niemand bezweifeln, dass das Mysterium dieses (Gotteslobes) mit den Engeln verbunden ist.

Alleluia wird aber ebenso wie Amen nie aus dem Hebräischen in eine andere Sprache übersetzt, nicht weil sie in diese nicht übersetzt werden können, sondern weil, wie die Gelehrten sagen, in ihnen das Alter wegen der heiligen Autorität bewahrt werde.

(3) In den afrikanischen Gebieten wird das Alleluia nicht immer, sondern nur an Sonntagen und an den 50 Tagen nach der Auferstehung des Herrn als Zeichen der zukünftigen Auferstehung und Freude gesungen. Bei uns hingegen wird entsprechend der alten spanischen Gewohnheit das Alleluia außer an Fasttagen und während des 40tägigen Fastens immer gesungen. Denn es steht geschrieben: „Sein Lob ist alle Zeit in meinem Munde" (Ps 33 [34],2).

(4) Wenn aber das Alleluia nach Beendigung der Predigt über die Psalmen oder über die Lesungen als Abschluss gesungen wird, dann tut die Kirche dies zum Zeichen dafür, dass nach der Verheißung des Himmelreiches, die in diesem Leben durch die beiden Testamente verkündigt wird, unsere zukünftige Tätigkeit nichts anderes als das Lob Gottes sein wird, wie geschrieben steht: „Selig, die in Deinem Haus wohnen. Sie werden Dich loben von Ewigkeit zu Ewigkeit" (Ps 83 [84],5). Aus diesem Grund endet auch das Buch der Psalmen mit einem Alleluia, damit dadurch das ewige Gotteslob nach dem Ende der Welt angezeigt wird.

---

bei Tagesanbruch gebetet wurden. Zum Bedeutungsspektrum des Begriffs vgl. WELTER, *Laudes*.

XIIII. De offertoriis.

(1) Offertoria quae in sacrificiorum honore canuntur Ecclesiasticus liber indicio est ueteres cantare solitos quando uictimae immolabantur. Sic enim dicit: „Porrexit", inquid, „sacerdos „manum suam in libationem et libauit de sanguine uuae et fudit in fundamento altaris odorem diuinum excelso principi. Tunc exclamauerunt filii Aaron in tubis productilibus et sonauerunt et auditam fecerunt magnam uocem in memoriam coram deo". Non aliter et nunc in sonitu tubae, id est in uocis praedicatione, cantus accendimus, simulque corde et corpore laudes domino declamantes iubilamus in illo scilicet uero sacrificio, cuius sanguine saluatus est mundus.

XV. De missa et orationibus. |

(1) Ordo autem missae uel orationum, quibus oblata deo sacrificia consecrantur, primum a sancto Petro est institutus; cuius celebrationem uno eodemque modo uniuersus peragit orbis.

Prima earundem oratio ammonitionis est erga populum ut excitentur ad exorandum deum.

Secunda inuocationis ad deum est ut clementer suscipiat preces fidelium oblationemque eorum.

Tertia autem effunditur pro offerentibus siue pro defunctis fidelibus ut per eundem sacrificium ueniam consequantur.

14. Über die Offertorien

(1) Das Buch Ecclesiasticus (*sc.* Jesus Sirach) ist ein Beleg dafür, dass die Alten *offertoria*, die zur Ehre der Opfer gesungen wurden, nur zu singen pflegten, wenn Schlachtopfer dargebracht wurden.[17] Denn so heißt es in der Schrift: „Der Priester streckte seine Hand nach der Schale aus und brachte ein Trankopfer vom Blut des Weinstocks dar; er goss es aus am Fundament des Altars, ein angenehmer Duft für den Höchsten, den Allherrscher. Dann erhoben die Söhne Aarons laut ihre Stimme, sie ließen die getriebenen Trompeten erschallen, sie ließen einen gewaltigen Klang hören zur Erinnerung vor dem Höchsten" (Sir 50,16–18). Nicht anders stimmen jetzt auch wir Gesänge durch den Schall der Trompete, d. h. durch Verkündigung der Stimme, an und, indem wir mit Herz und Körper zugleich dem Herrn Lobgesänge vortragen, jubeln wir über jenes sozusagen wahre Opfer, durch dessen Blut die Welt gerettet wurde.

15. Über die Messe und Messgebete

(1) Die Ordnung der Messe und der Gebete, durch welche die Gott geweihten Opfer geheiligt werden, wurde zuerst durch den heiligen Petrus festgelegt. Der gesamte Erdkreis feiert diese Ordnung in gleicher Weise.

Das erste Gebet ist ein Gebet der Ermahnung an das Volk, um es dazu zu bewegen, Gott anzuflehen.

Das zweite Gebet ist eine Anrufung Gottes, damit er die Bitten und das Opfer der Gläubigen gnädig annehme.

Das dritte Gebet wird für die opfernden und für die verstorbenen Gläubigen gesprochen, damit sie durch eben dieses Opfer Vergebung erlangen.

---

[17] Der Begriff *offertorium* meint einen liturgischen Gesang während der Gaben- bzw. Opferbereitung.

(2) Quarta post haec infertur pro osculo pacis ut, caritate reconciliati omnes inuicem, digne sacramento corporis et sanguinis Christi consocientur, quia non recipit dissensionem cuiusquam Christi indiuisibile corpus.

Quinta deinde infertur inlatio in sanctificatione oblationis, in qua etiam et ad dei laudem terrestrium creaturarum uirtutumque caelestium uniuersitas prouocatur et osanna in excelsis cantatur quod saluatore de genere Dauid nascente salus mundo usque ad excelsa peruenerit.

(3) Porro sexta exhinc succedit confirmatio sacramenti, ut oblatio quae deo offertur sanctificata per spiritum sanctum Christi corporis ac sanguinis conformetur.

Harum ultima est oratio qua dominus noster discipulos suos orare instituit dicens: „Pater noster qui es in caelis". In qua oratione, ut patres scripserunt, septem petitiones continentur; sed in tribus primis aeterna poscuntur, in sequentibus quattuor temporalia quae tamen propter aeterna adipiscenda petuntur.

(4) Nam cum dicimus: „Santificetur nomen tuum, adueniat regnum tuum, fiat uoluntas tua sicut in caelo et in terra", hic quidem ista tria inchoantur, sed in illa uita sperantur ubi sanctificatio dei et uoluntas et regnum in sanctis suis inmortaliter permalnebit. Iam uero panis cotidianus qui uel animae uel carni tribuitur hic exposcitur, hic etiam post subsidium cibi uenia de exemplo fraternae indulgentiae postulatur, hic ne in peccati temptationem incidamus exposcimus, hic post omnia ut a malis liberemur dei auxilium inploramus; illic autem nihil istorum est. (5) Hanc itaque orationem saluator docuit in qua et spes continetur fidelium et confessio peccatorum; de qua propheta

(2) Danach folgt für den Friedenskuss das vierte Gebet, damit (die Gläubigen), nachdem sie sich alle gegenseitig in Liebe miteinander versöhnt haben, sich würdig durch das Sakrament des Leibes und Blutes Christi vereinigen, weil der unteilbare Leib Christi irgendjemandes (von der Einheit) abweichenden Glauben nicht gestattet.

Als fünftes folgt die *inlatio* (Präfation) zur Heiligung des Opfers, in dem die Gesamtheit der irdischen Geschöpfe und der himmlischen Kräfte zum Lob Gottes aufgefordert und Hosianna in der Höhe gesungen wird, weil das Heil für die Welt durch den aus dem Geschlecht Davids geborenen Erlöser bis zum Himmel gelangen wird.

(3) Schließlich folgt sechstens die Bestätigung des Sakraments, damit die Gott dargebrachte Gabe nach Heiligung durch den Heiligen Geist in Christi Leib und Blut gewandelt wird.

Als letztes dieser Gebete folgt das Gebet, das unser Herr seine Jünger zu beten gelehrt hat, indem er sagt: „Vater unser, der Du bist im Himmel" (Mt 6,9). In diesem Gebet sind, wie die Väter geschrieben haben, sieben Bitten enthalten; in den ersten drei wird aber um ewige Dinge gebeten, in den folgenden vier um weltliche, die gleichwohl erbeten werden, um die ewigen Dinge zu erlangen.

(4) Denn wenn wir sprechen: „Geheiligt werde Dein Name, Dein Reich komme, Dein Wille geschehe wie im Himmel so auf Erden" (Mt 6,9f), werden jene drei (ewigen Dinge) hier gleichsam bloß begonnen, sie werden aber erhofft in jenem Leben, wo die Heiligung, der Wille und das Reich Gottes für seine Heiligen ewig andauern wird. Das tägliche Brot aber, das sowohl für die Seele wie für den Leib gewährt wird, wird schon hier (auf der Erde) erbeten. Hier wird nach (der Bitte um) Gewährung der Speise auch Vergebung gefordert nach dem Beispiel brüderlicher Verzeihung. Hier bitten wir darum, nicht in die Versuchung der Sünde zu geraten. Nach allen diesen Dingen erflehen wir Gottes Hilfe, damit wir von dem Bösen befreit werden. Dort (in der Ewigkeit) gibt es keines von diesen Dingen. (5) Dies Gebet lehrte der Erlöser, in dem sowohl die Hoffnung der Gläubigen wie auch das Bekenntnis der Sünden enthalten sind, wovon der

praedicans ait: „Et erit, omnis qui inuocauerit nomen domini saluus erit".

Haec sunt itaque septem sacrificii orationes commendatae euangelica apostolicaque doctrina; cuius numeri ratio instituta uidetur uel propter septinariam sanctae ecclesiae uniuersitatem uel propter septiformem gratiae spiritum, cuius dono ea quae offeruntur sanctificantur.

XVI. De symbolo niceno.

(1) Symbolum autem, quod tempore sacrificii a populo praedicatur, CCCXVIII sanctorum patrum conlatione apud synodum Nicenam est editum. Cuius uerae fidei regula, tantis doctrinae mysteriis praecellit, ut de omni parte fidei loquatur nullaque paene sit heresis cuius per singula uerba uel sententias non respondeat; omnes enim errores impietatum perfidiaeque blasphemias calcat, et ob hoc in uniuersis ecclesiis pari confessione a populo proclamatur. |

XVII. De benedictione in populo.

(1) Benedictionem autem dari a sacerdotibus populo antiqua per Moysen benedictio pandit et conprobat, qua benedicere populo sub sacramento trinae inuocationis iubetur. Ait enim ad Moysen dominus: „Sic benedices populum meum et ego benedicam illos: Benedicat te dominus et custodiat te, inluminet dominus faciem suam super te et misereatur tui, attolat dominus faciem suam super te et det tibi pacem".

Prophet in der Predigt sagt: „Und jeder, der den Namen des Herrn anruft, wird erlöst werden" (Joel 2,32).

Dies sind die durch die Lehre des Evangeliums und der Apostel empfohlenen sieben Gebete des (Mess)opfers. Ihre Anzahl scheint festgesetzt worden zu sein sowohl wegen der siebenfachen Gesamtheit der heiligen Kirche als auch wegen des siebenfachen Geistes der Gnade, durch dessen Geschenk das, was geopfert, geheiligt wird.

16. Über das Glaubensbekenntnis von Nizäa

(1) Das Symbol aber, das während des Messopfers vom Volk öffentlich bekannt wird, wurde auf der Synode von Nizäa[18] durch Beschluss der 318 heiligen Väter erlassen. Seine Norm des wahren Glaubens zeichnet sich durch so große Geheimnisse in der Lehre aus, dass es über alle Teile des Glaubens spricht und es kaum eine Irrlehre gibt, auf die es nicht mit einzelnen Wörtern oder Sätzen eine Antwort erteilt. Es zertritt nämlich alle Irrtümer der Gottlosigkeiten und Gotteslästerungen des Unglaubens; und deshalb wird es in allen Kirchen gleicher Konfession vom Volk bekannt.

17. Über die Segnung des Volkes

(1) Der Segen des Mose verbreitete und billigte (die Gewohnheit), dass dem Volk von den Priestern der Segen gespendet wird, und er ordnete an, das Volk unter Verpflichtung zu einer dreifachen Anrufung zu segnen. Denn der Herr sprach zu Mose: „So sollst du mein Volk segnen und ich werde jene segnen: Der Herr segne dich und behüte dich. Der Herr lasse sein Angesicht über dir leuchten und sei dir gnädig. Der Herr wende sein Angesicht zu dir und gebe dir Frieden" (Num 6,23–26).

---

[18] Das berühmte Konzil von Nizäa fand im Jahre 325 unter Leitung Konstantins I. statt.

XVIII. De sacrificio.

(1) Sacrificium autem, quod a Christianis deo offertur, primum Christus dominus noster et magister instituit quando commendauit apostolis corpus et sanguinem suum priusquam traderetur, sicut et legitur in euangelio: „Accepit", inquid, „Iesus panem" et calicem „et benedicens dedit eis". Quod quidem sacramentum Melchisedech rex Salem figuraliter in typum corporis et sanguinis Christi primus obtulit, primusque mysterium tanti sacrificii imaginarie idem expressit, praeferens similitudinem domini et saluatoris nostri Iesu Christi sacerdotis aeterni, ad quem dicitur: „Tu es sacerdos in aeternum secundum ordinem Melchisedech". (2) Hoc ergo sacrificium Christianis celebrare praeceptum est, relictis ac finitis Iudaicis uictimis quae in seruitute ueteris populi celebrari imperata sunt. Hoc itaque fit a nobis quod pro nobis dominus ipse fecit. Quod non mane sed post cenam in uesperum obtulit. Sic enim Christum oportebat | id implere circa uesperam diei, ut hora ipsa sacrificii ostenderet uesperam mundi.

Proinde autem non communicauerunt ieiuni apostoli, quia necesse erat ut pascha illud typicum antea impleretur, et sic denuo ad uerum paschae sacramentum transirent. (3) Hoc enim in mysterio tunc factum est quod primum discipuli corpus et sanguinem domini non acceperunt ieiuni. Ab uniuersa autem ecclesia nunc a ieiunis semper accipitur. Sic enim placuit spiritui sancto per apostolos ut in honorem tanti sacramenti in os Christiani prius dominicum corpus intraret quam ceteri cibi, et ideo per uniuersam orbem mos iste seruatur.

Panis enim „quem frangimus" corpus Christi est qui dixit: „Ego sum panis uiuus qui de caelo discendi"; uinum autem sanguis eius est, et hoc est quod scriptum est: „Ego sum uitis". Sed panis quia corpus confirmat ideo corpus Christi nuncupatur;

18. Über das Messopfer

(1) Das Opfer, das Gott von den Christen dargebracht wird, wurde zuerst durch unseren Herrn und Lehrer Christus, als er den Aposteln, bevor er verraten wurde, seinen Leib und sein Blut reichte, mit den Worten eingesetzt: „Jesus nahm das Brot" und den Kelch, „segnete es und gab es ihnen" (Mk 14,22). Dieses Opfer in Gestalt des Leibes und Blutes Christi brachte als erster in symbolischer Weise Melchisedech, der König von Salem, dar und als erster brachte er das Geheimnis eines solchen Opfers bildlich zum Ausdruck, indem er die Ähnlichkeit mit unserem Herrn und Erlöser Jesus Christus, des ewigen Priesters, vorwegnahm, zu dem gesagt wird: „Du bist Priester in Ewigkeit nach der Ordnung des Melchisedech" (Ps 109 [110],4). (2) Den Christen aber ist es vorgeschrieben, dieses Opfer zu feiern nach Verlassen und Beendigung der jüdischen Schlachtopfer, die, in der Knechtschaft des alten Volkes gefeiert zu werden, befohlen wurden. Deshalb wird von uns geopfert, was der Herr selbst für uns getan hat. Sein Opfer fand nicht am Morgen statt, sondern nach dem Essen am Abend. Denn Christus musste es am Abend vollbringen, damit eben diese Stunde des Opfers hinweise auf den Abend der Welt.

Deshalb fasteten die Jünger auch nicht gemeinsam, weil es nötig war, dass vorher das Pascha als Vorausbild vollendet wurde, und sie so erst zum wahren Sakrament des Pascha übergingen. (3) Denn dies geschah damals auf geheimnisvolle Weise, dass die Apostel den Leib und das Blut des Herrn nicht empfingen, während sie fasteten. Jetzt aber wird er von der gesamten Kirche stets beim Fasten empfangen. Denn so gefiel es dem Heiligen Geist durch die Apostel, dass zu Ehren eines so großen Sakramentes der Leib des Herrn früher in den Mund der Christen eintritt als andere Speisen, und deshalb wird diese Sitte auf der ganzen Erde befolgt.

Denn „das Brot, das wir brechen" (1 Kor 10,16), ist der Leib Christi, der spricht: „Ich, der ich vom Himmel herabgekommen bin, bin das wahre Brot" (Joh 6,51). Der Wein aber ist sein Blut und zwar deshalb, weil geschrieben steht: „Ich bin der Weinstock" (Joh 15,1). Das Brot aber wird deshalb Leib des Herrn

uinum autem, quia sanguinem operatur in carne, ideo ad sanguinem Christi refertur. (4) Haec autem dum sunt uisibilia, sanctificata tamen per spiritum sanctum in sacramentum diuini corporis transeunt.

Proinde autem, ut sanctissimus Cyprianus ait: „Calix dominicus uino mixtus offertur quia uidemus in aqua populum intellegi, in uino uero ostendi sanguinem Christi. Quando autem in calice uino aqua miscitur, Christo populus adunatur et credentium plebs ei in quem credidit copulatur et iungitur; quae copulatio et coniunctio aquae et uini sic miscitur in calice domini, ut commixtio illa ab inuicem non possit separari sicut nec ecclesia potest a Christo diuidi. (5) Sic autem in sacrificando calicem domini offerri aqua sola non potest, quomodo nec uinum solum potest; nam si uinum tantum quis offerat, sanguis Christi incipit esse sine nobis; si uero aqua sit sola, plebs incipit esse sine Christo. Quando autem utrumque miscitur et adunatione | confusa sibi inuicem copulatur, tunc sacramentum spiritale et caeleste perficitur. Sic uero calix domini non potest esse aqua sola aut uinum solum nisi utrumque sibi misceatur, quomodo nec corpus domini potest esse simila sola aut aqua sola nisi utrumque adunatum fuerit et copulatum et panis unius conpage solidatum. (6) Quo et ipso sacramento populus noster ostenditur adunatus, ut, quemadmodum grana multa in unum collecta et commolita et commixta panem unum faciunt, sic in Christo qui est panis caelestis unum sciamus esse corpus, cui coniunctus sit noster numerus et adunatus."

(7) Dicunt aliqui nisi aliquo intercedente peccato eucharistiam cotidie accipiendam; hunc enim panem dari cotidie nobis, iubente domino, postulamus dicentes: „Panem nostrum cotidianum da nobis hodie". Quod quidem bene dicunt, si hoc cum

---

[19] CYPRIAN, *epist*. 63,2 (CSEL 3/2,711 f).

genannt, weil es den Körper stärkt, der Wein deshalb auf das Blut Christi bezogen, weil er im Fleisch das Blut bewegt. (4) Dies aber sind sichtbare Dinge, geheiligt durch den Heiligen Geist, verwandeln sie sich jedoch in das Sakrament des göttlichen Leibes.

Wie der überaus heilige Cyprian sagt, aber deshalb: „Der Kelch des Herrn wird mit Wein gemischt geopfert, weil wir sehen, dass unter dem Wasser das Volk verstanden, im Wein aber das Blut Christi geoffenbart wird. Wenn aber im Kelch das Wasser mit dem Wein gemischt wird, wird das Volk mit Christus vereinigt und die Menge der Gläubigen wird eins und verbunden mit dem, an den sie geglaubt hat. Diese Vereinigung und Verbindung von Wasser und Wein werden im Kelch des Herrn so vermischt, dass jene Vermischung nicht voneinander geschieden werden kann, sowie die Kirche nicht von Christus getrennt werden kann. (5) So kann aber bei der Opferung des Kelches des Herrn nicht allein Wasser geopfert werden, ebenso auch nicht der Wein allein. Denn wenn jemand nur Wasser opfert, dann beginnt das Blut Christi ohne uns zu sein. Wird aber nur Wasser geopfert, fängt das Volk an, ohne Christus zu sein. Wenn aber beides gemischt wird und sich miteinander verbindet, weil es sich durch das Zusammengießen vereinigt, dann wird das geistige und himmlische Opfer verwirklicht. Deshalb kann freilich der Kelch des Herrn nicht Wasser oder nur Wein sein, außer wenn beide gemischt werden, und ebenso kann der Leib des Herrn nicht nur Weizen oder nur Wasser sein, außer wenn beide vereinigt, miteinander verbunden und durch das Gefüge des einen Brotes gefestigt werden. (6) Durch eben dieses Sakrament wird unser Volk als vereinigt geoffenbart, damit wir so erkennen, in Christus, der das himmlische Brot ist, ein Leib zu sein, mit dem unsere Anzahl verbunden und vereinigt sein möge genauso wie die vielen gesammelten, gemahlenen und vermengten Körner ein Brot ergeben."[19]

(7) Einige sagen, die Eucharistie solle täglich empfangen werden, wenn nicht eine Sünde dazwischenkommt. Auf Befehl des Herrn bitten wir, dass uns dieses Brot täglich gereicht wird, wenn wir sprechen: „Unser tägliches Brot gib uns heute" (Lk 11,3). Dies sagen sie sicher richtig, wenn sie es gottesfürchtig,

religione et deuotione et humilitate suscipiunt ne fidendo de iustitia superbiae praesumptione id faciant. Ceterum si talia sunt peccata quae quasi mortuum ab altari remoueant, prius agenda paenitentia est ac sic deinde hoc salutiferum medicamentum suscipiendum. „Qui enim manducauerit indigne iudicium sibi manducat et bibit"; hoc est enim indigne accipere si eo tempore quis accipiat quo debet agere paenitentiam. (8) Ceterum si tanta non sunt peccata ut excommunicandus quisque iudicetur, non se debet a medicina dominici corporis separare ne, dum forte diu abstentus prohibetur, a Christi corpore separetur, manifestum est enim eos uiuere qui corpus eius adtingunt; unde timendum est ne, dum diu quisque separatur a Christi corpore, alienus remaneat a salute, ipso dicente: „Nisi comederitis carnem | filii hominis et biberitis eius sanguinem, non habebitis uitam in uobis". Qui enim iam peccare quieuit communicare non desinat.

(9) Coniugatis autem abstinendum est a coitu plurimisque diebus orationi uacare, et sic deinde ad Christi corpus accedere. Relegamus Regnorum libros et inueniemus sacerdotem Abimelech de panibus propositionis noluisse prius dare Dauid et pueris eius, nisi ante interrogaret utrum mundi essent pueri a muliere, non utique ab aliena sed a coniuge, et nisi eos audisset ab heri et nudiustertius uacasse ab opere coniugali numquam panes quos prius negauerat concessisset. (10) Quantum interest inter propositionis panes et corpus Christi. Quae differentia inter umbram et corpus, inter imaginem et ueritatem, inter exemplaria futurorum et ea ipsa quae per exemplaria praefigurabantur.

Quapropter elegendi sunt aliqui dies quibus purius homo contentiusque uiuat, quo ad tantum sacramentum dignus accedere possit.

fromm und demütig empfangen, und es nicht im Glauben an die (eigene) Gerechtigkeit aufgrund der Anmaßung des Hochmuts tun. (8) Wenn es sich übrigens um solche Sünden handelt, die einen gleichsam Toten vom Altar entfernen, dann ist zuerst Buße zu leisten und erst danach darf das heilbringende Sakrament empfangen werden. „Wer unwürdig isst, der isst und trinkt sich das Gericht" (1 Kor 11,29). Unwürdig ist es nämlich, den Leib des Herrn zu empfangen, wenn jemand ihn in der Zeit, in der er Buße tun soll, empfängt. Wenn die Sünden aber nicht so groß sind, um jemanden zu exkommunizieren, dann soll er sich nicht von der Medizin des Herrenleibes zu trennen, damit er nicht, dadurch dass er lange ferngehalten wird, vom Leib des Herrn getrennt wird. Deshalb sollte jemand, während er lange Zeit von Christi Leib getrennt ist, sich davor fürchten, dass er von der Erlösung ausgeschlossen bleibt, weil Christus selber sagt: „Wenn ihr das Fleisch des Menschensohnes nicht esst und sein Blut nicht trinkt, dann habt ihr das Leben nicht in euch" (Joh 6,54). Wer nämlich schon nicht mehr sündigt, soll nicht aufhören zu kommunizieren.

(9) Verheiratete müssen sich des Geschlechtsverkehrs enthalten, sollen sich an sehr vielen Tagen dem Gebet widmen und sich dann dem Leib Christi nähern. Wenn wir in den Büchern der Könige nachlesen, werden wir darauf stoßen, dass der Priester Abimelech David und seinen Söhnen nicht eher von den Schaubroten geben wollte, bis er gefragt hatte, ob die Söhne rein seien, jedenfalls nicht nur von einer fremden, sondern auch von der Ehefrau. Wenn er nicht hörte, dass sie sich seit gestern oder vorgestern des ehelichen Verkehrs enthalten hatten, hätte er niemals das Brot gestattet, das er vorher verweigert hatte. (10) Welch großer Unterschied besteht zwischen den Schaubroten und dem Leib Christi? Ein Unterschied wie zwischen Schatten und Körper, Phantasie und Realität, den Vorausbildern zukünftiger Dinge und den Dingen selbst, die durch diese Vorausbilder bezeichnet werden.

Deshalb sind einige Tage auszuwählen, an denen der Mensch rein und enthaltsam lebt, damit er sich einem so großen Sakrament als Würdiger nähern kann.

(11) Sacrificium pro defunctorum fidelium requie offerre uel pro eis orare, quia per totum hoc orbem custoditur, credimus quod ab ipsis apostolis traditum sit; hoc enim ubique catholica tenet ecclesia. Quae nisi crederet fidelibus defunctis dimitti peccata, non pro eorum spiritibus uel elymosinam faceret uel sacrificium deo offerret. (12) Nam et cum dominus dicit: „Qui" peccauerit „in spiritum sanctum non remittetur ei neque in hoc saeculo neque in futuro", demonstrat quibusdam illuc dimittenda peccata et quodam purgatorio igne purganda. Ergo in quodam loco dictum est a sanctissimo Agustino: „Defunctorum animas sine dubio pietate suorum uiuentium releuari cum pro illis | sacrificium offertur uel elymosinae fiunt, si tamen aliquod sibi quisque meritum praeparauit dum adhuc in corpore uiueret, per quod ista prosint quaecumque pro illo fiunt. (13) Nam non omnibus prosunt, nisi propter differentiam uitae quam quisque gessit in corpore. Nam pro ualde bonis gratiarum actiones sunt; pro non ualde malis propitiationes sunt; pro ualde malis, etiam si nulla sunt adiumenta mortuorum, qualescumque uiuorum consolationes sunt; quibus autem prosunt, aut ad hoc prosunt ut sit plena remissio aut certe ut tolerabilior fiat ipsa damnatio."

XVIIII. De tertiae, sextae et nonae horae officiis.

(1) Horam tertiam, sextam et nonam Danihel et tres pueri supplicationibus deuouerunt, scilicet ut ab ortu diei in tempus precationis tres horae porrectae Trinitatis nobis reuerentiam declararent, pariliter a tertia ad sextam atque inde ad nonam per lucis interualla ratis demensionibus terminata Trinitas ter die rogata

---

[20] AUGUSTINUS, *ench.* 29,110 (CCL 46,108f)
[21] Da die Tagesstunden ab dem Sonnenaufgang gezählt wurden, ist nur eine annähernde Zeitbestimmung von Terz (3. Stunde nach Sonnenaufgang, ca. 09.00 Uhr), Sext (ca. 12.00 Uhr) und Non (ca. 15.00 Uhr) möglich. Daniel betete dreimal am Tag (Dan 6,14), die frühen Christen beginnen, die sog. kanonischen Zeiten offenbar nach dem Vorbild der Juden zu beachten, die dreimal am Tag beteten; vgl. TERTULLIAN, *orat.* 25f (FC 76,268–271).

(11) Wir glauben, dass von den Aposteln selbst überliefert wurde, das (Mess)opfer für die Ruhe der Verstorbenen zu feiern, weil diese (Sitte) auf der ganzen Erde bewahrt wird. Daran hält die Kirche überall fest. Wenn die Kirche nicht glaubt, dass den verstorbenen Gläubigen die Sünden vergeben werden, würde sie für ihre Seelen weder Almosen geben noch Gott ein Opfer darbringen. (12) Wenn nämlich der Herr sagt: „Wer gegen den Heiligen Geist gesündigt hat, dem wird weder in dieser noch in der zukünftigen Welt vergeben werden" (Mt 12,32), weist er darauf hin, dass einigen die Sünden im Jenseits zu vergeben und durch eine Art Reinigungsfeuer zu sühnen sind. An einer bestimmten Stelle wurde daher vom heiligen Augustinus gesagt: „Zweifelsohne werden die Seelen der Verstorbenen durch die Frömmigkeit ihrer lebenden Angehörigen erleichtert, wenn das (Mess)opfer für sie dargebracht wird oder Almosen gegeben werden, wenn nämlich jemand irgendein Verdienst erworben hat, solange er noch in seinem Körper lebte, durch das die Dinge, die für ihn getan werden, von Nutzen sind. (13) Denn nicht allen nützen sie, sondern nur, wenn jemand bei Lebzeiten ein anderes Leben geführt hat. Denn für die sehr Guten sind sie Handlungen des Dankes, für die nicht sehr Schlechten Zeichen der Versöhnung. Für die ganz Schlechten sind sie, wenn sie auch keine Hilfe für die Verstorbenen sind, eine Art Tröstung der Lebenden. Wem sie aber von Nutzen sind, dem verhelfen sie entweder zu völliger Vergebung oder machen die Verdammung wenigstens erträglicher."[20]

19. Über die Stundengebete Terz, Sext und Non

(1) Die dritte, sechste und neunte Stunde[21] weihten Daniel und die drei Jünglinge dem Gebet (vgl. Dan 6,14; Ps 55 [54],18), so dass uns die drei Stunden, die sich von Beginn des Tages bis zum Gebet erstrecken, die Ehrfurcht für die Dreifaltigkeit offenbaren. So wird von der dritten bis zur sechsten und dann bis zur neunten Stunde, die (jeweils) durch die gleichen Intervalle des Lichtes begrenzt werden, die dreimal am Tag angerufene Dreifaltigkeit

coleretur; illud etiam occurrens ad probationem uenerabilis Trinitatis quod spiritus sanctus hora tertia, hoc est suo loco et numero et tempore, discendit ad terras impleturus gratiam quam Christus promisit. (2) Nam et sexta hora Christus passus, in nonam patibuli cruciamenta porrexit. Tali enim sacramento legitimis ad precem temporibus per ternas horas Trinitatis perfectio aut laudatur celebritatibus aut precibus inpetratur.

Licet et, si conputetur diurna celebritas per quaterarium | usque in uespertinum officium, hoc est quater terni significatur mundus quadrifario diuisus, in Trinitate saluatus. Siquidem et in nocte stationes et uigiliae militares in quattuor partes diuisae ternis horarum spatiis secernuntur, ut et in ipsis nocturnis mundialibusque officiis Trinitatis mysterium ueneretur.

XX. De uespertinis.

(1) Vespertinum diurni finis officii et alternae lucis occasus est. Cuius ex ueteri testamento solemnis est celebratio. Denique hoc tempore ueterum sacrificia offerre adolerique altario aromata et tura mos erat; testis est hymnidicus ille regio ac sacerdotali functus officio dicens: „Ascendat oratio mea sicut incensum in conspectu tuo, eleuatio manuum mearum sacrificium uespertinum". (2) In nouo quoque testamento eo tempore dominus et saluator noster cenantibus apostolis mysterium sui corporis et sanguinis initio tradidit ut tempus ipsud sacrificii uesperum ostenderet saeculi; proinde in honore ac memoria tantorum sacramentorum his temporibus adesse nos decet dei conspectibus et personare in

verehrt. Dies geschieht auch als ein Beweis für die verehrungswürdige Dreifaltigkeit, weil der Heilige Geist in der dritten Stunde, d. h. an ihrem Ort, ihrer Zahl und Zeit, zur Erde herabkam, um die Gnade zu vollenden, die Christus versprochen hat. (2) In der sechsten Stunde litt Christus (*sc.* am Kreuz) und er dehnte die Folterungen des Marterholzes bis zur neunten Stunde aus. Durch eine solche Verpflichtung zum Gebet zu den rechten Zeiten wird die Vollkommenheit der Dreifaltigkeit jeweils nach drei Stunden entweder durch Feierlichkeiten geehrt oder durch Bitten angefleht.

Wenn hingegen die tägliche Feier eine bis zur Vesper reichende vierfache ist, also viermal alle drei Stunden, dann wird dadurch die Teilung der Welt in vier Teile zum Ausdruck gebracht, die in der Dreifaltigkeit erlöst wurde. Ebenso werden in der Nacht die Posten und militärischen Wachen in vier Schichten, die durch einen Zeitraum von jeweils drei Stunden getrennt sind, unterteilt, so dass auch in den nächtlichen weltlichen Verpflichtungen das Geheimnis der Dreifaltigkeit verehrt wird.

20. Über die Vesper

(1) Die Vesper ist das Ende des täglichen Offiziums und der Untergang des wechselnden Lichtes (*sc.* der Sonne). Aus dem Alten Testament stammt die Gewohnheit, ihn (*sc.* den Abend) festlich zu begehen. Außerdem war es Brauch der Alten, zu dieser Zeit Opfer darzubringen und Gewürze und Weihrauch auf dem Altar zu verbrennen. Zeuge ist jener Hymnendichter (*sc.* David), der ein königliches und priesterliches Amt ausübte, wenn er sagt: „Möge mein Gebet gleich Weihrauch in dein Angesicht aufsteigen und die Erhebung meiner Hände wie ein abendliches Opfer" (Ps 140 [141],2). (2) Im Neuen Testament reichte zu dieser Tageszeit unser Herr und Erlöser den Aposteln beim Abendmahl erstmalig das Mysterium seines Leibes und Blutes, damit dieser Zeitpunkt des Opfers auf das Ende der Welt hinweise. Aus Verehrung für und im Gedenken an so große Opfergaben ziemt es sich, dass wir uns während dieser Zeit der

eius cultibus orationum nostrarum illi sacrificium offerentes atque in eius laudibus pariter exultantes.

Vesperum autem nominatum a sidere qui Vesper uocatur et decidente sole exoritur, de quo propheta dicit: „Et Vesperum super filios hominum producere facit." |

XXI. De conpletis.

(1) De conpletis autem celebrandis, id etiam in patrum inuenimus exemplis, Dauid propheta dicente: „Si ascendero in lectum stratus mei, si dedero somnum oculis meis, aut palpebris meis dormitationem, aut requiem temporibus meis, donec inueniam locum domino, tabernaculum deo Iacob". Quis non stupeat tantam in dei amore animi deuotionem, ut somnum sibi – sine quo utique corpora humana deficiunt – penitus interdixerit donec locum ac templum domino fabricandum in pectore suo rex et propheta repperiret? Quae res nos debet fortiter ammonere ut, si ipsi locus domini esse uolumus et tabernaculum eius aut templum cupimus haberi, in quantum possumus exempla sanctorum imitemus, ne de nobis dicatur quod legitur: „Dormierunt somnum suum et nihil inuenerunt".

XXII. De uigiliis.

(1) De uigiliarum antiquitate, antiqua est uigiliarum deuotio familiare bonum omnibus sanctis. Esaias denique propheta exclamat ad dominum dicens: „De nocte uigilat spiritus meus ad te deus quia lux praecepta tua sunt super terram"; item Dauid et

Betrachtung Gottes widmen und unsere Stimme zu seiner Verehrung erschallen lassen, indem wir ihm unsere Gebete opfern und gleichfalls Lobeshymnen auf ihn anstimmen.

Die Vesper (sc. das Abendgebet) hat ihren Namen von einem Stern, der Vesper (sc. Abendstern) heißt und nach Sonnenuntergang erscheint, von dem der Prophet sagt: „Und er schuf den Abendstern (sc. Vesper), um die Söhne der Menschen zu geleiten" (Ijob 38,32).

21. Über die Komplet

(1) Unter den Beispielen der Väter finden wir auch, dass die Komplet gefeiert werden soll, wenn der Prophet David sagt: „Ich werde das Lager meines Bettes erst besteigen, meinen Augen Schlummer gewähren, meinen Augenlidern Schlaf oder meinen Schläfen Ruhe erlauben, wenn ich für meinen Herrn einen Platz gefunden habe, ein Zelt für den Gott Jakobs" (Ps 131 [132],3–5). Wer ist nicht erstaunt über eine so große Ehrfurcht der Seele vor der Liebe Gottes, dass er sich den Schlaf – ohne den die menschlichen Körper ermatten – völlig versagte, bis der König und Prophet einen in seiner Brust für den Herrn zu errichtenden Ort und Tempel gefunden hatte? Dies soll uns ganz besonders dazu ermahnen, dass wir, wenn wir selbst ein Ort des Herrn und sein Zelt sein wollen oder wenn wir wünschen, für einen Tempel gehalten zu werden, soweit wir können, die Beispiele der Heiligen nachahmen, damit von uns nicht das, was man liest, gesagt wird: „Sie schliefen ihren Schlaf und gewannen nichts" (Ps 75 [76],6).

22. Über die Vigilien

(1) Was das Alter der Vigilien (Nachtwachen) betrifft, so ist die alte Verehrung der Feier der Vigilien ein allen Heiligen vertrautes Gut. Außerdem ruft der Prophet Jesaja zu Gott und sagt: „Bei Nacht wacht mein Geist bei dir, Gott, weil deine Gebote das Licht über der Erde sind" (Jes 26,9). Ebenso sagt David, der

regio et prophetico santificatus unguento ita canit: „Media nocte surgebam ad confitendum tibi super iudicia iustitiae tuae".

Hoc namque tempore uastator angelus transiens primogenita Aegyptiorum percussit; (2) unde et nos uigilare oportet ne periculo Aegyptiorum admisceamur. Isdem etiam horis uenturum sese in euangelio saluator adstruxit; unde et ad uigilandum | auditores suos exsuscitans dicit: „Beati serui illi quos cum uenerit dominus inuenerit uigilantes. Etsi uespertina", inquid, „hora uenerit, et si media nocte, et si galli cantu, et inueniat eos uigilantes, beati sunt. Itaque et uos estote parati quia nescitis qua hora filius hominis uenturus est". (3) Siquidem nec uerbis solum docuit uigilias sed etiam confirmauit exemplo; namque testatur euangelium quia „erat" Iesus „pernoctans in oratione Dei". Paulus quoque et Sileas, in custodia publica circa medium noctis orantes, hymnum audientibus cunctis uinctis dixisse memorantur, „ubi repente terrae motu facto et concussis carceris fundamentis et ianuae sponte apertae et omnium uincula sunt soluta". (4) Vnde oportet his horis psallendi orandique frequentiam nos in sanctis habere officiis finemque nostrum, uel si aduenerit sub tali actu, exspectare securos.

Est autem quoddam genus hereticorum superfluas aestimantium sacras uigilias et spiritali opere fructuosas, dicentes iura temerari diuina qui noctem fecit ad requiem sicut diem ad laborem; qui heretici greco sermone ΝΥΓΤΑΓΕϹ, hoc est somniculosi, uocantur.

durch eine königliche und prophetische Salbung geheiligt wurde: „Mitten in der Nacht stand ich auf, um vor dir (meine Schuld) zu bekennen wegen der Urteilssprüche deiner Gerechtigkeit" (Ps 118 [119], 62).

Denn zu dieser Zeit ging der Racheengel um und erschlug die Erstgeburten der Ägypter (vgl. Ex 12,29). (2) Deshalb sollen auch wir wachsam sein, damit wir nicht mit der Gefahr der Ägypter vermischt werden. Der Erlöser selbst fügte im Evangelium hinzu, dass er zu (diesen) Stunden kommen werde. Daher ermahnte er seine Zuhörer zur Wachsamkeit und sagte: „Selig sind jene Diener, die der Herr, wenn er kommt, wachend findet. Auch wenn er sie zur Abendstunde, um Mitternacht oder beim Hahnenschrei wachend antrifft, sind sie selig. Deshalb seid auch ihr bereit, weil ihr die Stunde nicht kennt, in der der Menschensohn kommen wird" (vgl. Lk 12,37; Mk 13,35; Lk 12,38.40). (3) Jesus lehrte die Vigilien nicht nur mit Worten, sondern auch durch sein Vorbild. Denn das Evangelium bezeugt, dass „Jesus die Nacht im Gebet durchwachte" (Lk 6,12). Auch von Paulus und Sileas wird berichtet, dass „sie im Gefängnis um Mitternacht gebetet und, während alle Gefangenen zuhörten, einen Hymnus gesprochen hätten, als plötzlich die Erde bebte und die Fundamente des Gefängnisses einstürzten, die Türen sich von selbst öffneten und die Fesseln aller gelöst wurden" (Apg 16, 23–26). (4) Deshalb sollen wir in diesen Stunden in den heiligen Offizien häufig singen und beten und das Ende, wenn es bei einer solchen Tätigkeit naht, furchtlos erwarten.

Es gibt aber eine gewisse Art von Häretikern, die meinen, dass die heiligen und durch das geistliche Werk fruchtbaren Vigilien überflüssig seien, und sagen, dadurch werde Gottes Gesetz erschüttert, der die Nacht zur Ruhe und den Tag zum Arbeiten geschaffen habe. Diese Häretiker werden mit einem griechischen Wort als NYCTAΓEC[22], d. h. Schläfrige, bezeichnet.

---

[22] Korrekt wäre NYCTAΓEIC (zu griechisch νυστάζω ‚nicken, schlafen'). Vgl. LAWSON 114 Anm. zu 1,22,29.

XXIII. De matutinis.

(1) De matutinorum antiquitate et auctoritate, testis est idem Dauid propheta dicens: „In matutinis meditabor in te, domine, quia factus es adiutor meus"; et alibi: „Praeuenerunt oculi mei ad te diluculo ut meditarer eloquia tua." |

Cassianus autem dicit matutinae solemnitatis officium nouo adhuc tempore institutum primitus in Bethleem monasterio, ubi dominus noster Iesus Christus pro redemptione humanae salutis ex uirgine nasci dignatus est. Sicque ex illo per uniuersum mundum eiusdem celebrationis inualuit consuetudo.

(2) Diluculo autem proinde oratur ut resurrectio Christi celebretur. Matutina enim luce radiante dominus et saluator noster ab inferis resurrexit, quando coepit oriri fidelibus lux quae moriente Christo occiderat peccatoribus. Siquidem et eodem tempore cunctis spes futurae resurrectionis creditur cum iusti et omnes ab hac temporaria morte quasi a sopore somni resurgentes euigilabunt.

XXIIII. De dominica die.

(1) Dominicum diem apostoli ideo religiosa solemnitate sancxerunt, quia in eodem redemptor noster a mortuis resurrexit. Quique ideo dominicus appellatur ut in eo a terrenis operibus uel mundi inlecebris abstinentes tantum diuinis cultibus seruiamus, dantes scilicet diei huius honorem et reuerentiam propter spem resurrectionis nostrae quam habemus in illo. (2) Nam sicut ipse dominus Iesus Christus et saluator noster tertia die resurrexit a mortuis, ita et nos resurrecturos in nouissimo saeculo

---

[23] CASSIAN, *inst.* 3,3,10 (CSEL 17,38).
[24] Das Kap. 24 wird in einem Strang der Überlieferung, dem LAWSON 28 folgt, in zwei Kapitel aufgeteilt, wobei der zweite Teil *De sabbato* betitelt wurde, in der Kapitelübersicht vorne fehlt dieses Kapitel allerdings. LAWSON gibt daher im laufenden Text seiner Edition nach diesem Kapitel eine

23. Über das Morgenlob

(1) Über die Urheberschaft des Morgenlobes legt ebenso der Prophet David Zeugnis ab, der sagt: „Am Morgen denke ich über dich nach, Herr, weil du zu meinem Helfer gemacht wurdest" (Ps 62 [63],1–3), und an einer anderen Stelle: „Zurzeit der Morgendämmerung kommen meine Augen zu dir, um deine Sprüche zu betrachten" (Ps 118 [119],148).

Cassian[23] sagt aber, dass das Offizium des feierlichen Morgenlobes erst in neuer Zeit erstmals im Kloster in Bethlehem eingeführt wurde, wo unser Herr Jesus Christus von einer Jungfrau zur Rettung des Menschengeschlechts geruhte geboren zu wurden. So verbreitete sich von dort die Feier dieses Offizium in der ganzen Welt.

(2) In der Morgendämmerung aber wird deshalb gebetet, um die Auferstehung Christi zu feiern. Denn unser Herr und Heiland ist im leuchtenden Morgenlicht auferstanden, als für die Gläubigen das Licht aufzugehen begann, das für die Sünder untergegangen war, als Christus starb. Aus diesem Grund glaubt man auch an die Hoffnung der Auferstehung aller zu dieser Zeit, wenn die Gerechten und alle, die von diesem zeitlichen Tod auferstehen, gleichsam wie aus einem tiefen Schlaf erwachen.

24. Über den Tag des Herrn (Sonntag)[24]

(1) Die Apostel heiligten den Tag des Herrn deshalb durch eine religiöse Feier, weil an ihm unser Erlöser von den Toten erstanden ist. Er wird deshalb Tag des Herrn genannt, damit wir an ihm, indem wir uns weltlicher Tätigkeiten und Verführungen enthalten, nur göttlichen Feiern dienen und diesen Tag würdigen und verehren wegen der Hoffnung auf unsere Auferstehung, die wir in jenem (Erlöser) haben. (2) Denn genau wie derselbe Herr und unser Erlöser Jesus Christus am dritten Tag von den Toten auferstanden ist, so hoffen auch wir, dass wir im letzten Zeitalter

---

Doppelzählung an; hier wurde darauf verzichtet und die Zählung des Kapitelverzeichnisses beibehalten.

speramus. Vnde etiam in dominico die stantes oramus quod est
signum futurae resurrectionis. Hoc agit uniuersa ecclesia quae in
peregrinatione mortalitatis inuenta est, expectans in finem saeculi quod in domini nostri Iesu Christi corpore praemonstratum
est, qui est „primogenitus a mortuis". |

[XXV. <De sabbato>.]

(1) Sabbatum autem datum est priori populo in otio corporaliter
celebrandum, ut figura esset in requiem; unde et sabbatum requies interpretatur. Dies tamen dominicus non Iudaeis sed Chri-
stianis per resurrectionem domini declaratus est, et ex illo habere
coepit festiuitatem suam. Ipse est enim dies primus qui post
septimum repperitur octauus; unde et in Ecclesiasten ad duorum
testamentorum significationem dicitur: „Illi septem et illi octo".
(2) Primo enim solum celebrandum sabbatum traditum est quia
erat antea requies mortuorum. Resurrectio autem nullius erat
qui „resurgens a mortuis non moreretur, mors illi ultra non do-
minaretur." Iam postquam facta est talis resurrectio in corpore
domini, ut praeiret in capite ecclesiae quod corpus ecclesiae spe-
raret in finem, dies dominicus, id est octauus qui et primus, in
festiuitate successit.

(3) Apparet autem hunc diem etiam in sanctis scripturis esse
solemnem. Ipse est enim dies primus saeculi: in ipso formata
sunt elimenta mundi, in ipso creati sunt angeli, in ipso quoque a
mortuis resurrexit Christus, in ipso de caelis super apostolos
sanctus discendit spiritus. Manna eodem die in heremo primum
de caelo data est; sic enim dicit dominus: „Sex diebus collegetis
manna, in die autem sexto duplum collegetis". Sexta enim dies
est parasceue quae ante sabbatum ponitur; (4) sabbatum autem
septima dies est quem sequitur dominicus in quo primum manna

auferstehen werden. Deshalb beten wir am Tag des Herrn auch im Stehen, zum Zeichen der künftigen Auferstehung. Dies macht die gesamte Kirche, die sich auf der Pilgerschaft der Sterblichkeit befindet, in Erwartung des Endes der Welt, das im Leib unseres Herrn Jesus Christus vorher angezeigt wurde, der „von den Sterblichen der Erstgeborene ist" (Kol 1,18).

[Über den Sabbat]

(1) Der Sabbat aber wurde dem früheren Volk gegeben, um ihn in körperlicher Muße zu feiern, damit er ein Symbol für die Ruhe sei. Deshalb wird Sabbat mit *requies* (Ruhe) übersetzt. Der Tag des Herrn wurde aber nicht den Juden, sondern den Christen durch die Auferstehung offenbart, und mit ihm begann sie ihren Festtag zu haben. Dieser ist nämlich der erste Tag, der nach dem siebten als achter Tag gefunden wird. Deshalb wird auch im Buch Ecclesiastes, um die beiden Testamente zu bezeichnen, gesagt: „dem einen sieben, dem andern acht" (Koh 11,2). (2) Zuerst war es nämlich Tradition, dass nur der Sabbat zu feiern sei, weil er vormals der Ruhe(tag) für die Sterblichen war. Es war noch keiner auferstanden, der „auferstehend von den Toten nicht mehr sterben wird, über den der Tod ferner keine Gewalt mehr haben wird" (Röm 6,9). Nachdem aber eine solche Auferstehung im Leib des Herrn gewirkt wurde, so dass im Haupt der Kirche voranging, was der Leib der Kirche am Ende (der Welt) erhofft, folgte der Tag des Herrn, d. h. der achte (Tag), der auch der erste (Tag) ist, als Festtag.

(3) Auch in den Heiligen Schriften erscheint dieser Tag als ein Feiertag. Er ist nämlich der erste Tag der Welt; an ihm wurden die Elemente der Erde gebildet, an ihm die Engel erschaffen, an ihm stand auch Christus von den Toten auf, an ihm kam der Heilige Geist vom Himmel auf die Apostel herab. An diesem Tag wurde in der Einöde das Manna gegeben. So aber spricht der Herr: „Sammelt das Manna sechs Tage, am sechsten aber sammelt das Doppelte" (Ex 16,26). Der sechste Tag ist nämlich Parasceue (Karfreitag), der vor den Sabbat gestellt wird. (4) Der Sabbat aber ist der siebte Tag, auf den der Tag des Herrn folgt, an

de | caelo uenit. Vnde intellegant Iudaei iam tunc praelatam esse Iudaico sabbato dominicam nostram; iam tunc indicatum quod in sabbato ipsorum gratia dei ad eos de caelo nulla discenderit sed in nostram dominicam in qua primum manna dominus pluit.

XXV. De natale domini.

(1) Natalis domini dies ea de causa a patribus uotiuae solemnitatis institutus est, quia in eo Christus pro redemptione mundi nasci corporaliter uoluit, prodiens ex uirginis utero qui erat in patris imperio.

Cuius susceptae carnis causa haec est. Postquam enim inuidia diaboli parens ille primus spe seductus inani cecidit, confestim exul et perditus in omni genere suo radicem malitiae et peccati transduxit, crescebatque in malum uehementius omne genus mortalium, diffusis ubique sceleribus et, quod est nequius omnium, cultibus idolorum. (2) Volens ergo deus terminare peccatum consuluit uerbo, lege, prophetis, signis, plagis, prodigiis; sed cum nec sic quidem errores suos ammonitus agnosceret mundus, misit deus filium suum ut carne indueretur, et hominibus appareret, et peccatores sanaret. Qui ideo in homine uenit quia per seipsum ab hominibus cognosci non potuit. Vt autem uideretur, „uerbum caro factum est" adsumendo carnem non mutatum in carne. Adsumpsit enim humanitatem, non amisit diuinitatem; ita idem deus et idem homo; in natura dei aequalis patri, in natura hominis factus mortalis in nobis, pro nobis, de | nobis; manens quod erat, suscipiens quod non erat, ut liberaret quod fecerat.

dem zuerst das Manna vom Himmel kam. Deshalb sollten die Juden erkennen, dass schon damals unser Tag des Herrn dem jüdischen Sabbat vorgezogen wurde; schon damals wurde angezeigt, dass an ihrem Sabbat keine göttliche Gnade vom Himmel herabgestiegen ist, sondern an unserem Tag des Herrn, an dem der Herr erstmals das Manna regnen ließ.

25. Über den Geburtstag des Herrn (Weihnachten)

(1) Der Tag der Geburt des Herrn wurde deshalb von den Vätern als ein geweihter Feiertag eingerichtet, weil Christus an diesem Tag zur Rettung der Welt in einem (menschlichen) Körper geboren werden wollte, indem er, der unter der Herrschaft des Vaters stand, aus dem Schoß der Jungfrau hervorging.

Dies ist der Grund für die Annahme des Fleisches durch ihn. Nachdem nämlich aufgrund des Neids des Teufels jener Stammvater (*sc.* Adam), durch eitle Hoffnung verführt, gefallen war, wurde er sofort verbannt und der Heillose übertrug die Wurzel des Bösen und der Sünde auf sein ganzes Geschlecht. Jedes Geschlecht der Sterblichen nahm außerordentlich an Schlechtigkeit zu in Folge der Verbreitung der Verbrechen und – was noch schlimmer ist – durch die Verehrung der Götzenbilder. (2) Gott aber wollte die Sünde beenden und ermahnte sie durch das Wort, das Gesetz, die Propheten, durch Zeichen, Plagen und Vorhersagen. Weil aber die Welt, obwohl so ermahnt, ihre Irrtümer nicht erkannte, schickte Gott seinen Sohn, damit er sich mit Fleisch bekleide, den Menschen erscheine und die Sünder heile. Er kam deshalb als Mensch, weil er durch sich selbst (*sc.* als Gott) von den Menschen nicht erkannt werden konnte. Um aber gesehen zu werden, „ist das Wort Fleisch geworden" (Joh 1,14), ohne durch die Annahme des Fleisches in Fleisch verwandelt zu werden. Er nahm die Menschlichkeit an, verlor aber seine Göttlichkeit nicht. So ist er zugleich Gott und Mensch; in seiner göttlichen Natur ist er dem Vater gleich, in seiner menschlichen Natur wurde er sterblich in uns, für uns und um unseretwillen. Er blieb, was er war, er nahm, was er nicht war, um zu befreien, was er geschaffen hatte.

(3) Haec est ergo dominicae natiuitatis magna solemnitas, haec est diei huius noua et gloriosa festiuitas, aduentum dei factum ad homines. Itaque dies iste pro eo quod in eo Christus natus est natalis dicitur. Quemque ideo obseruare per reuolutum circulum anni festa solemnitate solemus ut in memoriam reuocetur Christus quod natus est.

XXVI. De epiphania.

(1) Epiphaniorum diem proinde festa solemnitate uiri apostolici signauerunt, quia in eo est proditus stella saluator quando uenerunt magi Christum „in praesepe iacentem adorare" offerentes conpetentia „munera Trinitatis, aurum, thus et myrram", regi deo atque passuro. Ideo ergo diem hunc annua celebritate sacrauerunt, ut mundus agnoscat dominum quem elimenta caelitus prodiderunt. (2) Siquidem eodem die idem Iesus etiam Iordanis lauacro tinguitur, diuisoque caelo spiritus sancti discendentis testimonio dei esse filius declaratur.

Cuius diei nomen ex eo quod apparuit gentibus epiphania nuncupatur: „epiphanem" enim grece apparitio uel ostensio dicitur. Tribus igitur ex causis hic dies hoc uocabulum sumpsit, siue quod tunc in baptismo suo Christus populis fuerit ostensus, | siue quod ea die sideris ortu magis est proditus, siue quod primo signo aqua in uinum uersa multis est manifestatus.

(3) Refert autem Cassianus apud Aegyptios natiuitatis diem et epiphaniorum solemnitatem non bifarie ut in occiduis prouinciis sed diei unius festiuitate celebrari; epistolae quoque pontificis Alexandrini per uniuersas Aegypti ecclesias uel monasteria

---

[25] CASSIAN, *coll.* 10,2,1 f (CSEL 13,286 f).

(3) Das ist also das große Fest der Geburt des Herrn, dies ist das neue und glorreiche Fest dieses Tages: die erfolgte Ankunft Gottes bei den Menschen. Dieser Tag wird deshalb Geburtstag genannt, weil Christus an ihm geboren wurde. Daher pflegen wir ihn im wiederkehrenden Jahreskreis als Feiertag zu begehen, um daran erinnert zu werden, dass Christus geboren wurde.

26. Über die Epiphanie

(1) Den Tag der Erscheinung zeichneten die apostolischen Männer durch ein feierliches Fest aus, weil an ihm durch den Stern der Erlöser verkündet wurde, als die Weisen, um Christus, „der in der Krippe lag, anzubeten", wobei sie der „Dreifaltigkeit" würdige „Gaben Gold, Weihrauch und Myrrhe" darbrachten (vgl. Mt 2,1f; Lk 2,16), für Gott den König und (für Christus), der leiden würde. Deshalb also heiligten sie diesen Tag durch eine jährliche Feier, damit die Welt den Herrn erkenne, den die Elemente des Himmels geoffenbart haben. (2) Ebenfalls wurde an diesem Tag Jesus durch das Bad im Jordan benetzt und, nachdem sich der Himmel geteilt hatte, wurde durch das Zeugnis des herabsteigenden Heiligen Geistes verkündet, er sei der Sohn Gottes.

Dieser Tag wurde deshalb mit dem Namen ‚Epiphanie' bezeichnet, weil er den Völkern als eine Epiphanie erschien. Epiphania heißt nämlich auf Griechisch Erscheinung. Deshalb bekam dieser Tag aus drei Gründen diesen Namen: erstens, weil Christus damals in der Taufe den Völkern offenbart wurde; zweitens, weil er an diesem Tag den Weisen durch den Aufgang des Sternes geoffenbart wurde, und drittens, weil er vielen geoffenbart wurde durch das erste Wunder, die Verwandlung des Wassers in Wein.

(3) Cassian[25] aber berichtet, dass bei den Ägyptern der Geburtstag und das Fest der Erscheinung nicht wie in den westlichen Provinzen an zwei, sondern an einem Tag gefeiert wird. (An diesem Tag) werden auch die Schreiben des Bischofs von Alexandria an alle Kirchen und Klöster Ägyptens verschickt,

diriguntur, quibus et initium quadragensimae et dies paschae denuntiatur.

XXVII. De palmarum die.

(1) Dies palmarum ideo celebratur quia in eo dominus et saluator noster, sicut propheta cecinit, Hierusalem tendens asellum sedisse perhibetur. Tunc gradiens cum ramis palmarum multitudo plebium obuiam ei clamauerunt: „Osanna benedictus qui uenit in nomine domini rex Israhel", in ramis enim palmarum significabatur uictoria qua erat dominus mortem moriendo superaturus et tropheo crucis de diabolo mortis principe triumphaturus (2) in asello autem quem sedendo Hierusalem uenit indicabat simplicia corda gentilitatis qua praesidendo atque regendo perducebat ad uisionem pacis.

Hoc autem die symbolum conpetentibus traditur propter confinem dominicae paschae solemnitatem ut, quia iam ad dei gratiam percipiendam festinant, fidem quam confiteantur agnoscant.

Vulgus autem ideo eum diem capitilauium uocant, quia tunc moris est lauandi capita infantum qui unguendi sunt, ne forte obseruatione quadragensimae sordidata ad unctionem accederent. |

XXVIII. De cena domini.

(1) Cena domini haec est quinta feria ultimae quadragensimae, quando dominus et saluator noster post typicum illud pascha conpletum ad uerum pascha transiens mysterium corporis et sanguinis sui primum apostolis tradidit, quando post sacramenta caelestia discipulus fallax et proditor pretium a Iudaeis accepit et

durch die der Beginn des Vierzigtägigen Fastens und das Osterfest verkündet werden.

27. Über den Palmsonntag

(1) Der Palmsonntag wird deshalb gefeiert, weil berichtet wird, dass sich unser Herr und Erlöser an diesem Tag, wie der Prophet geweissagt hat, auf einem Esel sitzend auf den Weg nach Jerusalem machte. Unterwegs kam ihm damals eine Menschenmenge mit Palmzweigen entgegen und rief: „Hosanna, gelobter König Israels, der kommt im Namen des Herrn" (Joh 12,13). Denn mit den Palmzweigen wird der Sieg bezeichnet, durch den der Herr im Begriff war, durch sein Sterben den Tod zu besiegen und durch das Siegeszeichen des Kreuzes über den Teufel, den Fürsten des Todes, zu triumphieren. (2) Mit dem Esel, auf dem er saß und nach Jerusalem kam, wies er auf die einfachen Herzen der Heiden hin, die er unter seinem Vorsitz zum Anblick des Friedens führte.

An diesem Tag aber wird den Katechumenen das Glaubensbekenntnis überreicht wegen des nahenden Osterfestes, damit sie, weil sie nun zum Empfang der göttlichen Gnade herbeieilen, den Glauben, den sie bekennen werden, erkennen.

In der Volkssprache heißt er deshalb Tag der Kopfwaschung, weil man dann die Köpfe der Kinder, die gesalbt werden sollen, wäscht, damit sie nicht wegen der Einhaltung des 40 tägigen Fastens schmutzig zur Salbung kommen.

28. Über das Abendmahl des Herrn (Gründonnerstag)

(1) Das Abendmahl des Herrn ist der fünfte Tag der letzten Woche des vierzigtägigen Fastens, als unser Herr und Erlöser nach der Vollendung jenes bildlichen Pascha zum wahren Pascha überging und erstmalig den Aposteln das Geheimnis seines Leibes und Blutes reichte, und als nach den himmlischen Sakramenten der betrügerische Jünger und Verräter von den Juden das

Christi sanguinem uindidit. Eo etiam die saluator „surgens a cena pedes discipulorum lauit" propter humilitatis formam commendandam, quam docendam uenerat, sicut et ipse consequenter exposuit; quod etiam decebat potissimum ut facto doceret quod obseruare discipulos praemoneret. (2) Hinc est quod eodem die altaria templique parietes et pauimenta lauantur uasaque purificantur quae sunt domino consecrata.

Quo die proinde etiam sanctum crisma conficitur quia ante biduum paschae Maria caput ac pedes domini unguento perfudisse perhibetur. Vnde et dominus discipulis suis dixit: „Scitis quia post biduum paschae fiet et filius hominis tradetur ut crucifigatur."

XXVIIII. De parasceue.

(1) Parasceue, id est sexta sabbati, ideo in solemnitate habetur, quia in eo die Christus mysterium crucis expleuit, propter quod uenerat in hunc mundum ut, quia ligno percussi fueramus in Adam, rursus per ligni mysterium sanaremur. Huius enim causa triumphi, humana pusillitas Christo per omnem mundum celebritatem annuam praebet pro eo quod dignatus est sanguine | passionis suae saeculum redimere et peccatum mundi per crucem morte deuicta absoluere.

(2) Cuius quidem crucis iniuriam non pertulit illa diuinitatis substantia sed sola susceptae humanitatis natura. Passio enim corporis fuit, diuinitas uero exsors iniuriae mansit.

Tripertita autem ratio dominicae passionis ostenditur. Prima itaque causa est ut Christus pro reatu mundi redemptio daretur et hostis antiquus uelut hamo crucis caperetur, scilicet ut quos

Preisgeld annahm und das Blut Christi verkaufte. An diesem Tag „erhob sich der Erlöser vom Tisch und wusch die Füße der Jünger" (Joh 13,4f), um die Art von Demut zu empfehlen, die zu lehren er gekommen war, wie auch er selbst sie konsequent vor Augen führte. Dies geziemte sich auch vornehmlich, damit er durch die Tat lehrte, was zu befolgen er die Jünger ermahnt hatte. (2) Deshalb werden an diesem Tag auch die Altäre der Kirchen, ihre Wände und Fußböden gewaschen, und die Gefäße, die dem Herrn geweiht sind, gereinigt.

An diesem Tag wird schließlich auch das heilige Chrisma bereitet, weil berichtet wird, dass zwei Tage vor dem Pascha Maria das Haupt und die Füße des Herrn mit Salböl übergoss. Deshalb sagte der Herr zu den Jüngern: „Ihr wisst, dass in zwei Tagen Pascha ist und der Menschensohn ausgeliefert und gekreuzigt wird" (Mt 26,1f).

29. Über den Karfreitag

(1) Karfreitag, d. h. der sechste Tag nach dem Sabbat, wird deshalb als Feiertag begangen, weil Christus an diesem Tag das Mysterium des Kreuzes vollendete, weshalb er in die Welt gekommen war, damit wir, die in Adam an das Holz geschlagen sind, wiederum durch das Martyrium des Holzes geheilt werden. Denn wegen dieses Triumphes gewährt die menschliche Schwäche auf der ganzen Welt deshalb Christus eine jährliche Feier, weil er sich entschloss, durch das Blut seines Leidens die Welt zu erlösen und die Sünde der Welt durch den Sieg über den Tod am Kreuz zu tilgen.

(2) Freilich erlitt nicht die göttliche Wesenheit die Kreuzesstrafe, sondern nur die angenommene menschliche Natur. Denn das Leiden betraf nur den Körper, die Gottheit aber blieb von dem Unrecht unberührt.

Der Sinn der Passion des Herrn wird auf dreifache Art erklärt. Der erste Grund ist, dass Christus als Sühnepreis für die Sünde der Welt hingegeben wurde und der alte Feind gleichsam durch den Haken des Kreuzes gefangen wurde, damit er diejenigen, die

obsorbuerat euomeret et praedam quam tenebat amitteret, non potentia uictus sed iustitia, non dominatione sed ratione. (3) Secunda causa est ut secuturis hominibus uitae magisterium praeberetur. Ascendit enim in cruce Christus ut nobis passionis et resurrectionis praeberet exemplum: passionis ad firmandam patientiam, resurrectionis ad excitandam spem; ut duas uitas nobis ostenderet in carne, unam laboriosam, alteram beatam: laboriosam quam tolerare debemus, beatam quam sperare debemus. (4) Tertia causa est susceptae crucis ut superba saeculi et inflata sapientia per crucis stultam, ut putatur, praedicationem humiliata corrueret; ut pateret „id quod stultum dei est" quanto sit „hominibus sapientius et quod infirmum dei" est quanto sit „fortius" tota hominum fortitudine.

(5) Docet autem apostolus Paulus „inluminatos" debere „oculos cordis" ad intellegendum „quae sit latitudo" crucis „et longitudo et altitudo et profundum"; cuius latitudo est transuersum lignum quo extenduntur manus, longitudo a latitudine deorsum usque | ad terram; altitudo a latitudine sursum usque ad caput, profundum uero quod terrae infixum absconditur. Quo signo crucis omnis uita sanctorum discribitur. (6) Dicitur enim homini: „Tolle crucem tuam et sequere me." Dum enim cruciatur caro cum „mortificantur membra" nostra „super terram – fornicatio, inmunditia, luxoria" et cetera, dumque exterior homo „corrumpitur" ut interior „renouetur de die in diem", passio est crucis. Et haec quidem dum sint bona opera tamen adhuc laboriosa; quorum mercis requies est, ideoque dicitur: „Spe gaudentes", ut cogitantes scilicet requiem futuram cum hilaritate et laboribus

er verschlungen hatte, ausspeien und die Beute, die er festzuhalten versuchte, wieder loslassen musste – besiegt nicht durch Gewalt, sondern durch die Gerechtigkeit, nicht durch Herrschaft, sondern durch die Vernunft. (3) Der zweite Grund ist, dass den nachfolgenden Menschen eine Unterweisung für ihr Leben gegeben wurde. Denn Christus stieg auf das Kreuz, damit uns ein Beispiel des Leidens und der Auferstehung gegeben wurde, (ein Beispiel) des Leidens zur Stärkung der Geduld und (ein Beispiel) der Auferstehung, um die Hoffnung zu entfachen, und damit uns zwei Leben im Fleisch offenbart wurden – ein mühseliges und ein glückliches: Das mühselige, das wir erdulden müssen, und das glückliche, auf das wir hoffen dürfen. (4) Der dritte Grund für die Annahme des Kreuzes ist, dass die stolze und aufgeblasene Klugheit der Welt – durch die, wie man glaubt, (angeblich) einfältige Predigt gedemütigt – zusammenbrechen sollte, damit offenbar wurde, dass „die göttliche Einfalt um vieles weiser ist als die Menschen, und die Gebrechlichkeit Gottes stärker ist als alle Tapferkeit der Menschen" (1 Kor 1,25).

(5) Der Apostel Paulus lehrt aber, dass „die erleuchteten Augen des Herzens" (Eph 1,18) erkennen müssen, „was die Breite, Länge, Höhe und Tiefe" des Kreuzes „bedeuten" (Eph 3,18). Die Breite ist der hölzerne Querbalken des Kreuzes, an dem die Hände ausgestreckt werden. Die Länge reicht von der Breite (d. h. vom Querbalken) abwärts bis zur Erde, die Höhe von der Breite (d. h. dem Querbalken) aufwärts bis zum Haupt, die Tiefe aber, die in die Erde eingegraben ist, wird verborgen. Durch das Zeichen dieses Kreuzes wird das ganze Leben der Heiligen beschrieben. (6) Dem Menschen wird nämlich gesagt: „Trag dein Kreuz und folge mir" (Mt 16,24). Erleiden des Kreuzes ist, wenn – während nämlich das Fleisch gekreuzigt wird – unsere „Glieder auf der Erde getötet werden" („Unzucht, Unreinheit, Ausschweifung" usw.) (Kol 3,5), damit, während der äußere Mensch „zugrunde gerichtet wird", der innere „von Tag zu Tag erneuert werde" (2 Kor 4,16). Wenngleich sie gute Werke sind, so sind sie freilich immer noch mühselig. Ihr Lohn ist die Ruhe, denn es wird gesagt: „Die sich durch die Hoffnung Freuenden" (Röm 12,12), so das wir gleichsam im Gedanken an unsere zukünftige Ruhe

operemur. (7) Hanc hilaritatem significat crucis latitudo in transuerso ligno ubi figuntur manus. Per manus enim opus intellegitur, per latitudinem hilaritas operantis, quia tristitia facit angustias. Porro per altitudinem crucis cui caput adiungitur, expectatio supernae retributionis de sublimi iustitia dei significatur, et ut ipsa opera bona non propter beneficia dei terrena ac temporalia facienda credantur sed potius propter illud quod desuper sperat „fides quae per dilectionem operatur". (8) Iam uero per longitudinem qua totum corpus extenditur, ipsa tolerantia significatur ut longanimes permaneamus; unde longanimes dicuntur qui tolerant. Per profundum autem, hoc est partem illam ligni quae in terrae abdito defixa latet sed inde consurgit omne quod eminet, inscrutabilia indicantur iudicia dei de quibus occulta eius uoluntate uocatur homo ad participationem tantae gratiae, „alius sic, alius autem sic".

XXX. De sabbato paschae.

(1) Sabbati paschalis ueneratio hinc celebratur pro eo quod eodem die dominus in sepulchro quieuit. Vnde et bene hebreo sermone sabbatum requies interpretatur, siue quod deus eodem die requieuit mundo perfecto, siue quod in eo requieuit redemptor noster et dominus in sepulchro. (2) Hic autem dies inter mortem Christi et resurrectionem medius est, significans requiem quandam animarum ab omni labore omniumque molestiarum post mortem, per quam fit transitus per resurrectionem carnis ad illam uitam quam dominus noster Iesus Christus sua resurrectione praemonstrare dignatus est.

sogar unsere Arbeiten mit Heiterkeit verrichten. (7) Die Breite des Kreuzes am Querbalken, wo die Hände befestigt wurden, ist das Zeichen für diese Freude. Denn durch die Hände wird die Arbeit erkannt, durch die Breite die Heiterkeit des Arbeitenden, weil die Trauer Enge verursacht. Sodann wird durch die Höhe des Kreuzes, an der das Haupt angebunden ist, die Erwartung der jenseitigen Vergeltung von der erhabenen Gerechtigkeit Gottes bezeichnet, damit nicht geglaubt wird, dass selbst die guten Werke wegen der irdischen und zeitlichen Wohltaten Gottes getan werden sollen, sondern vielmehr um dessentwillen, was „der Glaube, der durch die Liebe wirkt" (Gal. 5,6) von oben erhofft. (8) Indessen wird durch die Länge, durch die der ganze Körper ausgestreckt wird, die Geduld bezeichnet, damit wir langmütig bleiben. Deshalb werden diejenigen langmütig genannt, die geduldig sind. Durch die Tiefe jedoch, d. h. den Teil des Holzes, der – in der Tiefe der Erde vergraben – verborgen ist, von wo aber alles sich erhebt, was sichtbar wird, werden die unerforschlichen Urteile Gottes bezeichnet, durch die der Mensch, wenngleich Gottes Wille verborgen bleibt, zur Teilnahme an einer so großen Gnade gerufen wird, „jeder auf seine Weise" (1 Kor 7,7).

30. Über den Karsamstag

(1) Die Verehrung des Karsamstags wird deshalb gefeiert, weil der Herr an diesem Tag im Grab ruhte. Deshalb wird Ruhe durch das Hebräische richtig als Sabbat übersetzt, entweder weil Gott an diesem Tag ruhte nach Vollendung der Welt, oder weil an ihm unser Erlöser und Herr im Grab ruhte. (2) Dieser Tag ist aber die Mitte zwischen dem Tod und der Auferstehung Christi, der hinweist auf eine völlige Ruhe der Seelen von aller Arbeit und allen Mühen nach dem Tod, durch den infolge der Auferstehung des Fleisches der Übergang zu jenem Leben erfolgt, das unser Herr Jesus Christus uns im Voraus zeigen wollte.

XXXI. De pascha.

(1) Iam uero paschale sacramentum, quod nunc in saluatoris nostri mysterium manifestissime celebratur, in ueteri testamento figuraliter primum gestum est quando, agno occiso, pascha celebrauit populus dei in Aegypto, cuius figura in ueritate conpleta est in Christo qui sicut ouis „ad immolandum ductus est"; cuius sanguine inlinitis postibus nostris, id est cuius signo crucis signatis frontibus nostris, a perditione huius saeculi tanquam a captiuitate Aegyptia liberamur.

Cuius quidem diem paschalis resurrectionis non solum pro eo celebramus quod in eodem a mortuis resurrexit, sed etiam et pro aliis sacramentis quae per eundem significantur. (2) Quia | enim, sicut dicit apostolus: „Mortuus est propter delicta nostra et resurrexit propter iustificationem nostram", transitus quidam de morte ad uitam in illa passione domini et resurrectione sacratus est. Nam et uocabulum ipsud quod pascha dicitur non grecum sed hebreum est. Neque enim a passione (quoniam „pascin" grece dicitur pati) sed a transitu hebreo uerbo pascha appellata est. Quod et maxime euangelista expressit cum celebraretur a domino pascha cum discipulis: „Cum uidisset, inquit, Iesus quia uenit hora ut transiret de mundo ad patrem". (3) Transitus ergo de hac uita mortali in aliam uitam inmortalem, hoc est de morte ad uitam, in passione et resurrectione domini commendatur. Hic transitus a nobis modo agitur per fidem quae nobis datur in remissione peccatorum quando consepelimur cum Christo per baptismum, quasi a mortuis transeuntes de peioribus ad meliora, de corporalibus ad spiritalia, de conuersatione huius uitae ad spem futurae resurrectionis et gloriae. (4) Propter ipsum ergo initium nouae uitae ad quem transimus, et propter nouum hominem quem iubemur induere et exuere ueterem „expurgantes uetus fermentum ut simus noua consparsio quoniam pascha

31. Über das Osterfest

(1) Das österliche Sakrament, dass jetzt als Geheimnis des Erlösers auf besonders ausgeprägte Weise gefeiert wird, wurde aber bereits erstmals in symbolischer Form im Alten Testament dargebracht, als das Volk Gottes nach Tötung des Lammes in Ägypten das Pascha feierte, dessen Vorausbild in Wahrheit in Christus vollendet wurde, der „wie ein Lamm zum Opfer geführt wurde" (Jes 73,2). Nachdem durch sein Blut unsere Türpfosten bestrichen wurden, d. h. nachdem unsere Stirnen mit dem Zeichen des Kreuzes bezeichnet worden sind, werden wir von dem Verderben dieser Welt gleichsam wie von der ägyptischen Gefangenschaft befreit.

Den Tag dieser österlichen Auferstehung feiern wir nicht nur, weil er an ihm von den Toten auferstand, sondern auch wegen der anderen Sakramente, die durch ihn bezeichnet werden. (2) Denn weil, wie der Apostel sagt: „er wegen unserer Sünden starb und auferstand wegen unserer Rechtfertigung" (Röm 4,25), ist der Übergang vom Tod ins Leben durch das Leiden und die Auferstehung des Herrn geheiligt. Denn das Wort Pascha ist nicht griechisch, sondern hebräisch. Dies betont besonders der Evangelist, als das Pascha vom Herrn mit den Jüngern gefeiert wurde: „Als Jesus sah", sagt er, „dass die Stunde gekommen war, dass er aus der Welt zum Vater hinüberginge" (Joh 13,1). (3) Denn der Übergang von diesem sterblichen zum unsterblichen Leben, d. h. vom Tod zum Leben, wird im Leiden und in der Auferstehung des Herrn vollzogen. Dieser Übergang wird von uns nur durch den Glauben bewirkt, der uns zur Vergebung der Sünden gegeben wird, wenn wir mit Christus in der Taufe begraben werden, wenn wir gleichsam übergehen von den Toten, von dem Schlechteren zu dem Besseren, vom Körperlichen zum Geistigen, vom Verlauf dieses Lebens zur Hoffnung der zukünftigen Auferstehung und Herrlichkeit. (4) Eben wegen dieses Anfangs eines neuen Lebens, zu dem wir übergehen, und weil uns aufgetragen ist, den neuen Menschen anzuziehen und den alten Menschen auszuziehen, „indem wir den alten Sauerteig entfernen, damit wir neuer Teig sind, weil Christus als unser

nostrum immolatus est Christus", – propter hanc ergo uitae nouitatem primus mensis in anni mensibus celebrationi huic adtributus est. Nam ipse dicitur „et mensis nouorum".

Quia uero in toto tempore saeculi nunc tertium tempus apparuit ideo resurrectio domini triduana est. (5) Primum enim tempus est ante legem, secundum sub lege, tertium sub gratia ubi iam manifestatum est sacramentum quod erat in prophetico enigmate | occultum. Hoc ergo et in lunari numero significatur; quia enim septinarius numerus solet in scripturis ad quandam perfectionem mysticus apparere, in tertiae ebdomadae luna pascha celebratur, id est qui dies occurrerit a quarta decima in uicesimam primam; (6) Sed nec solum propter tempus tertium quia inde incipit ebdomada tertia, sed etiam propter ipsam conuersionem lunae. Tunc enim illa ab inferioribus ad superiora conuertitur, et hoc nobis de luna similitudo adsumitur de uisibilibus ad inuisibilia et de corporalibus ad spiritalia sacramenta transire ut magis magisque huic saeculo moriamur et uita nostra abscondatur „cum Christo", omnemque lucem studii nostri quae ad inferiora uergebat ad superiora conuertamus, ad illam scilicet aeternam contemplationem inmutabilis ueritatis. (7) Vsque ad uicesimam uero et primam ideo pascha obseruatur propter septinarium numerum quo uniuersitatis significatio saepe figuratur qui etiam ipsi ecclesiae tribuitur propter instar uniuersitatis, ideoque et Iohannis apostolus in Apocalypsin septem scribit ecclesiis. Ecclesia uero adhuc in ista mortalitatis carne constituta propter ipsam mutabilitatem lunae nomine in scripturis saepe uocatur.

Quod uero anniuersarius dies paschalis non ad eundem redit anni diem (sicut, puta, dies quo creditur dominus natus), hoc fit

Paschalamm geopfert wurde" (1 Kor 5,7). Wegen dieses neuen Lebens wurde der erste Monat von den Monaten des Jahres für dieses Fest bestimmt (vgl. Ex 12,2). Denn er wird „Monat der neuen (Feldfrüchte) genannt" (Ex 34,18).

Weil aber jetzt das dritte Zeitalter im gesamten Zeitverlauf der Welt erschienen ist, deshalb ist auch die Auferstehung des Herrn eine dreitätige. (5) Das erste ist das Zeitalter vor dem Gesetz, das zweite unter dem Gesetz und das dritte unter der Gnade, in dem das Sakrament, das verborgen war in einem prophetischen Rätsel, offenbar geworden ist. Dies wird auch angezeigt durch die Mondzahl. Weil in den Schriften die Sieben als mystische Zahl für die Vollkommenheit erscheint, wird in der dritten Mondwoche das Paschafest gefeiert, das ist der Tag, der zwischen dem vierzehnten und einundzwanzigsten eintritt. (6) Aber es ist nicht nur wegen des dritten Weltalters, weshalb Ostern in der dritten Woche beginnt, sondern auch wegen des Mondumlaufes. Denn zu diesem Zeitpunkt wendet sich (der Mond) von den tieferen zu den höheren (Himmelsregionen) hin. Und diese Bewegung des Mondes nehmen wir als Gleichnis dafür, uns von den sichtbaren zu den unsichtbaren und von den körperlichen zu den geistlichen Sakramenten hinzuwenden, damit wir für diese Welt immer mehr sterben und unser Leben mit Christus umhüllt wird (vgl. Kol 3,3), und damit wir das ganze Licht unseres Strebens, das sich nach unten wandte, auf die höheren Dinge hinwenden, gleichsam auf die ewige Betrachtung der unveränderlichen Wahrheit. (7) Der Ostertermin wird deshalb bis zum einundzwanzigsten beobachtet wegen der Zahl Sieben, durch die die Bezeichnung der Gesamtheit häufig symbolisiert wird. Sie (die Zahl sieben), wird auch selbst der Kirche zuerkannt wegen der Analogie der Gesamtheit, weshalb der Apostel Johannes in der Apokalypse auch an die sieben Kirchen schrieb. Die Kirche, die bislang noch in diesem Fleisch der Sterblichkeit verfasst ist, wird eben wegen dieser Veränderlichkeit in den Schriften häufig mit dem Namen des Mondes bezeichnet.

Dass aber der alljährliche Ostertag nicht am gleichen Tag eines Jahres wiederkehrt (wie z. B. der Tag, an dem, wie man glaubt, Christus geboren wurde), hängt zusammen mit dem Tag des Herrn

propter dominicum diem et lunam. (8) Manifestum est enim quo die dominus crucifixus sit et in sepulchro fuerit et resurrexit. Enim ipsorum dierum obseruatio per patrum concilia adiuncta est, et orbi uniuerso Christiano persuasum eo modo pascha celebrari oportere, ut non solum lunam paschalem sed et diem domini in quo resurrexit a mortuis expectare debeamus. | Inde est quod ad eundam anni diem non reuertitur pascha. Nam Iudaei tantundem mensem nouorum et lunam obseruant, diem autem addendum patres nostri censuerunt ut et nostra festiuitas a Iudaeorum festiuitate distingueretur.

XXXII. De ascensione domini.

(1) Ascensionis dominicae solemnitas ideo celebratur quia eodem die, post mundi uictoriam, post inferni regressum, ascendere Christus memoratur ad caelos, sicut scriptum est: „Ascendit in altum, cepit captiuitatem, dedit dona hominibus". Quae festiuitas ideo per reuolutum circulum annorum celebratur, ut humanitas adsumptae carnis ascendentis domini conlocata ad dexteram patris in memoriam reuocetur. Cuius corpus ita in caelo esse credimus ut erat quando ascendit; quod et uox angelica protestatur, dicens: „Sic ueniet quemadmodum uidistis eum euntem in caelum", id est in eandem carnis speciem atque substantiam. Cuius profecto carnis inmortalitatem donauit, naturam non abstulit.

(2) Dextera autem patris ad quam idem filius sedere creditur non est corporea, quod nefas est de deo sentire, sed dextera patris est beatitudo perpetua quae sanctis in resurrectione promittitur, id est uniuersae ecclesiae quae est corpus Christi; sicut et sinistra eius recte intellegitur miseria et poena perpetua quae impiis dabitur. |

---

[26] Die komplizierte Osterfestberechnung, da der Osterfesttermin jährlich wechselte, war Gegenstand verschiedener Kontroversen; vgl. z. B. MOSSHAMMER, *The Easter Computus and the Origins of the Christian Era*.

und dem Mond. (8) Es ist nämlich offensichtlich, an welchem Tag der Herr gekreuzigt wurde, im Grab lag und auferstand. Die Einhaltung dieser Tage ist durch die Konzilien der Väter vereinbart worden, und es wurde bestimmt, in der ganzen christlichen Welt auf folgende Weise Ostern zu feiern, dass wir nicht den Paschamond, sondern auch den Tag des Herrn, an dem er von den Toten auferstanden ist, erwarten sollen. Aus diesem Grund kehrt Ostern nicht am gleichen Tag des Jahres wieder.[26] Denn die Juden beobachteten den Monat der neuen (Feldfrüchte) ebenso sehr wie die Mondwende. Unsere Väter aber bestimmten, einen Tag hinzuzufügen, damit unser Fest von dem der Juden unterschieden werde.

32. Über die Himmelfahrt des Herrn

(1) Das Fest der Himmelfahrt des Herrn wird deshalb gefeiert, weil an diesem Tag daran erinnert wird, dass Christus nach dem Sieg über die Welt und der Rückkehr aus der Unterwelt zum Himmel aufgestiegen ist, so wie geschrieben steht: „Er stieg zur Höhe empor, nahm die Gefangenschaft gefangen und gab den Menschen Geschenke" (Eph 4,8). Dieses Fest wird daher im sich wiederholenden Kreislauf der Jahre gefeiert, damit die Menschlichkeit des angenommenen Fleisches des auferstandenen Herrn, die zur Rechten des Vaters sitzt, ins Gedächtnis zurückgerufen wird. Wir glauben, dass sein Leib so im Himmel ist, wie er war, als er aufstieg. Dass verkündet auch die englische Stimme, die sagt: „Er wird ebenso zurückkommen, wie ihr ihn gesehen habt, als er zum Himmel aufgefahren ist" (Apg 1,11); d. h. in derselben Art und Wesenheit des Fleisches. Er verlieh seinem Fleisch wahrlich die Unsterblichkeit, seine Natur streifte er nicht ab.

(2) Die Rechte des Vaters, zu der, wie geglaubt wird, der Sohn sitzt, ist nicht körperlich (gemeint), was von Gott zu denken eine Gotteslästerung ist. Die Rechte des Vaters ist vielmehr die ewige Glückseligkeit, die den Heiligen bei der Auferstehung verheißen wird, nämlich der gesamten Kirche, die der Leib Christi ist, so wie die Linke zu Recht verstanden wird als das Elend und die ewige Strafe, die den Gottlosen gegeben wird.

XXXIII. De pentecosten.

(1) Initium sane et causa festiuitatis pentecosten paulo altius repetenda est. Pentecosten enim dies hinc coepit exordium quando dei uox in Sina monte desuper intonantis audita est et lex data est Moysi. In nouo autem testamento pentecosten coepit quando aduentum sancti spiritus quem Christus promisit, exhibuit. Quem ait non esse uenturum nisi ipse ascendisset in caelum. (2) Denique dum portam caeli Christus intrasset, decem diebus interpositis, intremuit subito orantibus apostolis locus et discendente spiritu sancto super eos inflammati sunt ita ut linguis omnium gentium dei „magnalia loquerentur". Aduentus itaque spiritus sancti de caelo super apostolos in uarietate linguarum diffusa solemnitatem transmisit in posteros, eaque de causa pentecosten celebratur et dies ipse proinde insignis habetur.

(3) Concordat autem haec festiuitas euangelii cum festiuitate legis, illuc enim posteaque agnus immolatus est, interpositis quinquaginta diebus, data est lex Moysi scripta digito dei: Hic postquam occisus est Christus „qui tamquam ouis ad immolandum ductus est", celebratur uerum pascha et, interpositis quinquaginta diebus, datur spiritus sanctus qui est digitus dei super centum uiginti discipulos Moysaicae aetatis numero constitutos.

Siquidem et haec festiuitas aliud obtinet sacramentum. (4) Constat enim ex septimana septimaanarum. Sed dierum quidem septimanae generant eandem pentecosten, in quo fit peccati remissio per spiritum sanctum; annorum uero septimanae quinquagesimum annum faciunt qui apud Hebreos iubeleus nominatur, in

---

[27] Gemeint ist ein Zeitraum von sieben Jahren: *septimana annorum*; siehe Blaise s. v. septimana 2. Der Begriff *septimana* bedeutet eigentlich „Woche".

33. Über Pfingsten

(1) Der Anfang und der Grund des Pfingstfestes muss wahrlich etwas ausführlicher ins Gedächtnis zurückgerufen werden. Der Pfingsttag hatte seinen Ursprung damals, als auf dem Berg Sinai die Stimme des herabrufenden Gottes gehört und Mose das Gesetz gegeben wurde. Im Neuen Testament begann Pfingsten, als die Ankunft des Heiligen Geistes, den Christus versprochen hatte, Wirklichkeit wurde. Er (Christus) sagt, dass er (der Heilige Geist) nicht kommen werde, wenn nicht er selbst in den Himmel aufgefahren sein werde. (2) Als nämlich Christus in die Pforte des Himmels eingetreten war und danach zehn Tage vergangen waren, erzitterte plötzlich den betenden Aposteln der Boden, und sie wurden durch den auf sie herabsteigenden Heiligen Geist entflammt, so dass sie in den Sprachen aller Völker „die Großtaten Gottes priesen" (Apg 2,11). Deshalb überliefert die Ankunft des Heiligen Geistes über den Aposteln, dadurch dass sie in den verschiedenen Sprachen durcheinander sprachen, den Feiertag an die Späteren und aus diesem Grund wird Pfingsten gefeiert und dieser Tag für etwas Besonderes gehalten.

(3) Dieses Fest des Evangeliums fällt aber zusammen mit dem Fest des Gesetzes. Denn dort (*sc.* im Alten Testament) wurde, nach der Opferung eines Lammes und nachdem fünfzig Tage vergangen waren, Mose das mit dem Finger Gottes geschriebene Gesetz gegeben. Hier (*sc.* im Neuen Testament) wird, nachdem Christus getötet wurde, der „gleich einem Lamm zur Opferung geführt wurde" (Jes 53,7), das wahre Pascha gefeiert und nach einem Zeitraum von fünfzig Tagen der Heilige Geist verliehen, der der Finger Gottes über den einhundertzwanzig Jüngern ist, die durch die Anzahl der Jahre des Lebensalters des Mose bestimmt worden waren.

Dieses Fest bewahrt freilich auch ein anderes Geheimnis. (4) Das Geheimnis besteht aus der Siebener der Siebener. Denn die Siebener bringen eben Pfingsten hervor, an dem durch den Heiligen Geist die Vergebung der Schuld erfolgte. Die Siebener der Jahre[27] ergeben das fünfzigste Jahr, das bei den Hebräern Jubeljahr

quo similiter terrae fit remissio et seruorum libertas et possessionum restitutio quae pretio fuerant conparatae. Septem etenim septies multiplicati quinquagenarium ex se generant numerum, adsumpta monade quam ex futuri saeculi figura praesumptam esse maiorum auctoritas tradit. Fit enim ipsa et octaua semper et prima, immo ipsa est semper una quae est omnis dies. (5) Necesse est enim sabbatismum animarum populi dei illuc occurrere atque ibi conpleri ubi datur pars his qui octo, sicut quidam disserens Salomonis dicta sapienter exposuit.

Idcirco autem totius quinquagesimae dies post domini resurrectionem, resoluta abstinentia, in sola laetitia celebrantur propter figuram futurae resurrectionis ubi iam non labor sed requies erit laetitiae. (6) Ideoque his diebus nec genua in oratione flectuntur quia, sicut quidam sapientium ait, inflexio genuum paenitentiae et luctus indicium est. Vnde etiam per omnia eandem in illis solemnitatem quam die dominico custodimus, in qua maiores nostri nec ieiunium agendum nec genua esse flectenda ob reuerentiam resurrectionis dominicae tradiderunt.

XXXIV. De festiuitatibus martyrum.

(1) Festiutates apostolorum seu in honore martyrum solemnitates antiqui patres in uenerationis mysterio celebrari sancxerunt, uel ad excitandam imitationem, uel ut in meritis eorum consociemur atque orationibus adiuuemur; ita tamen ut nulli martyrum sed ipsi deo martyrum, quamuis in memoriis martyrum, constituamus altaria. (2) Quis enim antestitum in locis sanctorum corporum adsistens altari aliquando dixit: „offerimus tibi,

genannt wird (vgl. Lev 25,8–55), in dem die Entschuldung des Landes, die Freilassung der Sklaven und die Rückgabe der Besitztümer erfolgte, die für einen Preis gekauft worden waren. Denn aus der Multiplikation von sieben mal sieben ergibt sich die Zahl Fünfzig, die man sich als eine Einheit vorstellt, die nach der Autorität der Alten als Vorausbild des künftigen Zeitalters vorweggenommen worden ist. Denn dieser Tag ist immer der achte und der erste Tag, ja vielmehr ist er immer derselbe Tag, der auch jeder Tag (des Herrn) ist. (5) Denn es ist nötig, dass die Sabbatruhe der Seelen des Volkes Gottes an diesem Tag eintritt und dort zu Ende geführt wird, wo er (der Tag des Herrn) diesen (Tagen) als ein Teil, nämlich als achter, gegeben wird, wie es ein weiser Kommentator der Sprüche Salomos (vgl. Koh 11,2) dargelegt hat.

Deshalb aber werden sämtliche fünfzig Tage nach Christi Auferstehung nach Aufhebung des Fastens nur in Freude gefeiert wegen des Vorausbildes der zukünftigen Auferstehung, wo es keine Arbeit, sondern nur noch Ruhe und Freude geben wird. (6) Deshalb werden an diesen Tagen beim Gebet auch nicht die Knie gebeugt, weil, wie einer der Weisen sagt, die Beugung der Knie ein Zeichen für Reue und Trauer ist. Und daher beachten wir an diesen Tagen bei allem die gleiche Feierlichkeit wie am Tag des Herrn, an dem nach der Überlieferung unserer Vorfahren aus Verehrung für die Auferstehung des Herrn weder gefastet werden darf noch die Knie gebeugt werden dürfen.

34. Über die Märtyrerfeste

(1) Die alten Väter bestimmten, dass die Feste der Apostel oder die Feierlichkeiten zur Ehre der Märtyrer im Geheimnis der Verehrung begangen werden, entweder um zur Nachahmung der (Märtyrer) anzuregen, oder um an ihren Verdiensten Anteil zu haben oder durch Gebete Hilfe zu erlangen, aber so, dass wir keinem der Märtyrer, sondern nur dem Gott der Märtyrer gleichsam im Gedenken an die Märtyrer Altäre errichten. (2) Denn welcher der Vorsteher, der an den Stätten der Heiligen an den Altar herantritt, hat jemals gesagt „wir opfern dir, Petrus",

Petre", aut „Paule", aut „Cypriane"? Sed quod offertur, | offertur deo qui martyres coronauit, apud memorias eorum quos coronauit, quod ex ipsorum locorum ammonitione maior affectus exsurgat, ad acuendam caritatem et in illos quos imitare possumus et in illo quo adiuuante possimus. (3) Colimus ergo martyres eo cultu dilectionis et societatis quo et in hac uita coluntur sancti homines dei quorum cor ad talem pro euangelica ueritate passionem paratum esse sentimus; sed illos tanto deuotius quanto securius post incerta omnia superata. Quanto etiam fidentiori laude praedicamus iam in uita feliciori uictores quam in ista adhuc usque pugnantes.

(4) At uero illo cultu quae grece „latria" dicitur, latine uno uerbo dici non potest, cum sit quaedam proprie diuinitati debita seruitus, nec colimus nec colendum docemus nisi unum deum. Cum autem ad hunc cultum pertineat oblatio sacrificii (unde idolatria dicitur eorum qui hoc etiam idolis exhibent), nullo modo aliquid tale offerimus aut offerendum praecipimus uel cuiquam martyri uel cuiquam sanctae animae uel cuiquam angelo; et quisquis in hunc errorem dilabitur, corripitur per sanam doctrinam siue ut corrigatur siue ut caueatur; dum etiam ipsi sancti uel homines uel angeli exhiberi sibi nolunt quod uni deo deberi norunt. (5) Apparuit hoc in Paulo et Barnaba cum commoti miraculis quae per eos facta sunt Licaonii tamquam diis immolare uoluerunt; conscissis enim uestimentis suis, confitentes et persuadentes se deos non esse, ista sibi fieri uetuerunt. Apparuit et in angelis, sicut et in Apocalypsin legimus angelum se adorari prohibentem ac dicentem adoratori suo: „Conseruus tuus sum et

oder „Paulus" oder „Cyprianus"? Aber was geopfert wird, wird Gott geopfert, der die Märtyrer gekrönt hat, bei den Gedenkstätten derer, die er gekrönt hat, weil aus der Erinnerung dieser Orte sich eine größere Zuneigung erhebt, um die Liebe sowohl zu denen anzuspornen, die wir nachahmen können, wie auch zu dem, durch dessen Hilfe wir es vermögen. (3) Wir verehren also die Märtyrer durch diesen Kult der Liebe und Gemeinschaft, durch den schon in diesem Leben die Heiligen Gottes verehrt werden, deren Herz, wie wir meinen, zu einem so großen Leiden für das Evangelium bereit ist; jene aber (verehren wir) umso ehrerbietiger, je sicherer nach Überwindung aller Ungewissheiten. Mit umso gläubigerem Lob preisen wir die Sieger in einem glücklicheren Leben als diejenigen, die noch in diesem Leben bis heute kämpfen.

(4) Aber durch diesen Kult (der auf Griechisch *latria* heißt, was nicht mit einem Wort auf Lateinisch ausgedrückt werden kann) verehren wir und lehren wir, nur Gott allein zu verehren, weil er (der Kult) ein allein Gott geschuldeter Dienst ist. Weil aber zu diesem Kult die Darbringung des Opfers gehört (weshalb von der Idolatrie derer gesprochen wird, die dieses [Opfer] auch den Götterbildern darbringen), bringen wir ein solches (Opfer) unter keinen Umständen weder einem Märtyrer noch einer heiligen Seele noch einem Engel dar und wir ordnen auch nicht an, ein solches Opfer darzubringen. Wer auch immer in diesen Irrtum verfällt, wird durch die heilige Lehre zurechtgewiesen, um entweder korrigiert oder gewarnt zu werden. Denn auch die Heiligen selbst, seien sie Menschen oder Engel, wollen nicht, dass ihnen dargebracht wird, was, wie sie wissen, nur Gott zusteht. (5) Dies wird auch bei Paulus und Barnabas deutlich, als die Lykaonier, veranlasst durch die Wunder, die sie vollbracht hatten, ihnen gleichsam wie Göttern opfern wollten. Denn, nachdem sie ihre Kleider zerrissen hatten, bekannten sie und überzeugten die Lykaonier, dass sie keine Götter seien, und verboten ihnen, diese Opfer darzubringen (vgl. Apg 8–18). Deutlich wird das auch an den Engeln, wie wir in der Apokalypse von einem Engel lesen, der verbot, ihn anzubeten und zu seinem Anbeter sprach: „Ich bin ein Sklave wie du und deine Brüder:

fratrum tuorum: deum adora". Recte itaque scribitur homini ab angelo prohibitum esse adorare se sed unum deum, | sub quo ei esset et ille conseruus. (6) Non ergo sit nobis ille diuinae religionis cultus in angelos aut martyres, quia non sic habentur ut tales quaerant honores ut deus; quia nec ipsi uolunt se coli pro deo, sed illum a nobis coli uolunt quo inluminante laetantur.

Honorandi sunt ergo martyres propter imitationem, non adorandi propter religionem, honorandi caritate, non seruitute.

XXXV. De enceniis.

(1) Festiuitates annuas dedicationis ecclesiarum ex more ueterum celebrari in euangelio legimus ubi dicitur: „Facta sunt autem encenia in Hierusolimis"; encenia quippe festiuitas erat dedicationis templi. Grece enim cenon dicitur nouum; quandocumque enim aliquid nouum fuerit dedicatum encenia uocatur. Illum enim diem quo templum dedicatum est Iudaei solemniter celebrabant et ipse dies apud eos festus agebatur. Qui licet usus in illis exoleuit quia caruerunt et cultum et templum, Christiani autem seruant morem illum patrum, in quibus gloria translata uidetur.

(2) Omnes autem festiuitates pro uarietate religionum diuersaque in honore martyrum tempora ideo a uiris prudentibus instituta sunt ne forte rara congregatio populi fidem minueret in Christo. Propterea ergo dies aliqui constituti sunt ut in unum omnes pariter conuenirent ut ex conspectu mutuo et fides crescat et laetitia maior oriatur.

Bete Gott an" (Offb 22,9). Mit Recht wird deshalb geschrieben, dass es dem Menschen von einem Engel verboten ist, ihn anzubeten, sondern nur Gott, unter dem jener ihm ein Mitsklave ist. (6) Deshalb soll jener Kult der göttlichen Religion bei uns nicht für die Engel und Märtyrer sein, weil sie nicht so angesehen werden, dass sie die gleichen Ehren wie Gott fordern; weil nämlich sie selbst nicht wie Gott verehrt werden wollen, sondern wollen, dass von uns jener verehrt wird, an dessen Erleuchtung wir uns freuen.

Folglich sind die Märtyrer zu ehren, um sie nachzuahmen, und nicht anzubeten wegen der Religion, zu ehren durch Liebe und nicht durch Knechtschaft.

35. Über die Kirchweihen

(1) Dass jährliche Festlichkeiten der Kirchweihen nach Sitte der Vorfahren begangen werden, lesen wir im Evangelium, wo es heißt: „In Jerusalem aber wurden die *encenia* gefeiert" (Joh 10, 12). Die *encenia* waren freilich das Fest der Weihe des Tempels. Denn Griechisch *cenon* bedeutet neu; wann auch immer nämlich irgendetwas Neues geweiht wird, heißt das *cenia*. Die Juden begingen nämlich den Tag, an dem der Tempel geweiht wurde, feierlich und dieser Tag wurde als Fest gefeiert. Allerdings hat dieser Brauch bei ihnen aufgehört, weil sie weder einen Kult noch einen Tempel haben. Aber die Christen, auf die der Ruhm übertragen zu sein scheint, erfüllen jenen Brauch der Väter.

(2) Deshalb wurden wegen der Verschiedenheit der Religionen alle Feste sowie die unterschiedlichen Festzeiten zu Ehren der Märtyrer von weisen Männern festgelegt, damit nicht eine zu seltene Zusammenkunft des Volkes den Glauben in Christus mindert. Deshalb also sind einige Tage bestimmt worden, damit aus dem gegenseitigen Anblick, wenn man zusammenkommt, sowohl der Glaube wächst als auch eine größere Freude entsteht.

XXXVI. De ieiunio quadragensimae.

(1) Ieiuniorum tempora secundum scripturas sanctas quattuor sunt in quibus per abstinentiam et lamentum paenitentiae | domino supplicandum est; et licet omnibus diebus orare et abstinere conueniat, his tamen temporibus amplius ieiuniis et paenitentiae inseruire oportet.

Primum enim ieiunium quadragensimarum est; quod a ueteribus libris coepit ex ieiunio Moysi et Heliae, et ex euangelio quia totidem diebus dominus ieiunauit demonstrans euangelium non dissentire a lege et prophetis. (2) In persona quippe Moysi lex, in persona Heliae prophetae accipiuntur; inter quos in monte Christus gloriosus apparuit, ut euidentius emineret quod de illo dicit apostolus: „Testimonium habens a lege et prophetis".

In qua ergo parte anni congruentius obseruatio quadragensimae constitueretur, nisi confinis atque contigua dominicae passionis? Quia in ea significatur haec uita laboriosa, cui etiam opus est continentia ut ab ipsius mundi inlecebris ieiunemus uiuentes in sola manna, id est caelestia spiritaliaque praecepta.

(3) Numero autem quadragenario uita ista propterea figuratur quia denarius est perfectio beatitudinis nostrae (creatura autem septinario figuratur quae adheret creatori in quo declaratur unitas Trinitatis per uniuersum mundum temporaliter adnuntiata), et quia mundus a quattuor uentis declinatur et a quattuor elimentis erigitur et a quattuor annis temporum uicibus uariatur; decem quater ducta in quadraginta consummantur. Quo numero ostenditur ab omni temporum delectatione abstinendum ac ieiunandum esse et caste continenterque uiuendum.

(4) Licet et aliud sacramenti mysterium exprimitur quod quadraginta diebus eadem ieiunia celebrantur. Lege enim Moysaica

36. Über das vierzigtägige Fasten

(1) Nach den Heiligen Schiften gibt es vier Zeiten des Fastens, in denen durch Enthaltsamkeit und Wehklagen der Buße der Herr anzuflehen ist. Wenn es auch an allen Tagen gestattet ist, zu beten und enthaltsam zu sein, soll man doch, zu diesen Zeiten das Fasten und das Büßen strenger befolgen.

Das erste ist das vierzigtägige Fasten, das den alten Büchern zufolge mit dem Fasten des Mose und Elias seinen Anfang nahm und auch mit dem Evangelium, weil der Herr an ebenso vielen Tagen fastete und damit bewies, dass das Evangelium vom Gesetz und den Propheten nicht abweicht. (2) Durch Mose wird freilich das Gesetz und durch Elias werden die Propheten verkörpert. Zwischen ihnen zeigte sich der glorreiche Christus auf dem Berg, damit umso deutlicher hervortrete, was der Apostel von ihm sagt: „Er ist bezeugt durch das Gesetz und die Propheten" (Röm 3,21).

In welchem Teil des Jahres wäre die Beachtung des Fastens angemessener, wenn nicht angrenzend und benachbart der Passion des Herrn? Denn damit wird das arbeitsreiche Leben bezeichnet, das auch die Enthaltsamkeit braucht, damit wir uns der Verführungen der Welt enthalten und nur von Manna leben, d. h. von den himmlischen und geistlichen Vorschriften.

(3) Dieses Leben wird aber durch die Vierzig deshalb symbolisiert, weil die Zahl Zehn die Vollendung unserer Glückseligkeit ist (durch die Zahl Sieben wird die Schöpfung symbolisiert, die am Schöpfer hängt, in dem die Einheit der Dreifaltigkeit offenbart wird, die auf der ganzen Erde bereits in dieser Zeit verkündet wurde) und weil die Welt durch die vier Winde herabgeneigt wird, aus den vier Elementen errichtet wird und von dem Wechsel der vier Jahreszeiten verändert wird. Vier mal Zehn ergibt Vierzig. Durch diese Zahl wird geoffenbart, sich aller weltlichen Vergnügungen zu enthalten und ein keusches und enthaltsames Leben zu führen.

(4) Weil dieses Fasten an vierzig Tagen begangen wird, wird freilich noch ein anderes Geheimnis des Sakramentes zum Ausdruck gebracht. Denn nach dem Mosaischen Gesetz war es

generaliter uniuerso populo est praeceptum decimas et primitias
offerre domino deo. Itaque dum in hac sententia principia uo-
luntatum consummationesque operum nostrorum | referre ad
dei gratiam ammoneamur, in supputatione tamen quadragensimae summa ista legalium decimarum expletur (totum enim anni
tempus XXXVI dierum numero decimatur), subtractis a qua-
dragensima diebus dominicis quibus ieiunia resoluuntur atque
his diebus quasi pro totius anni decimis ad ecclesiam concurri-
mus, actuumque nostrorum operationem deo in hostiam iubi-
lationis offerimus.

(5) Cuius quidem quadragensimae legis, sicut ait noster Cassianus, quique perfecti sunt non tenentur nec exigui huius cano-
nis subiectione contenti sunt; quem profecto illis qui per totum
anni spatium diliciis ac negotiis saecularibus inplicantur ecclesiarum principes statuerunt ut, uel hac legali quodammodo necessitate constricti, his saltim diebus uacare domino cogerentur ac
dierum uitae suae, quos totos quasi fructus quosdam fuerant
uoraturi, uel decimas domino dedicarent.

XXXVII. De ieiunio pentecosten.

(1) Secundum ieiunium est quod iuxta canones post pentecosten
alia die inchoatur, secundum quod et Moyses ait: „Initio mensis
ordearii facietis uobis ebdomadas septem".

Hoc ieiunium a plerisque ex auctoritate euangelii post domini
ascensionem conpletur, testimonium illud dominicum historialiter accipientes ubi dicit: „Numquid possunt filii sponsi lugere

---

[28] Cassian, *coll.* 21,18,2 (CSEL 13,601 f).
[29] In mittelalterlichen Texten ist die Verbindung des Substantivs *messis* („Ernte") mit dem Adjektiv *ordearius* („zur Gerste gehörig") mehrfach belegt. Deshalb könnte statt des überlieferten *mensis* hier *messis* zu lesen sein.

generell dem gesamten Volk vorgeschrieben, die Zehnten (vgl. Dtn 12,6.11; 14,28f; 26,12–15) und die Erstlinge der Früchte (vgl. z. B. Ex 23,19; Dtn 18,4; Num 18,12f) Gott dem Herrn zu opfern. Während wir deshalb durch diese Vorschrift ermahnt werden, die Grundsätze unseres Willens und den Ertrag unserer Werke als Dank darzubringen, wird bei der Berechnung der Vierzig eben diese Summe der gesetzlichen Zehnten erreicht (denn die ganze Zeit des Jahres wird durch die Zahl von 36 Tagen in zehn Teile geteilt), wenn von den vierzig Fastentagen die Sonntage abgezogen werden, an denen nicht gefastet wird. An diesen Tagen kommen wir gleichsam für die Zehnten eines ganzen Jahres bei der Kirche zusammen und bringen Gott das Ergebnis unserer Taten als Jubelopfer dar.

(5) Wie unser Cassian[28] sagt, werden freilich diejenigen, die vollkommen sind, (durch die Vorschriften) des Vierzigtägigen Fastens nicht verpflichtet, und sie begnügen sich auch nicht damit, sich einem so kurzen Kanon zu unterwerfen. Diese Regel haben nämlich die Ersten der Kirchen für jene aufgestellt, die während des gesamten Jahres durch weltliche Vergnügungen und Geschäfte gefesselt sind, damit sie – entweder gleichsam gebunden durch diese gesetzliche Verpflichtung – wenigstens an diesen Tagen gezwungen werden, für den Herrn da zu sein, und die Zehnten der Tage ihres Lebens dem Herrn widmen, die sie (sonst) alle gewissermaßen wie Früchte verschlungen hätten.

37. Über das Pfingstfasten

(1) Das zweite Fasten ist das, was nach den Kanones am zweiten Tag nach Pfingsten beginnt gemäß der Aussage des Mose: „Am Beginn des Monats der Gerstenernte sollt ihr für euch sieben Wochen machen" (Dtn 16,9).[29]

Dieses Fasten wird von den meisten aufgrund der Autorität des Evangeliums nach der Himmelfahrt des Herrn erfüllt, weil sie jenes Zeugnis des Herrn als historisch verstehen, wo er sagt: „Können die Söhne des Bräutigams trauern, solange er bei ihnen

quamdiu cum illis est sponsus? Venient autem dies cum auferetur ab eis sponsus et tunc ieiunabunt". (2) Dicunt enim post resurrectionem domini XL illis diebus, quibus cum discipulis postea | legitur conuersatus, non oportere nec ieiunare nec lugere quia in laetitia sumus. Postea uero quam tempus illud expletur, quod Christus aduolans ad caelos praesentia corporali recessit, tunc indicendum ieiunium est ut per cordis humilitatem et abstinentiam carnis mereamur e caelis promissum suscipere spiritum sanctum.

XXXVIII. De ieiunio septimi mensis.

(1) Tertium ieiunium est quod a Iudaeis agebatur post tabernaculorum solemnitatem. Quod decimo die septembris mensis ecclesia celebrat. Hoc enim primum in lege a domino institutum est dicente ad Moysen: „Loquere filiis Israhel dicens: Decimo die mensis septimi dies exorationis uocabitur, sanctus erit uobis et humiliabitis animas uestras in ieiunio. Omnis anima quaecumque se non humiliauerit in ipso die ieiunii, exterminabitur de populo suo; et omnis anima quae fecerit opus in ipso die, peribit anima illa de populo suo". (2) Quod quidem ieiunium usos fuisse antiquos Esdrae liber meminit: „Postquam enim redierunt", inquid, „filii Israhel in Hierusalem, et fecerunt sibi tabernaculorum laetitiam magnam, dehinc conuenerunt in ieiunio et in saccis, et humus super eos, et steterunt et confitebantur peccata sua et iniquitates patrum suorum, et consurrexerunt ad standum, et legerunt in uolumine legis domini dei sui quater in die, et quater confitebantur, et adorabant dominum deum suum".

ist? Es werden aber die Tage kommen, da wird ihnen der Bräutigam weggenommen werden, und dann werden sie fasten" (Mt 9,15). (2) Sie (die meisten) sagen nämlich, dass man an den vierzig Tagen nach der Auferstehung des Herrn, an denen er, wie man liest, mit den Jüngern später verkehrte, nicht fasten und nicht trauern darf, weil wir uns freuen. Wenn aber später die Zeit erfüllt ist, dass Christus zum Himmel auffliegt und seine körperliche Gegenwart aufgibt, dann ist ein Fasten anzukündigen, damit wir es durch Demut des Herzens und Enthaltsamkeit des Fleisches verdienen, aus dem Himmel den verheißenen Heiligen Geist zu empfangen.

38. Über das Fasten des siebten Monats

(1) Das dritte Fasten ist dasjenige, das von den Juden nach dem Laubhüttenfest begangen wurde. Die Kirche feiert es am zehnten Tag des Monats September. Im Alten Testament wurde es zuerst vom Herrn eingesetzt, als er zu Mose sagte: „Sprich zu den Söhnen Israels und sage: Am zehnten Tag des siebten Monats wird ein Tag der Bitten bezeichnet werden. Er wird euch heilig sein, und ihr werdet eure Seelen im Fasten erniedrigen. Jede Seele, die sich nicht erniedrigt an jenem Tag des Fastens, wird verjagt werden von ihrem Volk, und jede Seele, die an diesem Tag eine Arbeit verrichtet, jene Seele wird verschwinden von ihrem Volk" (Lev 23,24.27; 29f). (2) Das Buch Esra erinnert daran, dass nämlich dieses Fasten schon bei den Alten üblich war: „Nachdem", so sagt er, „die Söhne Israels nach Jerusalem zurückgekehrt waren und sich die große Freude des Laubhüttenfestes bereitet hatten, versammelten sie sich damals in Fasten und in Säcken (gekleidet) und Erde über sich, und sie bekannten im Stehen ihre Sünden und die Ungerechtigkeiten ihrer Väter, dann erhoben sie sich gemeinsam zum Stehen und lasen im Buch des Gesetzes des Herrn ihres Gottes viermal am Tag, und viermal bekannten sie (ihre Schuld) und beteten Gott ihren Herrn an" (Esra 9,1–3).

(3) Hoc etiam mense septimo sol secundum conputum incipit facere minus de die et nox esse maior, id est VIII kal. octobris quando aequinoctium est; ideoque et ieiunium habetur in hoc mense quia ostenditur in defectione solis et noctis augmento | uita nostra deficere adueniente morte; quae mors iudicio dei et resurrectione reparatur.

XXXVIIII. De ieiunio kalendarum nouembrium.

(1) Quartum ieiunium kalendarum nouembrium est, quod diuina auctoritate uel initiatum uel institutum Hieremiae prophetae testimonio declaratur, dicente ad eum domino: „Tolle uolumen libri, et scribes in eo omnia uerba quae locutus sum tibi aduersum Israhel et Iudam et aduersum omnes gentes, si forte reuertatur unusquisque a uia sua pessima et propitius ero iniquitati eorum. Vocauit ergo Hieremias Baruch filium Neriae, et scripsit Baruch ex ore Hieremiae omnes sermones domini quos locutus est ad eum in uolumine libri; (2) et praecepit Hieremias Baruch dicens: Ingredere et lege de uolumine de quo scripsisti ex ore meo uerba domini, audiente populo in domo domini; in die ieiunii leges, si forte cadat oratio eorum in conspectu domini et reuertatur unusquisque a uia sua mala, quoniam magnus furor et indignatio quam locutus est dominus aduersus populum hunc. Et fecit Baruch filius Neriae iuxta omnia quae praeceperat Hieremias propheta, legens ex uolumine sermones domini in domo dei. Factum est autem in mense nono, praedicauerunt ieiunium in conspectu domini omni populo in Hierusalem". Hac ergo auctoritate diuinae scripturae ecclesia morem obtinuit et uniuersale ieiunium hac obseruatione celebrat.

(3) In diesem siebten Monat fängt gemäß der Zeitberechnung der Sonnentag an, allmählich kürzer und die Nacht länger zu werden. Es ist der achte Tag vor den Kalenden des Oktobers (24. September), an dem die Tag-und Nachtgleiche eintritt. Deshalb wird in diesem Monat auch ein Fasten eingehalten, weil durch die Abnahme der Sonne und die Vergrößerung der Nacht offenbart wird, dass unser Leben sich verkürzt, während sich der Tod nähert. Dieser Tod wird durch das Gericht Gottes und die Auferstehung geheilt.

39. Über das Fasten am ersten November

(1) Das vierte Fasten ist das am ersten November, das nach dem Zeugnis des Propheten Jeremia durch göttliche Autorität eingeführt und angeordnet wurde, indem Gott zu ihm sagte: „Hole eine Buchrolle und verzeichne auf ihr alle Worte, die ich zu dir über Israel, Juda und alle Stämme gesprochen habe. Sollte aber vielleicht einer von ihnen von seinem schlechten Weg umkehren, werde ich dann auch ihrer Ungerechtigkeit gewogen sein? Also rief Jeremia Baruch, den Sohn Nerijas, und Baruch schrieb nach dem Diktat des Jeremia alle Worte des Herrn, die dieser zu ihm gesagt hatte, in die Buchrolle. (2) Und er befahl dem Baruch und sagte: Geh hinein (in das Haus Gottes) und lies aus der Rolle, in der du die Worte des Herrn nach meinem Diktat geschrieben hast, während das Volk im Hause des Herrn zuhört. Du sollst am Tag des Fastens vorlesen. Vielleicht gelangt ihr Gebet vor das Antlitz des Herrn und ein jeder wendet sich ab von seinem schlechten Weg, weil der Zorn und die Entrüstung groß sind, die der Herr gegen dieses Volk ausgesprochen hat. Und Baruch, der Sohn Nerijas, handelte genau nach dem Auftrag des Propheten Jeremia und las im Hause des Herrn aus der Rolle die Worte des Herrn vor. Dies ereignete sich im neunten Monat, und sie riefen für das ganze Volk ein Fasten in Jerusalem aus im Angesicht des Herrn" (Jer 36,2–9). Die Kirche hat durch dieses Vorbild der Heiligen Schrift die Sitte übernommen und feiert nach dieser Regel ein allgemeines Fasten.

XL. De ieiunio kalendarum ianuariarum.

(1) Ieiunium kalendarum ianuariarum propter errorem gentilitatis instituit ecclesia. Ianus enim quidam princeps paganorum fuit a quo nomen mensis ianuarii nuncupatur. Quem inperiti homines ueluti deum colentes in religione honoris posteris tradiderunt, diemque ipsum scenis et luxoriae sacrauerunt. (2) Tunc enim miseri homines et, quod peius est, etiam fideles sumentes species monstruosas in ferarum habitu transformantur, alii femineo gestu demutati uirilem uultum effeminant; nonnulli etiam de fanatica adhuc consuetudine quibusdam ipso die obseruationum auguriis profanantur; perstrepunt omnia saltantium pedibus, tripudiantium plausibus; quodque his turpius nefas, nexis inter se utriusque sexus choris, inops animi, furens uino, turba miscitur. (3) Proinde ergo sancti patres considerantes maximam partem generis humani eodem die huiusmodi sacrilegiis ac luxoriis inseruire statuerunt in uniuerso mundo per omnes ecclesias publicum ieiunium, per quod agnoscerent homines in tantum se praue agere ut pro eorum peccatis necesse esset omnibus ecclesiis ieiunare.

XLI. De triduani ieiunii consuetudine.

(1) Triduanis autem diebus ieiunare de exemplo sumptum est Niniuitarum qui, damnatis pristinis uitiis, totos se tribus diebus ieiunio ac paenitentiae contulerunt et operti saccis deum ad misericordiam prouocauerunt.

---

[30] Janus war einer der Urkönige Latiums in der römischen Mythologie. Am 1. Januar galt allerdings Jupiter Optimus Maximus das Hauptopfer; erst später im Januar wurden *ludi* (7. Januar) und *agonium* (9. Januar) zu seinen Ehren gefeiert. Ein Opfer an jedem Monatsersten ist erst spät belegt. Deshalb passen Isidors Ausführungen, die üblicher christlicher Propaganda gegen heidnische Kulte entsprechen, nicht recht zu diesem Gott. Vgl. GRAF, *Ianus*.

40. Über das Fasten am 1. Januar

(1) Das Fasten am ersten Januar richtete die Kirche wegen eines Irrtums des Heidentums ein. Janus war nämlich ein Fürst der Heiden, von dem der Monat Januar den Namen erhalten hat.[30] Unwissende Menschen, die ihn wie einen Gott verehrten, überlieferten ihn in einer Religion der Verehrung an die Nachfahren und sie heiligten diesen Tag mit obszönen Theateraufführungen. (2) An diesem Tag werden nämlich diese bedauernswerten Menschen und – was noch schlimmer ist – auch Gläubige, indem sie ein monströses Aussehen annehmen, in die Gestalt von Tieren verwandelt. Andere – verändert durch ein feminines Benehmen – machen ein männliches zu einem weiblichen Aussehen. Einige werden auch bis jetzt an diesem Tag wegen einer verrückten Gewohnheit durch irgendwelche Vorzeichen, die sie aus Beobachtungen (der Natur) gewonnen haben, verdorben. Durch die Füße der Tanzenden und das Klatschen bei den wilden Tänzen erfüllen sie alles mit Lärm. Und was ein noch schlimmerer Frevel ist: Es verbinden sich miteinander Scharen beider Geschlechter; ohne Verstand, rasend vom Wein, vermischt sich die Menge. (3) Deshalb ordneten die heiligen Väter, die bedachten, dass der größte Teil des Menschengeschlechtes sich an diesem Tag solchen Gotteslästerungen und Ausschweifungen hingibt, an allen Kirchen des gesamten Erdkreises ein öffentliches Fasten an, damit die Menschen erkennen, dass sie in einem solchen Ausmaß falsch handeln, dass es nötig sei, in allen Kirchen wegen ihrer Sünden zu fasten.

41. Über die Sitte des dreitägigen Fastens

(1) An drei Tagen zu fasten, wurde vom Beispiel der Niniviter übernommen, die, nachdem ihre früheren Laster verdammt worden waren, sich alle an drei Tagen zum Fasten und Büßen versammelten und, mit Säcken bekleidet, Gott um Barmherzigkeit baten (vgl. Jona 3,5–9).

XLII. De diuersorum dierum ac temporum ieiuniis.

(1) Praeter haec autem legitima tempora ieiuniorum, omnis sexta feria propter passionem domini a quibusdam ieiunatur; sed et sabbati dies a plerisque propter quod in eo Christus | iacuit in sepulchro ieiunio consecratus habetur, scilicet ne Iudaeis exultando praestetur quod Christus sustulit moriendo. Die autem dominico reficiendum semper esse ut resurrectionem Christi et gaudium nostrum gentibus praedicemus, praesertim cum apostolica sedis hanc regulam seruet.

(2) Post pascha autem usque ad pentecosten, licet traditio ecclesiarum abstinentiae rigorem prandiis relaxauerit, tamen siquis monachorum uel clericorum ieiunare cupiunt non sunt prohibendi, quia et Antonius et Paulus et ceteri patres antiqui etiam his diebus in heremo leguntur abstinuisse neque soluisse abstinentiam nisi tantum die dominico. (3) Quis enim parsimoniam non laudet, ieiunium non praedicet? Ieiunium enim res sancta, opus caeleste, ianua regni, forma futuri; quod qui sancte agit deo iungitur, alienatur mundo, spiritalis efficitur; per hoc enim prosternuntur uitia, humiliatur caro, diabuli temptamenta uincuntur.

XLIII. De uario usu ecclesiarum.

(1) Haec et alia multa sunt quae in ecclesiis Christi geruntur; ex quibus tamen quaedam sunt quae in scripturis canonicis commendantur, quaedam quae non sunt quidem scripta sed tamen tradita custodiuntur. Sed illa quidem quae toto orbe terrarum seruantur uel ab ipsis apostolis uel ab auctoritate principalium conciliorum statuta intelleguntur, sicut domini passio et resurrectio et ascensio in caelum et aduentus spiritus sancti quae reuoluto die anni ob

42. Über das Fasten an verschieden Tagen und Zeiten

(1) Außer zu diesen gesetzlichen Fastenzeiten wird aber von manchen Leuten wegen der Passion des Herrn an jedem Freitag gefastet. Aber auch der Sabbat wird durch ein Fasten geweiht begangen, weil an ihm Christus im Grab lag, damit nämlich den Juden nicht durch Jubeln gezeigt wird, was Christus durch sein Sterben ertrug. Damit wir die Auferstehung des Herrn und unsere Freuden den Heiden verkünden, muss man sich am Sonntag immer (durch Speise) stärken, insbesondere weil der apostolische Stuhl diese Regel befolgt.

(2) Wenn auch die Überlieferung der Kirchen nach Ostern bis Pfingsten die strenge Enthaltsamkeit von Speisen durch (das Zusichnehmen von) Mahlzeiten gelockert hat, sollen Mönche und Kleriker, wenn sie fasten wollen, nicht daran gehindert werden, weil Antonius und Paulus und die übrigen alten Väter auch an diesen Tagen in der Wüste gefastet haben und die Enthaltsamkeit nur am Sonntag unterbrochen haben sollen. (3) Denn wer würde nicht die Sparsamkeit loben, wer nicht das Fasten rühmen? Das Fasten ist nämlich eine heilige Sache, ein himmlisches Werk, die Pforte des (himmlischen) Königreiches, das Modell der zukünftigen (Welt). Wer heiligmäßig fastet, wird mit Gott verbunden, der Welt entfremdet, zu einem Spirituellen. Durch das Fasten werden die Laster niedergerungen, das Fleisch erniedrigt, die Versuchungen des Teufels besiegt.

43. Über unterschiedliche Gebräuche der Kirchen

(1) Dies und viele andere Dinge werden in den Kirchen Christi betrieben. Von diesen werden einige in den Heiligen Schriften empfohlen, einige sind nicht schriftlich festgehalten, werden aber dennoch traditionsgemäß beachtet. Jene freilich, die auf der ganzen Erde befolgt werden, wurden anerkannt, weil sie entweder von den Aposteln selbst oder von der Autorität der wichtigsten Konzilien erlassen wurden – wie die Passion des Herrn, die Auferstehung, die Himmelfahrt und die Ankunft des Heiligen Geistes, die jeweils an dem wiederkehrenden Jahrestag zum

memoriam celebrantur, sed et siquid aliud quod seruatur ab uniuersis, quaque se diffundit ecclesia. (2) Alia uero quae uarie per diuersa loca obseruantur, | sicuti est quod alii ieiunant sabbato, alii non, alii cotidie communicant, alii certis diebus, alibi nullus dies praetermittitur quo non offeratur sacrificium, alibi sabbato tantum et dominico, alibi tantum dominico, et siquid aliud huiusmodi animaduerti potest, totum hoc genus rerum ut quibuscumque placuit sacerdotibus ecclesiae uel regionis cui praeerant instituerunt; nec disciplina in his melior est graui prudentique Christiano, nisi ut eo modo agat quo agere uiderit ecclesiam ad quam forte deuenerit. Quod enim neque contra fidem neque contra mores bonos habetur indifferenter sequendum, et propter eorum inter quos uiuitur societatem seruandum est, ne per diuersitatem obseruationum scismata generentur.

XLIIII. De carnium esu uel piscium.

(1) Carnes autem et uinum post diluuium hominibus in usum concessum. Nam initio permissum non fuerat nisi tantum illud ut scriptum est: „Lignum fructiferum et herbam seminalem dedi uobis in escam". Postea uero per Noe data sunt in esum cuncta animalia uinique tunc adtributa licentia est. Sed postquam Christus qui est principium et finis apparuit, hoc quod in principio suspenderat etiam in temporum fine retraxit, loquens per apostolum suum: „Bonum est non manducare carnem et non bibere uinum", et iterum: „Qui infirmus est olera manducet". |

---

[31] Im paradiesischen Urzustand lebte der Mensch vegetarisch, erst nach der Sintflut erlaubte Gott, den Menschen auch Fleisch zu essen.

Gedächtnis gefeiert werden. Aber auch anderes wird von allen befolgt, wo immer sich die Kirche ausgebreitet hat. (2) Anderes wird an verschiedenen Orten unterschiedlich beachtet. So fasten die einen am Sabbat, die anderen nicht, die einen kommunizieren täglich, die anderen an bestimmten Tagen. An manchen Orten vergeht kein Tag, an dem nicht die Messe gefeiert wird, woanders nur am Sabbat und Sonntag, andernorts nur am Sonntag. Auch was sonst noch Derartiges beobachtet werden kann – all diese Gebräuche setzten sie ein, wie es den Bischöfen der Kirche oder der Region, der sie vorstanden, gefiel. Und für einen ernsten und klugen Christen gibt es unter diesen Gebräuchen nicht eine bessere Ordnung, außer dass er so handelt, wie er die Kirche, zu der er zufällig gekommen ist, handeln sieht. Denn was nicht gegen den Glauben und die guten Sitten verstößt, darf ohne Unterschied befolgt werden, und ist wegen der Gemeinschaft mit denen, unter denen man lebt, einzuhalten, damit nicht durch Beachtungen unterschiedlicher Regeln Schismen entstehen.

44. Über den Verzehr von Fleisch und Fisch

(1) Fleisch aber und Wein wurde den Menschen nach der Sintflut zu gebrauchen erlaubt. Anfangs war nichts nämlich erlaubt außer dem, was geschrieben steht: „Den Früchte tragenden Baum und die Samenpflanze habe ich euch zur Speise gegeben" (Gen 1,29). Später aber wurden durch Noah alle Tiere zum Verzehr freigegeben und damals auch die Erlaubnis hinzugefügt, Wein zu genießen (vgl. Gen 9,3).[31] Nachdem aber Christus, der der Anfang und das Ende ist, erschienen ist, brachte er das, was zu Beginn verboten war, auch für das Ende der Zeiten zurück, indem er durch seinen Apostel sprach: „Gut ist es, kein Fleisch zu essen und keinen Wein zu trinken"[32] und wiederum „Wer krank ist, soll Gemüse essen" (Röm 14,2.21).

---

[32] Trotz dieser Aussage hier kann aus den Beschreibungen und Aussagen im Neuen Testament nicht geschlossen werden, dass Jesus Vegetarier war.

(2) Non igitur quia carnes malae sunt ideo prohibentur, sed quia earum epulae carnis luxoriam gignunt. Fomis enim ac nutrimentum omnium uitiorum: „Esca uentri et uenter escis, deus autem", ut scriptum est, „et hunc et haec distruet".

Piscem sane, quia eum post resurrectionem accepit dominus, possumus manducare. Hoc enim nec saluator nec apostoli uetuerunt.

Explicit Liber Primus.

(2) Es ist aber nicht deshalb verboten, Fleisch zu essen, weil Fleisch schlecht ist, sondern weil der Genuss von Fleisch die Fleischeslust hervorbringt. Es ist Zündstoff und Nahrungsmittel aller Laster „Die Speise für den Magen und der Magen für die Speisen, Gott aber wird," wie geschrieben steht, „diesen und jene zerstören" (1 Kor 6,13).

Fisch aber können wir essen, weil der Herr ihn nach der Auferstehung empfing. Das verbieten weder der Erlöser noch die Apostel.

Ende des ersten Buches.

INCIPIT LIBER SECUNDUS

Quoniam origines causasque officiorum quae in communi ab ecclesia celebrantur ex parte aliqua explicuimus, deinceps exordia eorum qui diuino cultui ministeria religionis inpendunt ordine persequemur.

Es beginnt das zweite Buch

Da wir die Ursprünge und Ursachen der *officia*, die gemeinsam in der Kirche gefeiert werden, in dem anderen Teil erklärt haben, möchten wir danach der Reihenfolge entsprechend die Herkunft derer verfolgen, die die Dienste der Religion für den göttlichen Kult ausüben.

Incipiunt capitula.

I. De clericis.
II. De regulis clericorum.
III. De generibus clericorum.
IIII. De tonsura.
V. De sacerdotibus.
VI. De corepiscopis.
VII. De presbiteris.
VIII. De diaconibus.
VIIII. De custodibus sacrorum.
X. De subdiaconibus.
XI. De lectoribus.
XII. De psalmistis.
XIII. De exorcistis.
XIIII. De ostiariis.
XV. De monachis.
XVI. De paenitentibus.
XVII. De uirginibus.
XVIII. De uiduis.
XVIIII. De coniugatis.
XX. De caticuminis, exorcismo et sale.
XXI. De conpetentibus.
XXII. De symbolo.
XXIII. De regula fidei.
XXIIII. De baptismo.
XXV. De crisma.
XXVI. De manus inpositione uel confirmatione.

Expliciunt capitula.

Es beginnen die Kapitelüberschriften.

1. Über die Kleriker.
2. Über die Regeln der Kleriker.
3. Über die Arten der Kleriker.
4. Über die Tonsur.
5. Über die Priester.
6. Über die Chorbischöfe.
7. Über die Presbyter.
8. Über die Diakone.
9. Über die Wächter der heiligen Geräte.
10. Über die Subdiakone.
11. Über die Lektoren.
12. Über die Psalmisten.
13. Über die Exorzisten.
14. Über die Ostiarier.
15. Über die Mönche.
16. Über die Büßer.
17. Über die Jungfrauen.
18. Über die Witwen.
19. Über die Eheleute.
20. Über die Katechumenen, den Exorzismus und das Salz.
21. Über die Taufkandidaten.
22. Über das Glaubensbekenntnis.
23. Über die Glaubensregel.
24. Über die Taufe.
25. Über das Chrisma.
26. Über die Handauflegung oder die Firmung.

Ende der Kapitelüberschriften.

I. De clericis.

(1) Itaque omnes qui in ecclesiastici ministerii gradibus ordinati sunt generaliter clerici nominantur.

Cleros autem uel clericos hinc appellatos doctores nostri dicunt, quia Mathias sorte electus est quem primum per apostolos legimus ordinatum. Sic et omnes, quos illis temporibus ecclesiarum principes ordinabant, sorte elegebant. Nam „cleros" sors interpretatur; unde et hereditas grece „cleronomia" appellatur, et heris „cleronomos". (2) Proinde ergo cleros uocari aiunt eo quod in sorte hereditatis domini dentur, uel pro eo quod ipse dominus sors eorum sit, sicut de eis scriptum est loquente domino: „Ego hereditas eorum". Vnde oportet ut qui deum hereditatem possident absque ullo inpedimento saeculi deo seruire studeant, et „pauperes spiritu" esse contendant, ut congrue illud psalmistae dicere possint: „Dominus pars hereditatis meae".

II. De regulis clericorum.

(1) His igitur lege patrum cauetur ut a uulgari uita seclusi a mundi uoluptatibus sese abstineant, non spectaculis non pompis intersint, conuiuia publica fugiant, priuata non tantum pudica sed et sobria colant.

Vsuris nequaquam incumbant, neque turpium occupationes lucrorum fraudisque cuiusquam studium appetant, amorem pecuniae quasi materiam cunctorum criminum fugiant; saecularia officia negotiaque abiciant, honorum gradus per ambitiones non subeant; (2) pro beneficiis medicinae dei munera non accipiant.

1. Über die Kleriker

(1) Alle, die zu den Graden eines kirchlichen Amtes geweiht werden, werden also im Allgemeinen Kleriker genannt.

Unsere Gelehrten sagen, dass sie deshalb Kleriker genannt werden, weil Matthias, der – wie wir lesen – von den Aposteln als erster ordiniert wurde, durch das Los erwählt wurde (vgl. Apg 1,26). So wurden auch alle, die in jener Zeit die Ersten der Kirche ordinierten, durch das Los ausgewählt. Denn (das griechische Wort) *cleros* wird im Lateinischen mit *sors* (Los, Erbteil) übersetzt. Deshalb heißt (lateinisch) *hereditas* (das Erbe) auf Griechisch *cleromania* und (lateinisch) *heris* (der Erbe) *cleromenos*. (2) Deshalb werden sie also Kleriker genannt, weil sie in das Erbe des Herrn gegeben werden, oder weil der Herr selbst ihr Erbteil ist, so wie nach dem Wort des Herrn geschrieben steht: „Ich bin ihr Erbe" (Num 18,20). Deshalb ist es nötig, dass diejenigen, die Gott als Erbteil besitzen, sich bemühen ohne irgendeine Behinderung der Welt Gott zu dienen und danach trachten, „Arme im Geist" (Mt 5,3) zu sein, damit sie in Übereinstimmung mit dem Psalmisten sagen könne: „Der Herr ist mein Erbteil" (Ps 15,5).

2. Über die Regeln der Kleriker

(1) Durch das Gesetz der Väter ist für diese (Kleriker) angeordnet, dass sie sich, abgesondert vom gewöhnlichen Leben, der Begierden der Welt enthalten, nicht an Schauspielen und Festumzügen teilnehmen, öffentliche Gastmähler meiden und private nicht nur sittsam, sondern auch nüchtern begehen.

Sie sollen weder auf Profit aus sein noch sich mit der Erzielung schändlicher Gewinne beschäftigen und sich nicht bemühen, etwas durch Betrug zu erwerben. Die Liebe zum Geld sollen sie gleichsam als den Grundstoff aller Verbrechen fliehen. Öffentliche Geschäfte und Ämter sollen sie aufgeben, sollen nicht aus Ehrgeiz die Stufen der Ämter hinaufsteigen. (2) Für die Wohltaten der göttlichen Medizin sollen sie keine Geschenke annehmen.

Dolos et coniurationes caueant; odium, aemulationem, obtrectationem atque inuidentiam fugiant; non uagis oculis, non infreni lingua aut petulanti tumidoque gestu incedant, sed pudorem ac uerecundiam mentis simplici habitu incessuque ostendant; obscenitatem etiam uerborum sicut et operum penitus execrentur; (3) uiduarum ac uirginum uisitationes frequentissimas fugiant, conturbernia extranearum feminarum nullatenus appetant; castimoniam quoque inuiolati corporis perpetuo conseruare studeant aut certe unius matrimonii uinculo foederentur; senioribus quoque debitam praebeant oboedientiam, neque ullo iactantiae studio semetipsos adtollant.

Postremo in doctrina, in lectionibus, psalmis, hymnis, canticis exercitio iugi incumbant.

Tales enim esse debent quique diuinis cultibus sese mancipandos student, scilicet ut dum scientiae operam dant doctrinae gratiam populis administrent.

III. De generibus clericorum.

(1) Duo sunt autem genera clericorum: unum ecclesiasticorum sub regimine episcopali degentium, alterum acefalorum, id est sine capite, quem sequantur ignorantium.

Hos neque inter laicos saecularium officiorum studia neque inter clericos religio retentat diuina, sed solutos atque oberrantes sola turpis uita conplectit et uaga. (2) Quique dum nullum metuentes explendae uoluptatis suae licentiam consectantur, quasi animalia bruta libertate ac desiderio suo feruntur. Habentes signum religionis non religionis officium, ypocentauro similes nec equi nec homines, „mixtumque", ut ait poeta, „genus prolisque biformis".

---

[33] VERGIL, *Aen.* 6,25 (über den Minotaurus).

Betrügereien und Verschwörungen sollen sie meiden. Hass, Rivalität, Missgunst und Neid sollen sie fliehen. Sie sollen nicht mit umherschweifenden Blicken, zügelloser Sprache und in frecher und stolzer Haltung einherschreiten, sondern durch normale Haltung und Gang Sittsamkeit und den Anstand des Geistes ausstrahlen. Obszöne Wörter und Handlungen sollen sie gänzlich verfluchen. (3) Sehr häufige Besuche von Witwen und Jungfrauen sollen sie vermeiden, Verhältnisse mit fremden Frauen niemals anstreben. Sie sollen sich auch darum bemühen, die Keuschheit eines unversehrten Leibes fortwährend zu bewahren oder sich nur durch das Band einer einzigen Ehe verpflichten. Ihren Vorgesetzten sollen sie den geschuldeten Gehorsam erweisen und sich selbst nicht erheben durch das Streben nach Beifall.

Schließlich sollen sie sich auf die Lehre, auf die Lesungen, Psalmen, Hymnen und Gesänge in ständiger Übung konzentrieren.

Diejenigen, die anstreben, sich in den Dienst der göttlichen Kulte zu begeben, sollen solche (Personen) sein, dass sie, während sie sich der Wissenschaft widmen, den Menschen die Gnade der Lehre zur Verfügung stellen.

3. Über die Arten der Kleriker

(1) Es gibt aber zwei Arten von Klerikern, eine von unter der Aufsicht der Bischöfe Lebenden, ein andere von Acephalen, d. h. (Menschen) ohne Kopf, die nicht wissen, wem sie folgen sollen.

Diese (Acephalen) hält weder die Mühe weltlicher Aufgaben bei den Laien noch die göttliche Religion bei den Klerikern fest, sondern nur ein schändliches und unstetes Leben hält die Entfesselten und Umherirrenden zusammen. (2) Sie lassen sich, während sie, ohne jemanden fürchten zu müssen, die Möglichkeit ihre Begierde zu befriedigen verfolgen, wie vernunftlose Tiere von ihrer Freiheit und ihrem Verlangen hin und her treiben. Weil sie das Zeichen, aber kein Amt der Religion haben, sind sie ähnlich dem Hippokentaur weder Pferd noch Mensch, sondern, wie der Dichter sagt, „eine gemischte Gattung, eine zweigestaltige Rasse."[33]

Quorum quidem sordida atque infami numerositate satis superque nostra pars occidua pollet. |

IV. De tonsura.

(1) Tonsurae ecclesiasticae usus a Nazareis, nisi fallor, exortus est qui, prius crine seruato, denuo post uitam magnae continentiae deuotione conpleta caput radebant et capillos in igne sacrificii ponere iubebantur, scilicet ut perfectionem deuotionis suae domino consecrarent. Horum ergo exemplis usus ab apostolis introductus est, ut hii qui in diuinis cultibus mancipati domino consecrantur quasi Nazarei, id est sancti dei, crine praeciso innouentur. (2) Hoc quippe et Ezechielo prophetae iubetur dicente domino: „Tu fili hominis sume tibi gladium acutum et duces per caput tuum et barbam"; uidelicet quia et ipse sacerdotali genere deo in ministerium sanctificationis deseruiebat. Hoc et Nazareos illos Priscillam et Aquilam in Actibus Apostolorum primos fecisse legimus, Paulum quoque apostolum et quosdam discipulorum Christi qui in huiusmodi cultu imitandi extiterunt. (3) Est autem in clericis tonsura signum quoddam quod in corpore figuratur sed in animo agitur, scilicet ut hoc signo in religione uitia resecentur et criminibus carnis nostrae quasi crinibus exuamur atque inde innouatis sensibus, ut comis rudibus, enitescamus expoliantes nos, iuxta apostolum, „ueterem hominem cum actibus suis et induentes nouum qui renouatur in agnitionem dei"; quam renouationem in mente oportet fieri, sed in capite demonstrari ubi ipsa mens noscitur habitare.

(4) Quod uero, detonso superius capite, inferius circuli corona relinquitur, sacerdotium regnumque ecclesiae in eis existimo

---

[34] Das Unwesen vagabundierender Kleriker war in Spanien so groß, dass die Synode zu Valencia im Jahre 524 ihnen die Exkommunikation androhte (Kanon 5); siehe BECHTHUM, *Vagantentum* 24; das Phänomen umherziehender Pseudo-Mönche tauchte seit dem 4. Jahrhundert auf, auch die *Regula Benedicti* bezieht sich darauf (*Bened. reg.* 1,10–13 [75 SALZBURGER ÄBTEKONFERENZ]).

Unser westlicher Teil freilich hat mehr als genug von ihrer armseligen und berüchtigten Anzahl.[34]

4. Über die Tonsur

(1) Wenn ich mich nicht irre, stammt der Brauch der kirchlichen Tonsur von den Nazareern, die, nachdem sie vorher ihr Haar behielten, nach einem Leben großer Enthaltsamkeit durch Erfüllung eines Gelübdes das Haupthaar wieder abrasierten und die aufgefordert wurden, ihre Haare in ein Opferfeuer zu legen, so dass sie gleichsam die Vollendung ihres Gelübdes dem Herrn weihten. Nach deren Vorbild wurde der Brauch von den Aposteln eingeführt, damit die für die göttlichen Dienste Bestimmten gleichsam wie Nazareer, d. h. Heilige Gottes, dem Herrn geweiht und durch das Schneiden des Haupthaares erneuert werden. (2) Freilich wird dies auch dem Propheten Ezechiel befohlen, wenn der Herr spricht: „Du Menschensohn, nimm dir dein scharfes Schwert und führe es über dein Haupt und deinen Bart" (Ez 5,1); offenbar, weil auch er auf priesterliche Art im Amt der Heiligung diente. In der Apostelgeschichte lesen wir, dass dies als erste die Nazareer Priscilla und Aquila taten (vgl. Apg 18,18), danach Paulus und andere Jünger des Herrn, die sich durch die Nachahmung dieses Brauches hervortaten.

(3) Die Tonsur ist bei den Klerikern ein bestimmtes Zeichen, das am Körper gestaltet, aber im Geist ausgeführt wird, d. h. dass durch dieses Zeichen in der Religion die Laster abgeschnitten werden und wir von den Sünden unseres Fleisches gleichsam wie von Haaren entblößt werden und wir deshalb, nachdem unsere Gesinnung gleich den ungeschnittenen Haaren erneuert wurde, erstrahlen, „indem wir", wie der Apostel sagt, „den alten Menschen mit seinen Handlungen ablegen und den neuen (Menschen) anziehen, der in der Erkenntnis Gottes erneuert wurde" (Kol 3,9f). Diese Erneuerung muss im Geist geschehen, aber am Kopf bezeichnet werden, wo genau der Geist bekanntlich seinen Sitz hat.

(4) Weil aber, nachdem der Kopf oben kahlgeschoren wurde, unten die Krone des (Haar)kreises übrigbleibt, bin ich der Meinung, dass darin das Priestertum und die Herrschaft der Kirche

figurari. Thiara enim apud ueteres constituebatur in capite sacerdotum (haec ex bysso confecta rotunda erat quasi sfera | media), et hoc significatur in parte capitis tonsa; corona autem latitudo aurea est circuli quae regum capita cingit. Vtrumque itaque signum exprimitur in capite clericorum ut impleatur etiam corporali quadam similitudine quod scriptum est Petro apostolo perdocente: „Vos estis genus electum regale sacerdotium".

(5) Quaeritur autem: cur sicut apud antiquos Nazareos non ante coma nutritur et sic tonditur. Sed qui haec exquirunt aduertant quid sit inter illud propheticum uelamentum et hanc euangelii reuelationem de qua dicit apostolus: „Cum transieris ad Christum auferetur uelamen". Quod autem significabat uelamen interpositum inter faciem Moysi et aspectum populi Israhel, hoc significabat illis temporibus etiam coma sanctorum. Nam et apostolus comam pro uelamento esse dicit. Proinde iam non oportet ut uelentur crinibus capita eorum qui domino consecrantur sed tantum ut reuelentur, quia quod erat occultum in sacramento prophetiae iam in euangelio declaratum est.

V.

(1) Veniamus ergo nunc ad sacratissimos ordines clericorum eorumque originem singulariter demonstremus.

(V). De sacerdotibus.

Quod est sacerdotii fundamentum uel quo auctore pontificalis ordo adoleuit in saeculo? Initium quidem sacerdotii Aaron fuit; quaquam et Melchisedech prior obtulerit sacrificium et post

verkörpert werden. Bei den Alten wurde nämlich den Priestern eine Tiara aufs Haupt gesetzt (diese war aus feinem Gewebe gemacht und rund wie eine Halbkugel), und das wird bezeichnet durch den rasierten Teil des Hauptes. Die Krone aber ist der goldene Umfang des Kreises, der die Häupter der Könige umgibt. Am Haupt der Kleriker kommt jedes der beiden Zeichen zum Ausdruck, damit auch durch eine Art körperlicher Analogie erfüllt wird, was geschrieben steht, wenn der Apostel Petrus lehrt: „Ihr seid ein erwähltes Geschlecht, ein königliches Priestertum" (1 Petr 2,9).

(5) Es wird aber gefragt: Warum lässt man wie bei den Nazareern das Haar nicht zunächst wachsen und schneidet es dann? Diejenigen aber, die danach fragen, mögen erkennen, welcher (Unterschied) zwischen der Verschleierung der Propheten und dieser Offenbarung des Evangeliums besteht, von der der Apostel sagt: „Wenn du dich Christus zuwendest, wird der Schleier entfernt" (2 Kor 3,16). Was aber der zwischen dem Gesicht des Mose und dem Anblick des Volkes Israel gezogene Schleier bedeutet, das bedeutete damals auch das Haar der Heiligen (*sc.* der Nazareer). Denn auch der Apostel sagt, das Haar sei gleichsam ein Schleier. Schon deshalb darf man nicht, die Häupter derer mit Haaren verschleiern, die dem Herrn geweiht werden, vielmehr ist es nötig, dass sie entschleiert werden, weil das, was im Geheimnis der Prophetie verborgen war, im Evangelium schon offenbart ist.

5.

(1) Kommen wir zu den geheiligtsten Reihen der Kleriker und zeigen wir jeweils deren Ursprung.

(5). Über die Priester

Was ist die Grundlage des Priestertums oder durch welchen Urheber wuchs der Priesterstand in der Welt heran? Am Beginn des Priestertums steht Aaron, wenngleich auch Melchisedech

hunc Abraham, Isaac et Iacob; sed isti spontanea uoluntate, non sacerdotali auctoritate, ista fecerunt. (2) Ceterum Aaron primus in lege sacerdotale nomen accepit, primusque pontificali stola infulatus uictimas obtulit iubente domino ac loquente ad | Moysen: „Accipe", inquid, „Aaron et filios eius et adplicabis ad ostium tabernaculi testimonii; cumque laueris patrem cum filiis aqua, indues Aaron uestimentis suis, id est linea et tunica et superhumerale et rationale quod constringes balteo, et pones tiaram in capite eius et lamminam sanctam super tiaram, et oleum unctionis fundes super caput eius; atque hoc ritu consecrabitur. Filios quoque illius adplicabis et indues tunicis lineis; cingesque balteo Aaron scilicet et liberos eius et inpones eis mitras, eruntque sacerdotes mei religione perpetua."

(3) Quo loco contemplari oportet Aaron summum sacerdotem, id est episcopum fuisse; nam filios eius presbiterorum figuram praeministrasse. Fuerunt enim filii Aaron et ipsi sacerdotes, quibus merito adstare debuissent leuitae sicut summo sacerdoti. Sed et hoc fuit inter Aaron summum sacerdotem et inter filios eiusdem Aaron qui et ipsi erant sacerdotes, quod Aaron super tunicam accipiebat poderem stolam sanctam et coronam auream mitram et brachiale aureum et superhumerale et cetera quae supra memorata sunt, filii autem Aaron super tunicas lineas cincti tantummodo et tiarati adstabant sacrificio dei. (4) Sed forsitan quaeritur et hoc: cuius figuram faciebat Moyses? Si enim filii Aaron presbiterorum figuram faciebant et Aaron summi sacerdotis, id est episcopi, Moyses cuius? Indubitanter Christi, et uere per omnia Christi, quoniam fuit similitudo mediatoris dei qui est

---

[35] Mit *rationale* übersetzt Hieronymus (vgl. z. B. *epist.* 64,16 [CSEL 54, 602]) griechisch λόγιον (eigentlich: Spruch, Sprichwort, Redensart) für das hebräische Wort ‚hoshen', die Bezeichnung des vom Hohepriester im Alten Testament getragenen Brustschildes. Vgl. MAAS-EWERT, *Rationale*.

schon vorher ein Opfer darbrachte und nach ihm Abraham, Isaak und Jakob. Sie taten dies jedoch aufgrund freien Willens, und nicht aufgrund priesterlicher Autorität. (2) Übrigens empfing im Alten Testament Aaron als erster den Namen Priester und brachte, geschmückt mit dem priesterlichen Gewand, als erster Opfer dar auf Befehl des Herrn, der zu Mose sprach: „Nimm", spricht er, „Aaron und seine Söhne und lasse sie zum Eingang des Offenbarungszeltes kommen; und nachdem du den Vater zusammen mit den Söhnen mit Wasser gewaschen hast, bekleide Aaron mit seinen Gewändern, d. h. mit dem Leinenhemd, mit der Tunika, mit dem Schulterüberwurf und dem Rationale[35], das du mit dem Gürtel befestigst, und setze eine Tiara auf sein Haupt und das geweihte Metallplättchen auf die Tiara und gieße Weiheöl auf sein Haupt; und nach diesem Ritus wird er geweiht werden. Versammle auch seine Söhne und bekleide sie mit Gewändern aus Leinen. Umgürte Aaron und auch seine Söhne mit einem Gürtel und setze ihnen Mitren auf, und sie werden meine Priester sein in immerwährender Verehrung" (Ex 29,4–9).

(3) An dieser Stelle muss man bedenken, dass Aaron der höchste Priester (Hohepriester), d. h. ein Bischof gewesen ist, und seine Söhne als Vorausbild für die Presbyter gedient haben. Die Söhne Aarons waren nämlich auch selbst Priester, denen die Leviten rechtmäßig helfen mussten wie dem Hohenpriester. Aber zwischen dem Hohenpriester Aaron und seinen Söhnen, die auch Priester waren, bestand der Unterschied, dass Aaron über der Tunika ein langes Gewand trug, die heilige Stola und wie eine goldene Krone die Mitra sowie einen goldenen Armreif, den Schulterüberwurf und die anderen oben erwähnten Sachen empfing, die Söhne Aarons aber nur mit Gürteln über den Leinentuniken und mit Tiaren dem Opfer Gottes beiwohnten. (4) Aber vielleicht wird man auch Folgendes fragen: Für wen war Mose das Vorausbild? Denn wenn die Söhne Aarons das Vorausbild für die Priester und Aaron für den obersten Priester, d. h. den Bischof, waren, wessen Vorbild war Mose? Zweifelsohne für Christus und zwar in jeder Hinsicht für Christus, weil er ein Abbild des Mittlers Gottes Jesus Christus war, der zwischen

inter deum et hominem Iesus Christus, qui est uerus dux populorum, uerus princeps sacerdotum et dominus pontificum, cui est honor et gloria in saecula saeculorum, amen.

(5) Hactenus de primordiis sacerdotalibus in ueteri testamento; in nouo autem testamento post Christum sacerdotalis | ordo a Petro coepit. Ipsi enim primum datum est pontificatum in ecclesia Christi. Sic enim loquitur ad eum dominus: „Tu es", inquid, „Petrus et super hanc petram aedificabo ecclesiam meam et portae inferorum non uincent eam. Tibi dabo claues regni caelorum". Hic ergo ligandi soluendique potestatem primus accepit, primusque ad fidem populum uirtutis suae praedicationis adduxit. Siquidem et ceteri apostoli cum Petro pari consortio honoris et potestatis effecti sunt, qui etiam in toto orbe dispersi euangelium praedicauerunt. (6) Quibusque decedentibus successerunt episcopi qui sunt constituti per totum mundum in sedibus apostolorum; qui iam non ex genere carnis et sanguinis eleguntur, sicut primum secundum ordinem Aaron, sed pro uniuscuiusque merito quem in eum gratia diuina contulerit; sicut etiam ad Heli dominus pronuntiauit dicens: „Haec dicit dominus deus Israhel: Dixi: Domus tua et domus patris tui permanebunt coram me usque in aeternum. Et nunc dicit dominus: Nequaquam sed glorificantes me glorificabo et qui me spernit spernetur".

(7) Quattuor autem sunt genera apostolorum: unum a deo tantum ut Moyses; alterum per hominem et deum ut Iosue; tertium tantum per hominem, sicut his temporibus multi fauore populi et potestatum in sacerdotium subrogantur; quartum autem genus ex se est sicut pseudoprophetarum et pseudoapostolorum. Quid sit autem nomen apostolorum? Apostoli in latina lingua | missi interpretantur quia ipsos misit Christus euangelizare ad inluminationem omnium populorum.

Gott und dem Menschen wirkt, der wahre Führer der Völker, der wahre Fürst der Priester und Herr der Bischöfe. Ihm gebührt Ehre und Preis von Ewigkeit zu Ewigkeit. Amen.

(5) Soviel über die Anfänge des Priestertums im Alten Testament. Im Neuen Testament aber begann nach Christus der Priesterstand mit Petrus. Denn ihm wurde als erstem in der Kirche Christi der Pontifikat übertragen. Denn so spricht der Herr zu ihm: „Du bist, sagt er, Petrus, und auf diesem Felsen werde ich meine Kirche errichten und die Pforten der Hölle werden sie nicht besiegen. Dir werde ich die Schlüssel des Himmelreiches geben" (Mt 16,18f). Als erster empfing er die Gewalt zu binden und zu lösen, und als erster führte er das Volk zum Glauben heran durch die Kraft seiner Verkündigung. Ebenso wie Petrus wurden auch die übrigen Apostel durch die gleiche Teilhabe an der Ehre und Macht ausgestattet, die auch, über die ganze Welt verstreut, das Evangelium predigten. (6) Nach ihrem Tod folgten ihnen die Bischöfe, die auf der ganzen Welt auf den Stühlen der Apostel eingesetzt wurden. Sie wurden nicht mehr, wie zuerst nach der Ordnung Aarons, wegen der Verwandtschaft des Fleisches und des Blutes ausgewählt, sondern wegen des Verdienstes eines jeden einzelnen, das die göttliche Gnade auf ihn übertragen hatte. Genauso wie Gott dem Elias verkündete, als er sagte: „So spricht der Herr, der Gott Israels: Ich sage: ‚Dein Haus und das Haus deines Vaters werden vor mir bestehen in Ewigkeit.' Jetzt sagt der Herr: ‚Keineswegs, sondern ich werde die verherrlichen, die mich verherrlichen, und die verachten, die mich verachten'" (1 Kön 2,30).

(7) Es gibt aber vier Arten von Aposteln: Erstens von Gott berufene wie nur Mose; zweitens durch den Menschen und Gott berufene wie Josua; drittens nur durch den Menschen berufene, wie in unserer Zeit die durch die Gunst des Volkes und der Gewalten berufenen. Die vierte Art ist, wie die der Pseudopropheten und Pseudoapostel, von sich selbst berufen. Was aber bedeutet der Name Apostel? Die Apostel werden im Lateinischen mit *missi* (Gesandte) übersetzt, weil Gott die Apostel gesandt hat, um zur Erleuchtung aller Völker das Evangelium zu verkünden.

(8) Episcopatus autem, ut quidam prudentium ait, nomen est operis non honoris. Grecum est enim atque inde ductum uocabulum quod ille qui super efficitur superintendit, curam scilicet subditorum gerens. „Scopos" quidem intentio est; ergo „episcopin" latine superintendere possumus dicere; ut intellegat non se esse episcopum qui non prodesse sed praeesse dilexerit.

(9) Quod uero per manus inpositionem a praecessoribus dei sacerdotibus episcopi ordinantur, antiqua est institutio. Isaac enim patriarcha sanctus ponens manum suam super caput Iacob benedixit ei, similiter et Iacob filiis suis; sed et Moyses super caput Iesu Naue manum suam inponens dedit ei spiritum uirtutis et ducatus in populo Israhel. Sic et superimpletor legis et prophetarum dominus noster Iesus Christus per manus inpositionem apostolis suis benedixit, sicut in euangelio Lucae scriptum est: „Et produxit illos trans Bethaniam et eleuauit manus suas et benedixit eis; factumque est cum benedixisset illis, discessit ab eis et ipsi reuersi sunt in Hierusalem cum gaudio magno"; (10) et in Actibus Apostolorum ex praecepto spiritus sancti Paulo et Barnabae apostolis manus inposita est in episcopatum et sic missi sunt ad euangelizandum.

Quod autem a tricesimo anno sacerdos efficitur, ab aetate scilicet Christi sumptum est ex qua idem orsus est praedicare. Haec enim aetas profectum iam non indiget paruulorum sed perfectione sui plena est et robusta et ad omne disciplinae ac magisterii exercitium praeparata. |

(11) Quod uero unius uirginalis matrimonii sint qui eleguntur in ordinem pontificatus, et in ueteri lege mandatum est et plenius scribit apostolus dicens: „Vnius uxoris uirum". Sacerdotem enim

---

[36] So Isidors Transliteration von ἐπισκοπεῖν.

(8) Der Begriff *episcopatus* ist, wie einer der Gelehrten sagt, eine Tätigkeitsbezeichnung und kein Ehrentitel. Er ist nämlich griechisch und davon ist die Bezeichnung abgeleitet, dass jener, der über Untergebene gestellt ist, die Aufsicht über sie hat, d.h. er trägt Sorge für sie. *Scopos* bedeutet nämlich *intentio* (Achtsamkeit, Sorge). Deshalb können wir für *episkopin* im Lateinischen *superintendere*[36] (Aufsicht ausüben) sagen. So wird man einsehen, dass derjenige, der kein Gefallen an der Fürsorge, sondern nur am Befehlen hat, nicht Bischof sein kann.

(9) Es ist alter Brauch, dass die Bischöfe von ihren Vorgängern, den Priestern Gottes, durch Handauflegung ordiniert werden. Denn der heilige Patriarch Isaak legte seine Hände auf den Kopf Jakobs und segnete ihn, ebenso Jakob seine Söhne. Aber auch Mose, der seine Hand auf den Kopf des Josua legte, gab ihm den Geist der Tapferkeit und der Führerschaft im Volk Israel. Und so segnete der Vollender des Gesetzes und der Propheten, unser Herr Jesus Christus, seine Apostel durch die Handauflegung, wie im Evangelium des Lukas geschrieben steht: „Und er führte sie hinüber nach Bethanien und erhob seine Hände und segnete sie. Und als er sie gesegnet hatte, geschah es, dass er sich von ihnen entfernte, und sie selbst kehrten in großer Freude nach Jerusalem zurück" (Lk 24,50–52). (10) Und in der Apostelgeschichte (lesen wir), dass auf Geheiß des Heiligen Geistes den Aposteln Paulus und Barnabas für das Bischofsamt die Hand aufgelegt wurde und sie so zur Verkündigung des Evangeliums ausgesandt wurden (vgl. Apg 13,12f).

Dass man mit dreißig Jahren zum Priester geweiht wird, wurde von dem Alter Jesu übernommen, in dem er zu predigen begann. Denn dieses Alter bedarf nicht mehr der Vervollkommnung wie das der Kinder, sondern ist durch seine Vollendung abgeschlossen und erwachsen und gerüstet für jedwede Ausübung eines Berufes und einer Leitungsfunktion.

(11) Dass diejenigen, die in den Bischofsstand gewählt werden, in einer einzigen jungfräulichen Ehe leben, wird auch im Alten Testament befohlen und schreibt ausdrücklich der Apostel, indem er sagt: „Der Mann einer Gattin" (1 Tim 3,2). Denn die Kirche verlangt, dass nur der als Priester ordiniert wird, der

quaerit ecclesia aut de monogamia ordinatum aut de uirginitate sanctum. Digamo autem aufertur agere sacerdotium.

Porro quod episcopus non ab uno sed a cunctis conprouincialibus episcopis ordinatur, id propter hereses agnoscitur institutum, ne aliquid contra fidem ecclesiae unius tyrannica auctoritas moliretur; ideoque ab omnibus conuenientibus instituitur, aut non minus a tribus praesentibus, ceteris tamen consentientibus testimonio litterarum.

(12) Huic autem, dum consecratur, datur baculus ut eius indicio subditam plebem uel regat uel corrigat uel infirmitates infirmorum sustineat. Datur et anulus propter signum pontificalis honoris uel signaculum secretorum; nam multa sunt quae, carnalium minusque intellegentium occultantes, sacerdotes quasi sub signaculo condunt ne indignis quibusque dei sacramenta aperiantur.

Iam uero quod saeculares uiri nequaquam ad ministerium ecclesiae adsumantur, eadem auctoritas apostolica docet dicens: „Manus cito nemini inposueris", et iterum: „Non neofitum ne in superbia elatus" putet se non tam ministerium humilitatis quam administrationem saecularis potestatis adeptum, et condemnatione superbiae sicut diabolus per iactantiam deiciatur. (13) Quomodo enim ualebit saecularis homo sacerdotii magisterium adimplere cuius nec officium tenuit nec disciplinam agnouit? | Aut quid docere poterit cum ipse non didicit? Nunc uero saepe cernimus plurimos ordinationem in talibus facere, nec elegunt qui ecclesiae prosint, sed quos uel ipsi amant uel quorum sunt obsequiis deliniti uel pro quibus maiorum quispiam rogauerit et, ut deteriora dicam, qui ut ordinarentur muneribus inpetrarunt;

durch die Monogamie oder die Jungfräulichkeit geheiligt ist. Jemand aber, der zweimal verheiratet war, wird (die Erlaubnis) entzogen, das Priesteramt auszuüben.

Dass ferner ein Bischof nicht nur von einem, sondern von allen Bischöfen einer Provinz ordiniert wird, ist bekanntlich wegen der Irrlehren verfügt worden, damit nicht die tyrannische Autorität eines einzelnen irgendetwas gegen den Glauben der Kirche unternimmt. Deshalb wird er eingesetzt, nachdem sich alle (Bischöfe der Provinz) versammelt haben, oder wenn mindestens drei anwesend sind und die übrigen die Wahl schriftlich bezeugen.

(12) Bei der Weihe wird diesem aber der Stab gegeben, damit er durch dieses Kennzeichen das untergebene Volk sowohl regiert als auch bessert und die Unsicherheiten der Schwachen zurückhält. Als Zeichen der bischöflichen Würde und als Siegel der Geheimnisse wird ihm auch der Ring verliehen. Denn es gibt viele Dinge, die, weil sie (den Augen) der Sündhaften und weniger Einsichtigen verborgen sind, die Bischöfe gleichsam versiegelt aufbewahren, damit die Geheimnisse Gottes nicht von irgendwelchen Unwürdigen enthüllt werden.

Dass Menschen aus der Welt niemals zum Dienst für die Kirche herangezogen werden sollen, lehrt aber bereits dieselbe apostolische Autorität, die sagt: „Du sollst niemandem in Eile die Hand auflegen" und nochmals: „keinem Neophyten, damit er nicht, hochmütig vor Stolz" (1 Tim 6,22; 3,6), glaubt, er habe nicht einen Dienst der Demut, sondern vielmehr die Leitung einer weltlichen Gewalt erlangt, und wegen der Verdammung des Stolzes wie der Teufel wegen Hochmutes verjagt wird. (13) Denn wie sollte ein Mann der Welt eine Leitungs- und Lehrfunktion ausüben, deren Amt er nicht besitzt und deren Beruf er nicht versteht? Und was sollte einer lehren, der nichts gelernt hat? Jetzt aber beobachten wir häufig, dass die meisten eben solche ordinieren und nicht diejenigen wählen, die der Kirche nützen, sondern solche, die sie selbst bevorzugen, die sich durch ihre Fügsamkeit auszeichnen oder für die einer der Vorfahren hat abstimmen lassen und, um noch Schlimmeres anzuführen, solche, die es geschafft haben, mittels Geschenken ordiniert zu

taceo de reliquis. Alii successores filios uel parentes faciunt et
conantur posteris praesulatus relinquere dignitatem, cum hoc
nec Moyses amicus dei facere potuit sed Iesum de alia tribu
elegit, ut sciremus principatum in populum non sanguini defen-
dendum esse sed uitae. (14) Interdum autem et iuxta meritum
plebium eleguntur personae rectorum, unde nouerint populi sui
fuisse meriti regimen peruersi suscepisse pontificis.

Quod autem is qui post baptismum aliquo mortali peccato
corruptus est ad sacerdotium non promoueatur, lex ipsa testatur.
Moyses enim in lege praecepit sacerdotibus ne aliquod pecus
uitiatum ad aram dei offerant. Quod ipsud postea spernentibus
sacerdotibus Israhel per Malachiam inproperauit deus dicens:
„Vos sacerdotes qui polluistis nomen meum et dixistis: In quo
polluimus te? Offertis super altare meum panem pollutum. Nonne, si offeratis caecum uel languidum, nonne malum est?" Vnde
et in Numeris uitula rufa, cuius cinis expiatio populi est, non
aliter iubetur offerri ad altare domini nisi quae terrena opera non
fecerit, iugumque delicti non traxerit, nec uinculis peccatorum
fuerit alligata. (15) Sed quid plura subiciam? Si enim is qui iam in
episcopatu uel presbiterio est positus mortale aliquod peccatum
admiserit, retrahitur: quanto magis <siquis> ante | ordinationem
peccator inuentus <…> ut ordinetur? Quapropter, quia lex peccatores a sacerdotio remouet, consideret se unusquisque et, sci-
ens quia „potentes potenter tormenta patiuntur", retrahat se ab
hoc non tam honore quam onere, et aliorum locum qui digni
sunt non ambiat occupare.

werden. Von den übrigen schweige ich. Andere machen Söhne oder Verwandte zu ihren Nachfolgern und versuchen, die Bischofswürde ihren Nachkommen zu vermachen, wenngleich dies nicht einmal Mose, der Freund Gottes, tun konnte, sondern den Josua aus einem anderen Stamm erwählte, damit wir verstehen, dass die Herrschaft über das Volk nicht wegen des Blutes, sondern wegen des Lebens(wandels) zu rechtfertigen ist. (14) Zuweilen aber werden wegen der Schuld des Volkes Personen unter den Rechtschaffenen gewählt, damit die Menschen erkennen, dass es Ursache ihrer Schuld war, dass sie die Herrschaft eines moralisch korrupten Bischof ertragen mussten.

Dasselbe Gesetz bezeugt, dass nicht zum Priesteramt erhoben werden kann, wer nach der Taufe durch eine Todsünde verdorben wurde. Denn im Alten Testament hat Mose den Priestern vorgeschrieben, kein mit einem Makel behaftetes Stück Vieh am Altar Gottes zu opfern. Weil die Priester dies später missachteten, wurde Israel von Maleachi getadelt, indem Gott sagte: „Ihr Priester, die ihr meinen Namen befleckt und gesagt habt: Wodurch haben wir dich befleckt? Ihr habt auf meinem Altar verdorbenes Brot geopfert. Ist es etwa nichts Schlechtes, wenn ihr etwas Blindes oder Schwaches opfert?" (Mal 1,6–8). Deshalb wird im Buch Numeri befohlen, dass ein rotes Kalb, dessen Asche die Sühne des Volkes ist, nur dann am Altar des Herrn geopfert wird, wenn es noch keine irdischen Arbeiten verrichtet und das Joch des Vergehens noch nicht geschleppt hat und nicht durch die Fesseln der Sünden festgebunden ist (vgl. Num 19,2). (15) Aber was soll ich noch anführen? Wenn aber einer, der schon in ein Bischofs- oder Priesteramt eingesetzt wurde, irgendeine Todsünde begeht, wird er abgesetzt. Um wieviel mehr (ist es dann verboten), dass jemand ordiniert wird, der bereits vor seiner Amtseinsetzung als Sünder entdeckt wurde? Weil das Gesetz Todsünder aus dem Priesteramt entfernt, möge sich jeder einzelne überlegen und sich – in dem Wissen, dass „die Mächtigen Strafen mächtig erleiden" (Weish 6,7) – von diesem weniger eine Ehre als vielmehr eine Last (bedeutenden Amt) zurückziehen und sich nicht darum bemühen, die Stelle jener zu besetzen, die würdig sind.

Qui enim in erudiendis atque instituendis ad uirtutem populis praeerit, necesse est ut in omnibus sanctus sit et in nullo reprehensibilis habeatur. Qui enim alium de peccatis arguit, ipse a peccato debet esse alienus. (16) Nam cum qua fronte subiectos arguere poterit cum illi statim possit correptus ingerere, "ante te doce quae recta sunt, o episcope"? quapropter qui neglegit recta facere, desinat recta docere; prius quippe semetipsum corrigere debet, qui alios ad bene uiuendum ammonere studet, ita ut in omnibus semetipsum formam uiuendi praebeat, cunctosque ad bonum opus et doctrina et opere prouocet.

Cuius etiam et scientia scripturarum necessaria est; quia si episcopi tantum sancta sit uita, sibi soli potest prodesse sic uiuens; porro si et doctrina et sermone fuerit eruditus, potest ceteros quoque instruere, et docere suos et aduersarios repercutere qui, nisi refutati fuerint atque conuicti, facile queunt simplicium corda peruertere.

(17) Huius autem sermo debet esse purus simplex et apertus, plenus grauitatis et honestatis, plenus suauitatis et gratiae, tractans de mysterio legis, de doctrina fidei, de uirtute continentiae, de disciplina iustitiae, unumquemque diuersa ammonens exortatione iuxta professionis morumque qualitatem, uidelicet ut praenoscat quid cui quando uel quomodo proferat. |

Cuius prae ceteris speciale officium est scripturas legere, percurrere canones, exempla sanctorum imitare, uigiliis, ieiuniis, orationibus incumbere, cum fratribus habere pacem, nec quemquam ex membris suis dispicere, nullum damnare nisi conprobatum, nullum excommunicare nisi discussum.

Quique ita humilitate pariter et auctoritate praestabit, ut nec per nimimam humilitatem suam subditorum uitia conualescere faciat, nec per inmoderatam auctoritatem seueritatis potestatem

Es ist nötig, dass, wer nämlich die Völker bei der Suche nach und der Errichtung der Tugend leitet, in jeder Hinsicht heilig und in keiner Beziehung zu tadeln ist. Denn wer einen andern der Sünde bezichtigt, muss selbst der Sünde abgeneigt sein. (16) Denn mit welchem Antlitz kann er seine Untergebenen bezichtigen, wenn er als ein Getadelter von ihnen sogleich aufgefordert werden könnte: ‚Lehre dich erst selber, was richtig ist, Bischof?' Deshalb soll, wer selbst nicht das Richtige zu tun weiß, das Richtige auch nicht lehren. Wer bemüht ist, andere zu ermahnen, gut zu sein, muss freilich zunächst sich selbst bessern, damit er sich in jeder Hinsicht selbst als Vorbild für das Leben erweist und alle durch seine Lehre und sein Tun zu einem guten Werk anspornt.

Nötig ist für ihn das Schriftstudium; wenn das Leben eines Bischofs auch heiligmäßig ist, so kann er bei einem solchen Lebenswandel nur sich selber nützen. Wenn er aber dazu noch ein gelehrter Wissenschaftler und Redner ist, kann er auch die anderen instruieren und die Seinen belehren und seine Widersacher zurückweisen, die, wenn sie nicht widerlegt und überzeugt wurden, leicht die Herzen der Einfachen zu verwirren vermögen.

(17) Seine Sprache aber muss rein, einfach und leicht verständlich sein, voll Ernst und Würde, voll Wohlklang und Anmut, wenn er das Geheimnis des Gesetzes, die Glaubenslehre, die Tugend der Enthaltsamkeit, die Ordnung der Gerechtigkeit behandelt und den einzelnen entsprechend der Art seines Berufes und seines Charakters durch unterschiedliche Ermunterung belehrt, gleichsam als ob er im Voraus wüsste, was, wem, wann und wie von Nutzen ist.

Seine Aufgabe ist es vor allem anderen, die Schrift zu studieren und die Kanones zu lesen, das Vorbild der Heiligen nachzuahmen, sich den Nachtwachen, Fasten und Gebeten zu widmen, Frieden mit den Brüdern zu halten und keines ihrer Mitglieder zu verachten, niemanden ohne Beweis zu verurteilen, niemand ohne Überführung zu exkommunizieren.

So wird er sich durch Demut ebenso wie durch Autorität auszeichnen, so dass er weder durch ein Übermaß an Selbsterniedrigung ein Ansteigen der Fehltritte seiner Untergeben verursacht noch seine Macht mit zu strenger Autorität ausübt. Vielmehr

exerceat; sed tanto cautius erga commissos agat, quanto durius a Christo iudicari formidat.

(18) Tenebit quoque illam supereminentem donis omnibus caritatem, sine qua omnis uirtus nihil est. Custos enim sanctitatis caritas est. Locus autem huius custodis humilitas. Habebit etiam inter haec omnia et castitatis eminentiam, ita ut mens Christi corpus confectura ab omni inquinamento carnis sit munda et libera. Inter haec oportebit eum sollicita dispensatione curam pauperum gerere, esurientes pascere, uestire nudos, suscipere peregrinos, captiuos redimere, uiduas ac pupillos tuere, peruigilem in cunctis exhibere curam, prouidentiam, et distributionem discretam. (19) In quo etiam et hospitalitas ita erit praecipua ut omnes cum benignitate et caritate suscipiat. Si enim uniuersi fideles illud euangelicum audire desiderant, „hospis fui et suscepistis me", quanto magis episcopus, cuius diuersorium cunctorum esse debet receptaculum? Laicus enim unum aut duos suscipiens impleuit hospitalitatis officium, episcopus nisi omnes receperit inhumanus est.

In negotiis autem saecularibus dirimendis oportet eum causam merito discernere, non gratia. Neque enim sic debet episcopus suscipere potentem ut contristet contra iustitiam pau|perem, neque pro paupere auferre iustitiam a potente. (20) Non defendat inprobum nec sancta indigno committenda arbitretur, neque arguat et inpugnet cuius crimen non reprehenderit.

Erit quoque illi etiam, iuxta apostolum, mansuetudo, patientia, sobrietas, moderatio, abstinentia, siue pudicitia, ut non solum ab opere se inmundo abstineat sed etiam ab oculi et uerbi et cogitationis errore, ita ut, dum nullum in se uitium regnare permittit, inpetrare apud deum ueniam pro subditorum facinoribus ualeat.

soll er die ihm Anvertrauten umso vorsichtiger behandeln, je mehr er fürchtet, von Christus gerichtet zu werden.

(18) Er wird die alle anderen Geschenke überragende Liebe besitzen, ohne die alle Tugend nichts ist. Denn die Wächterin der Heiligkeit ist die Liebe. Diese Wächterin ist in der Demut zu Hause. Außerdem wird er sich durch eine besondere Keuschheit auszeichnen, so dass der Geist, der den Leib des Herrn bereiten wird, rein und frei ist von aller fleischlichen Befleckung. Daneben aber wird es nötig sein, dass er sich durch eine eifrige Verteilung (von Hilfsleistungen) um die Armen sorgt, die Hungrigen sättigt, die Nackten kleidet, die Fremden aufnimmt, die Gefangenen befreit, die Witwen und Waisen beschützt und allen eine stets wachsame Fürsorge und eine angemessene Verteilung zukommen lässt. (19) Auch seine Gastfreundschaft wird so außerordentlich sein, dass er alle mit Freundlichkeit und Liebe aufnehmen wird. Denn wenn sämtliche Gläubigen jenes Bibelwort „ich war ein Fremder und du hast mich aufgenommen" (Mt 25,35) zu hören wünschen, um wieviel mehr der Bischof, dessen Wohnstätte eine Zuflucht für alle Arten von Leuten ist. Der Laie erfüllt nämlich seine Gastfreundschaftspflicht, wenn er einen oder zwei aufnimmt, ein Bischof, der nicht alle aufnimmt, ist unmenschlich.

Bei der Schlichtung weltlicher Geschäfte aber ist es nötig, dass er einen Rechtsstreit nach dem Verschulden und nicht aus Gefälligkeit entscheidet. Denn der Bischof darf weder einen Mächtigen so unterstützen, dass er gegen die Gerechtigkeit einen Armen betrübt, noch darf er für einen Armen das Recht zuungunsten eines Mächtigen anwenden. (20) Er soll den Bösewicht nicht verteidigen und nicht meinen, dass heilige Dinge einem Unwürdigen anzuvertrauen sind, und er soll nicht jemanden beschuldigen und bekämpfen, dessen Verbrechen er nicht tadelt.

Er wird auch, wie es sich für einen Apostel gehört, ausdauernd, geduldig, nüchtern, gemäßigt, enthaltsam und keusch sein (vgl. 1 Tim 6,11), damit er sich nicht nur einer unreinen Handlung enthält, sondern auch einer Verirrung des Auges, des Wortes und des Gedankens, so dass er – während er keinem Laster gestattet, ihn zu beherrschen – bei Gott für die Missetaten seiner Untergebenen Vergebung zu erlangen vermag.

Qui enim ista sectauerit, et dei minister utilis erit et perfectum sacerdotium retentabit.

VI. De corepiscopis.

(1) Corepiscopi, id est uicarii episcoporum, iuxta quod canones ipsi testantur, instituti sunt ad exemplum septuaginta seniorum tamquam consacerdotes propter sollicitudinem pauperum. Hii in uicis et uillis constituti gubernant sibi commissas ecclesias, habentes licentiam constituere lectores, subdiaconos, exorcistas. Presbiteros autem aut diaconos ordinare non audent praeter conscientiam episcopi in cuius regione praeesse noscuntur. Hii autem a solo episcopo ciuitatis cuius adiacent ordinantur.

VII. De presbiteris.

(1) Presbiterorum ordo exordium sumpsit a filiis, ut dictum est, | Aaron. Qui enim sacerdotes uocabantur in ueteri testamento, hii sunt qui nunc appellantur presbiteri, et qui nuncupabantur principes sacerdotum nunc episcopi nominantur. Presbiteri autem interpretantur seniores, quia seniores aetate Greci „presbiten" uocant.

His enim sicut episcopis dispensatio mysteriorum dei commissa est. (2) Praesunt enim ecclesiae Christi, et in confectione diuini corporis et sanguinis consortes cum episcopis sunt, similiter et in doctrina populorum et in officio praedicandi; ac sola propter auctoritatem summo sacerdoti clericorum ordinatio et consecratio reseruata est, ne a multis disciplina ecclesiae uindicata concordiam solueret, scandala generaret. Nam Paulus apostolus

Wer sich in dieser Weise bemüht, wird sowohl ein nützlicher Diener sein als auch ein vollkommenes Priestertum bewahren.

6. Über die Chorbischöfe

(1) Die Chorbischöfe, d. h. die Vertreter der Bischöfe, sind nach dem Zeugnis der Kanones nach dem Beispiel der siebzig Ältesten gleichsam als Mitbischöfe eingesetzt worden aus Sorge für die Armen. Sie leiten die ihnen anvertrauten Kirchen in den Dörfern und auf den Latifundien. Sie dürfen Lektoren, Subdiakone und Exorzisten einsetzen. Presbyter und Diakone sollen sie nicht zu ordinieren wagen, außer mit Wissen des Bischofs, in dessen Gebiet sie als Vorgesetzte bekannt sind. Diese werden vom Bischof der angrenzenden Stadt geweiht.

7. Über die Presbyter

(1) Der Stand der Presbyter leitet sich ursprünglich, wie bereits erwähnt, von den Söhnen Aarons her. Denn diejenigen, die im Alten Testament Priester (*sacerdotes*) genannt wurden, diese werden heute Presbyter genannt, und die als die Ersten der Priester bezeichnet wurden, werden heute Bischöfe genannt. *Presbyteri* (die Priester) wird aber mit *seniores* (die Ältesten) übersetzt, weil die Griechen die Ältesten *presbyteres* nennen.[37]

Diesen ist nämlich wie den Bischöfen die Spendung der göttlichen Geheimnisse anvertraut. (2) Sie stehen der Kirche Christi vor und sind bei der Bereitung von Brot und Wein Partner der Bischöfe, ebenso bei der Unterweisung der Völker und dem Predigeramt. Die Ordination und Weihe der Kleriker ist nur wegen der Autorität dem Bischof vorbehalten, damit eine von vielen angemaßte Disziplin die Einheit der Kirche nicht auflöst und keine Ärgernisse erregt. Denn der Apostel Paulus bezeugt *presbyteri*

---

[37] Warum LAWSON hier die offenbar falsche Form *presbyten* in den Haupttext gesetzt hat, ist unklar, da auch Formen wie *presbiteros* oder *presbiteres* überliefert wurden.

eosdem presbiteros ut uere sacerdotes sub nomine episcoporum
ita adseuerat loquens ad Titum: „Huius", inquit, „rei gratia re-
liqui te Cretae, ut ea quae desunt corrigas et constituas per ci-
uitates presbiteros, quemadmodum ego tibi disposui, siquis sine
crimine est, unius uxoris uirum, filios habentem fideles non in
accusatione luxoriae aut non subditos. Oportet enim episcopum
sine crimine esse". Qua sententia ostendit presbiteros etiam sub
episcoporum nomine taxari. (3) Vnde et ad Timotheum de or-
dinatione episcopi et diaconi scribit, de presbiteris omnino ta-
cuit, quia eos in episcoporum nomine conprehendit. Secundus
enim et paene coniunctus gradus est, sicut et ad Philippenses
„episcopis et diaconibus" scribit, cum una ciuitas plures episcopos habere non possit, et in Actibus presbiteros ecclesiae iturus
Hierusolima congregauit quibus inter cetera: „Videte gregem in
quo uos spiritus sanctus episcopos ordinauit". Vnde etiam tales
in ecclesia presbiteros constituendos esse sicut episcopos, et apo-
stolus ad Titum loquitur et canones ipsi testantur. |

(4) Presbiteros autem merito et sapientia dici, non aetate.
Nam et Moysi praecipitur ut elegat presbiteros. Vnde et in Pro-
uerbiis dicitur: „Gloria senum canities". Quae est haec canities?
Haud dubium quin sapientia, de qua scriptum est: „Canities
hominum prudentia est"; cumque nongentos et amplius annos ab
Adam usque ad Abraham uixisse homines legerimus, nullus alius
primus appellatus est presbiter, id est senex, nisi Abraham qui
multo paucioribus annis uixisse conuincitur. Non ergo propter
decrepitam senectutem sed propter sapientiam presbiteri nominantur. Quod si ita est, mirum est cur insipientes constituuntur.

wie wirkliche *sacerdotes* (*sc.* Priester) unter dem Namen *episcopus* (Bischof), wenn er zu Titus sagt: „Wegen dieser Angelegenheit lasse ich dich auf Kreta zurück, damit du Versäumnisse korrigierst und in den Gemeinden Presbyter (*presbyteri*) einsetzt, wie ich dir befohlen habe, nämlich wenn jemand ohne ein Vergehen ist, wenn er der Mann nur einer einzigen Ehefrau ist und gläubige Kinder hat, die nicht der Begierde angeklagt oder unterworfen sind. Denn die Bischöfe (*episcopi*) müssen ohne Tadel sein" (Tit 1,5–7). Dadurch zeigt er, dass auch die Presbyter unter den Begriff Bischöfe fallen. (3) An Timotheus schreibt er deshalb nur über die Ordination eines Bischofs (*episcopi*) und Diakons. Über die Presbyter schweigt er vollständig, da er sie unter dem Begriff *episcopi* zusammenfasste (vgl. 1 Tim 3,1–13). Denn die Presbyter sind ein zweiter, fast (mit den Bischöfen) verbundener Stand, wie er (Paulus) denn auch im Brief an die Philipper von Bischöfen (*episcopi*) und Diakonen (*diaconi*) schreibt, (Phil 1,1) weil eine Gemeinde nicht mehrere Bischöfe haben kann. In der Apostelgeschichte versammelte er, als er im Begriff war, nach Jerusalem zu gehen, die Presbyter der Kirche und sagte: „Seht die Herde, in der euch der Heilige Geist als *episcopi* eingesetzt hat" (Apg 20,28). Dass daher auch solche Presbyter wie *episcopi* einzusetzen sind, sagt der Apostel im Brief an Titus (vgl. Tit 1,6) und bezeugen auch die Kanones.

(4) Presbyter heißen sie wegen ihres Verdienstes und ihrer Weisheit, nicht wegen ihres Alters. Denn schon dem Mose wurde vorgeschrieben, Presbyter zu erwählen. Deshalb wird im ersten Buch der Sprüche gesagt: „Die Zierde der Alten ist ihr graues Haar" (Spr 20,29). Was ist mit dem grauen Haar gemeint? Zweifelsohne die Weisheit, von der geschrieben steht: „Das graue Haar ist die Erfahrung der Menschen" (Weish 4,8). Wenn wir lesen, dass von Adam bis Abraham seit mehr als 900 Jahren Menschen gelebt haben (vgl. Gen 5,27), wurde keiner außer Abraham, der sicherlich viel weniger Jahre lebte, als erster Presbyter, d. h. Ältester, genannt. Deshalb werden die Presbyter nicht wegen der Gebrechlichkeit des Alters, sondern wegen der Weisheit als solche bezeichnet. Wenn es so ist, dann verwundert es, dass Unwissende als Presbyter eingesetzt werden.

VIII. De diaconibus.

(1) Diaconorum ordo a Leui tribu accepit exordium. Praecepit enim dominus ad Moysen ut post ordinationem Aaron sacerdotis et filiorum eius rursus Leui tribus in diuini cultus ministerio ordinarentur, et consecrarentur domino pro omnibus primogenitis, et seruirent pro Israhel coram Aaron et filiis eius in tabernaculum dei, excubantes in templo die ac nocte, ipsique gestarent arcam et tabernaculum et omnia uasa eius, et in circuitu tabernaculi castra ipsi constituerent, et in promouendo tabernaculo ipsi deponerent, rursus ipsi conponerent. (2) „A uiginti quinque autem annis et supra" isdem in tabernaculo seruire mandatum est; quam regulam sancti patres et in nouo testamento constituerunt.

In euangelio autem primordia eorum in Actibus Apostolorum ita leguntur: „Conuocantes itaque duodecim apostoli multitudinem | discipulorum dixerunt: Non placet relinquere nos uerbum dei et ministrare mensis. Quid ergo est fratres? Considerate ex uobis ipsis uiros boni testimonii septem, plenos spiritu sapientiae, quos constituamus in hanc rem. Nos uero erimus orationi et ministerio sermonis instantes, et placuit hic sermo coram multitudine, et elegerunt Stephanum uirum plenum fide et spiritu sancto, Philippum, Procorum et Nicanorem et Timonem et Parmenam et Nicolaum Antiocensem. Hii steterunt ante apostolos, et cum orassent, inposuerunt illis manus; uerbumque dei crescebat et multiplicabatur numerus credentium". (3) Exhinc iam decreuerunt apostoli, uel successores apostolorum, per omnes ecclesias septem diacones, qui sublimiori gradu a ceteris proximi circa aram Christi quasi columnae altaris adsisterent. Et non sine aliquo septinarii numeri mysterio; hii enim sunt quos in Apocalypsin legimus septem angeli tubis canentes, hii sunt septem candelabra aurea, hii uoces tonitruorum. Ipsi enim clara uoce in

8. Über die Diakone

(1) Der Stand der Diakone nahm seinen Anfang bei Levi. Denn der Herr befahl Mose, dass nach der Weihe des Priesters Aaron und seiner Söhne wiederum der Stamm des Levi für den Dienst des göttlichen Kultes eingesetzt, dem Herrn stellvertretend für alle Erstgeborenen geweiht werden und für Israel vor Aaron und seinen Söhnen im Zelt Gottes dienen sollte, indem sie Tag und Nacht im Tempel Wache halten und das Offenbarungszelt und die Bundeslade und alle ihre Gefäße tragen und sich im Umkreis des Offenbarungszelts ein Lager errichten und beim Transport des Offenbarungszelts es abbauen und später wieder aufbauen sollten (vgl. Num 3,5–12). (2) Es wurde ihnen befohlen, „ab dem 25. Lebensjahr und darüber hinaus" (Num 8,24) in dem Offenbarungszelt zu dienen. Diese Bestimmung legten die heiligen Väter auch im Neuen Testament fest.

Im Evangelium liest man über ihren Ursprung folgendes: „Deshalb riefen die Apostel die Menge ihrer Jünger zusammen und sprachen: ‚Es ist nicht gut, dass wir das Wort Gottes vernachlässigen und an den Tischen bedienen. Was ist also zu tun? Bestimmt aus eurer Mitte sieben Männer mit gutem Leumund, die wir für diese Aufgabe einsetzen sollen. Wir aber werden uns um das Gebet und den Dienst des Wortes kümmern.' Die Rede gefiel der Menge, und sie wählten den Stephanus, einen Mann voll des Glaubens und des Heiligen Geistes, den Philippus, Procorus und Nicanor und Timon und Parmenas und Nikolaus aus Antiochia. Diese stellten sich vor die Apostel, und diese legten ihnen, nachdem sie gebetet hatten, die Hände auf. Das Wort Gottes wuchs und die Zahl der Gläubigen wurde vermehrt" (Apg 6,2–7). (3) Daher bestimmten schon die Apostel bzw. ihre Nachfolger, in allen Kirchen sieben Diakone einzusetzen, die wegen ihrer den übrigen gegenüber hervorgehobenen Stellung gleichsam wie Säulen des Altars dem Altar am nächsten stehen sollen. Und zwar nicht ohne eine Art Mysterium der Zahl Sieben. Denn diese sind die sieben Engel, die, wie wir in der Apokalypse lesen, die Posaunen blasen, sie sind die sieben goldenen Leuchter, sie sind die Stimmen der Donnerschläge (vgl. Apg 1,12; 8,2; 10,3). Wie Herolde

modum praeconis ammonent cunctos, siue in orando, siue in
flectendis genibus, siue in psallendo, siue in lectionibus audi-
endis; ipsi etiam ut aures habeamus ad dominum adclamant, ipsi
quoque euangelizant.

Sine his sacerdos nomen habet, officium non habet. (4) Nam
sicut in sacerdote consecratio, ita in ministro dispensatio sacramenti est; ille orare, hic psallere mandatur; ille oblata sanctificat,
hic sanctificata dispensat. Ipsis etiam sacerdotibus propter prae-
sumptionem non licet de mensa domini tollere calicem, nisi eis
traditus fuerit a diacono. Leuitae inferunt oblationes in altario,
leuitae conponunt mensam domini, leuitae operiunt | arcam te-
stamenti. Non enim omnes uident alta mysteriorum quae ope-
riuntur a leuitis, ne uideant qui uidere non debent et sumant qui
seruare non possunt.

Quique propterea altario albis induti adsistunt, ut caelestem
uitam habeant, candidique ad hostias et immaculati accedant,
mundi silicet corpore, incorrupti pudore. (5) Tales enim decet
dominum habere ministros, qui nullo carnis corrumpantur con-
tagio, sed potius eminentia castitatis splendeant.

Quales autem diacones ordinentur, apostolus Paulus plenis-
sime scribit ad Timotheum. Nam cum praemisisset de sacerdotum electione continuo subiecit dicens: „Diacones similiter" in-
reprehensibiles, hoc est sine macula sicut episcopi; „pudicos"
utique, id est a libidine continentes; „non bilingues", scilicet ne
conturbent habentes pacem; „non multo uino deditos", quia ubi
ebrietas ibi libido dominatur et furor; „non turpe lucrum sec-
tantes", ne de caelesti mysterio lucra terrena sectentur. Est quoque et turpis lucri appetitio plus quam de praesentibus cogitare.

sollen sie alle mit klarer Stimme zum Gebet, zum Knien, Psalmensingen und zum Anhören der Lesungen ermahnen. Sie sollen uns dazu aufrufen, auf Gott zu hören, sie sollen auch das Evangelium vortragen.

Ohne die Diakone ist ‚Priester' (*sacerdos*) nur ein Name, kein Amt (*officium*). (4) Denn wie dem Priester die Konsekration, so obliegt dem Diener (*sc.* dem Diakon) die Verteilung des Sakramentes. Jener hat die Aufgabe zu beten, dieser Psalmen zu singen. Jener heiligt die Opfergaben, dieser verteilt sie, nachdem sie geheiligt wurden. Die Priester dürfen (die liturgische Handlung), den Kelch des Herrn vom Altar zu nehmen, erst durchführen, wenn er ihnen vom Diakon gereicht wurde. Die Leviten tragen die Opfergaben zum Altar, decken den Tisch des Herrn und verhüllen die Truhe des Testaments. Denn nicht alle sehen das Innerste der Mysterien, das von den Leviten verdeckt wird, damit die, die nicht sehen dürfen, nicht sehen und die, die nicht dienen können, es sich nicht anmaßen.

Deshalb sollen sie bekleidet mit der Albe am Altar stehen, damit sie das himmlische Leben haben, und sie sollen sich schneeweiß und unbefleckt, körperlich sauber und unverdorben von der Scham den Hostien nähern. (5) Denn es ziemt sich, dass der Herr solche Diener hat, die von keiner Berührung des Fleisches verdorben sind, sondern vielmehr aufgrund besonderer Keuschheit glänzen.

Welche Personen zu Diakonen geweiht werden sollen, schreibt der Apostel Paulus ausführlich im Brief an Timotheus. Denn, nachdem er sich vorher über die Auswahl der Priester geäußert hat, fährt er fort und sagt: „Die Diakone sollen ebenso" untadelig, d. h. ohne Fehler, sein wie die Bischöfe; „sie sollen besonders keusch sein", d. h. sich der sexuellen Lust enthalten; „sie sollen nicht doppelzüngig sein", damit sie diejenigen, die Frieden haben, nicht verwirren; „sie sollen sich nicht zu sehr dem Weingenuss hingeben", denn wo die Trunksucht herrscht, herrscht auch die sexuelle Begierde und Wut; „sie sollen nicht auf schändlichen Profit aus sein", damit sie nicht anstelle des himmlischen Mysteriums nur irdischen Gewinn verfolgen. Auch das Streben nach Gewinn ist schändlich, mehr noch, als über das Vorhandene

Post haec subiecit: „Hii autem probentur primum, et sic ministrent nullum crimen habentes"; utique, sicut episcopi, sic et isti ante ordinationem probari debent, si digni sunt, et sic ministrare.

VIIII. De custodibus sacrorum.

(1) Custodes sacrarii leuitae sunt. Ipsis enim iussum est custodire tabernaculum et omnia uasa templi. Quique ideo in lege ab anno qinquagenario elegunter custodes uasorum ut, | post edomitum carnis conflictum iam quieti, mundo corpore pariter et mente deo deseruiant, praeferentes speciem grauitatis, ne fallantur consilio, ne fidem deserant, neque quicquam intemperantius gerant.

X. De subdiaconibus.

(1) Subdiacones, qui apud Grecos yppodiacones uocitantur, in Esdra inueniuntur, appellanturque ibi Natanei, id est in humilitate domino seruientes. Ex eorum ordine fuit ille Nathanahel qui in euangelio Iohannis diuina proditione commonitus, saluatorem meruit confiteri, quique etiam ad primum diuinitatis indicium fidelis enituit, protestante domino ac dicente: „Ecce uere Israhelita in quo dolus non est".

(2) Denique isti oblationes in templo domini suscipiunt a populis, isti oboediunt officiis leuitarum, isti quoque uasa corporis et sanguinis Christi diaconibus ad altarium offerunt.

De quibus quidem placuit patribus ut, qui sacra mysteria contrectant, casti et continentes ab uxoribus sint et ab omni carnali

---

[38] Tatsächlich sollen die Wächter der heiligen Geräte nach Num 8,25 im Alter von 50 Jahren ihren Dienst aufgeben. Isidor bezieht sich hier nur auf das Alte Testament, in der Kirche ist das Amt des Sakristans gemeint.

nachzudenken. Danach fügt er hinzu: „Sie sollen aber zunächst überprüft werden, und wenn sie ohne Schuld sind, so sollen sie den Dienst versehen" (vgl. 1 Tim 3,8; 3,10). Wie die Bischöfe, so müssen auch sie vor der Ordination beurteilt werden, ob sie würdig sind, und so dienen.

9. Über die Wächter der heiligen Geräte

(1) Zu den Leviten zählen auch die Wächter der heiligen Geräte. Denn sie haben den Auftrag, das Offenbarungszelt und sämtliche Gefäße des Tempels zu bewachen (vgl. Num 8,24–26). Die Wächter der heiligen Geräte werden nach dem Gesetz ab dem 50. Lebensjahr gewählt,[38] damit sie, nachdem sie die Anfechtungen des Fleisches bereits bezwungen haben, rein an Körper und Geist in Ruhe Gott dienen. Man bevorzugt Kandidaten mit einer würdevollen Erscheinung, damit sie sich durch Ratschläge nicht täuschen lassen, nicht den Glauben im Stich lassen und nicht zu leidenschaftlich handeln.

10. Über die Subdiakone

(1) Subdiakone, die bei den Griechen *yppodiacones* genannt werden, findet man bei Esra (vgl. Esr 2,43) und sie werden dort ‚Natanei' genannt, d. h. diejenigen, die dem Herrn in Demut dienen. Aus ihrem Stand kam jener Nathanael, der, ermahnt durch göttliche Offenbarung, im Johannesevangelium den Heiland zu bekennen verdiente, und der auch beim ersten Zeichen der Gottheit als Gläubiger erstrahlte, als der Herr verkündete und sagte: „Siehe, ein wahrer Israelit, in dem kein Betrug ist" (Joh 1,47).

(2) Sie nehmen in der Kirche des Herrn die Opfergaben des Volkes entgegen, unterstehen den Ämtern der Leviten (*sc.* Diakone) und bringen auch die Gefäße für den Leib und das Blut Christi zu den Diakonen an den Altar.

Es gefiel den Vätern, dass sie, die die heiligen Mysterien berühren, keusch und ehelos leben und frei sind von fleischlicher

inmunditia liberi, iuxta quod illis propheta docente iubetur:
„Mundamini qui fertis uasa domini".

Hii igitur cum ordinantur, sicut sacerdotes et leuitae, manus
inpositionem non suscipiunt, sed patenam tantum et calicem de
manu episcopi, et ab archidiacono scyphum aquae cum aqua-
manile et manitergium. |

XI. De lectoribus.

(1) Lectorum ordo formam et initium a prophetis accepit. Sunt
igitur lectores qui uerbum dei praedicant, quibus dicitur: „Clama, ne cesses, quasi tuba exalta uocem tuam".

Isti quippe dum ordinantur, primum de eorum conuersatione
episcopus uerbum facit ad populum, deinde coram plebe tradit ei
codicem apicum diuinorum ad dei uerbum adnuntiandum.

(2) Qui autem ad huiusmodi promouetur gradum, iste erit
doctrina et libris inbutus, sensuumque ac uerborum scientia perornatus, ita ut in distinctionibus sententiarum intellegat ubi finiatur iunctura, ubi adhuc pendeat oratio, ubi sententia extrema
claudatur. Sicque expeditus, uim pronuntiationis tenebit ut ad
intellectum mentes omnium sensusque permoueat, discernendo
genera pronuntiationum atque exprimendo proprios sententiarum affectus, modo indicantis uoce, modo dolentis, modo increpantis, modo exortantis, siue his similia, secundum genera
propriae pronuntiationis. (3) In quo magis et illa ambigua sententiarum adhibenda cognitio est. Multa enim sunt in scripturis
quae, nisi proprio modo pronuntientur, in contrarium recidunt
sententiam, sicuti est: „Quis accusabit aduersus electos dei?

Unreinheit, so wie ihnen nach der Lehre des Propheten befohlen ist: „Ihr werdet gereinigt, die ihr die Gefäße des Herrn tragt" (Jes 52,11).

Sie werden nicht wie Priester und Leviten (sc. Diakone) durch Handauflegung ordiniert, sondern erhalten aus der Hand des Bischofs die Patene und den Kelch und vom Erzdiakon den Wasserbehälter mit dem Gefäß zum Händewaschen und dem Handtuch.

11. Über die Lektoren

(1) Der Stand der Lektoren erhielt seine Gestalt und seinen Anfang von den Propheten. Die Lektoren sind nämlich diejenigen, die das Wort Gottes vortragen und zu denen gesagt wird: „Rufe, hör nicht auf, wie eine Tuba erhebe deine Stimme" (Jes 58,1).

Wenn sie geweiht werden, richtet der Bischof zunächst wegen ihres Lebenswandels das Wort an das Volk und übergibt ihnen dann in Anwesenheit des Volkes den Codex der göttlichen Schriften (sc. die Bibel) für die Verkündigung von Gottes Wort.

(2) Wer zu diesem Grad befördert wird, soll mit Unterricht und Büchern vertraut sein, sich auszeichnen durch die Kenntnis der Wörter und ihrer Bedeutung, damit er bei der Unterscheidung der Sätze erkennt, wo im Satz eine Aussage endet bzw. noch in der Schwebe ist und wo das Ende eines Satzes erreicht ist. So disponiert, wird er die Fähigkeit des Vortragens besitzen, um Geist und Sinn aller zum Verständnis zu bewegen durch die Unterscheidung der verschiedenen Arten des Vortrags und das Ausdrücken der durch die Sätze vermittelten Gefühle, bald durch die Stimme eines Anzeigenden, bald eines Schmerz Empfindenden, bald eines Tadelnden und Ähnliches dergleichen entsprechend den Arten der jeweils passenden Intonation (des vorzutragenden Textes). (3) Dabei ist besonders das Erkennen der Zweideutigkeit der Sätze anzuwenden. Denn in den Schriften gibt es viele Stellen, die, wenn sie nicht richtig ausgesprochen werden, eine entgegengesetzte Bedeutung bekommen, wie etwa: „Wer wird gegen die Erwählten des Herrn Anklage erheben?

Deus qui iustificat?" Quod si quasi confirmatiue, non seruato genere pronuntiationis suae, dicatur, magna peruersitas oritur. Sic ergo pronuntiandum est ac si diceret: „Deusne qui iustificat?" <ut> subaudiatur: „Non". (4) Necesse est ergo in tantis | rebus scientiae ingenium quo proprie singula conuenienterque pronuntientur.

Praeterea et accentuum uim oportet lectorem scire ut nouerit in qua sillaba uox protendatur pronuntiantis. Plerumque enim inperiti lectores in uerborum accentibus errant, et solent inuidere nos inperitiae hii qui uidentur habere notitiam, detrahentes et iurantes penitus nescire quod dicimus.

(5) Porro uox lectoris simplex erit et clara et ad omne pronuntiationis genus accommodata, plena suco uirili, agrestem et subrusticum effugiens sonum, non humilis nec adeo sublimis, non fracta uel tenera nihilque femineum sonans, neque cum motu corporis sed tantum cum grauitatis specie. Auribus enim et cordi consulere debet lector, non oculis, ne potius ex se ipso spectatores magis quam auditores faciat.

Vetus opinio est lectores pronuntiandi causa praecipuam curam uocis habuisse ut exaudiri in tumultum possent. Vnde et dudum lectores praecones uel proclamatores uocabantur.

XII. De psalmistis.

(1) Psalmistarum, id est cantorum, principes uel auctores, Dauid siue Asaph extiterunt. Isti enim post Moysen psalmos primi conposuerunt et cantauerunt. Mortuo autem Asaph filii eius in hunc ordinem subrogati sunt a Dauid, erantque psalmistae per sionem generis sicut et ordo sacerdotalis, ipsique soli continuis diebus in

Gott, der gerecht macht?" Wenn dieser Text, weil die Art der Intonation nicht beachtet wird, gleichsam wie eine Zustimmung gesprochen wird, entsteht eine komplett falsche Aussage. Deshalb ist so zu deklamieren, als wolle man sagen: „Ist es etwa Gott, der gerecht macht?" (Röm 8,33), damit das „Nein" unterschwellig gehört wird. In solchen Fällen ist ein wissenschaftliches Talent nötig, damit die einzelnen Sätze ihrem eigentlichen Sinn entsprechend passend vorgetragen werden.

Daneben muss der Lektor die Bedeutung der Akzente kennen, damit er weiß, welche Silben vom Vortragenden länger oder kürzer ausgesprochen werden müssen. Denn unerfahrene Lektoren irren sich häufig bei den Wortakzenten, und pflegen uns, die wir offensichtlich diese Kenntnis haben, wegen ihrer Unwissenheit zu beneiden, indem sie uns schmähen und beteuern, überhaupt nicht zu verstehen, was wir sagen.

(5) Die Stimme des Lektors soll ferner einfach und klar sein, an jede Art des Vortragens angepasst und voll männlicher Kraft, sie soll einen plumpen und rohen Klang meiden, darf nicht unterwürfig, aber auch nicht zu hochfahrend sein, nicht brüchig, zart oder feminin klingen und soll nicht von der Bewegung des Körpers, sondern durch den Eindruck der Würde (geprägt sein). Der Lektor soll die Ohren und Herzen der Zuhörer ergreifen und nicht die Augen, damit er durch sein Verhalten aus Zuhörern nicht eher Zuschauer macht.

Nach alter Auffassung achteten die Lektoren wegen des Vortragens besonders auf ihre Stimme, damit sie während eines Aufruhrs verstanden werden konnten. Deshalb wurden die Lektoren früher auch Herolde oder Ausrufer genannt.

12. Über die Psalmisten

(1) Als die Ersten bzw. Begründer der Psalmisten, d. h. der Sänger, zeichneten sich David und Asaph aus (vgl. 2 Kön 5,12). Denn nach Mose verfassten und sangen sie als erste Psalmen. Nach Asaphs Tod wurden seine Söhne in diesen Stand von David berufen. Sie waren wie der Stand der Priester Psalmisten auf Grund ihrer Abstammung und nur sie sangen, bekleidet mit

templo canebant candidis induti stolis, ad uocem unius respondente choro. (2) Ex hoc ueteri more ecclesia sumpsit exemplum nutriendi psalmistas quorum cantibus ad affectum dei mentes audientium excitentur.

Psalmistam autem et uoce et arte praeclarum inlustremque esse oportet, ita ut oblectamento dulcedinis animos incitet | auditorum. Vox autem eius non aspera uel rauca uel dissona, sed canora erit, suauis, liquida atque acuta, habens sonum et melodiam sanctae religionis congruentem, non quae tragicam exclamet artem sed quae Christianam simplicitatem in ipsa modulatione demonstret, neque quae musico gestu uel theatrali arte redoleat sed quae conpunctionem magis audientibus faciat.

(3) Antiqui, pridie quam cantandum erat, cibis abstinebant. Pallentia tamen legumina causa uocis assidue utebantur; unde et cantores apud gentiles fabarii dicti sunt. Veteres, lammina pectori inposita, sub ea cantica exclamantes alendis uocibus rationem demonstrauerunt.

Solent autem ad hoc officium, etiam absque scientia episcopi, sola iussione presbiteri elegi, quique in candandi arte probabiles esse constiterint.

XIII. De exorcistis.

(1) In ordine et ministerio ecclesiae esse exorcistas, secundum officia quae in templo Salomonis erant disposita quaeque posterius sunt ab Esdra sanctissimo dispertita. Inuenimus eos quos Esdras actores memorat templi eos nunc esse exorcistas in ecclesia dei. Fuerunt enim sub Esdra actores templi seruorum Salomonis filii qui actum templi totius sub curam suam haberent, non tamen sacerdotalibus officiis ministrarent aut sacris oblationibus

weißen Gewändern, an aufeinanderfolgen Tagen im Tempel, wobei auf die Stimme eines (Vorsängers) der Chor antwortete. (2) Von diesem alten Brauch übernahm die Kirche das Verfahren, Psalmisten zu unterhalten, durch deren Gesänge der Geist der Zuhörer zur Gottesliebe angeregt wird.

Der Psalmist muss über eine herausragende stimmliche und künstlerische Qualität verfügen, damit durch den Genuss seiner angenehmen Stimme die Herzen der Zuhörer angespornt werden. Seine Stimme darf weder rauh und heiser noch unharmonisch, sondern muss wohlklingend, weich, hell und klar sein und in Klang und Melodie zur heiligen Religion passen, sie darf nicht wie in der Tragödie laut schreien, sondern soll durch ihre natürliche Modulation christliche Einfachheit ausdrücken und nicht, was durch musikalische Gebärden oder theatralische Kunstfertigkeit wirkt, sondern was die Zerknirschung der Zuhörer verstärkt.

(3) Früher enthielt man sich vor dem Singen der Speisen und aß der Stimme wegen häufig blasses Gemüse, weshalb man die Sänger bei den Heiden auch Bohnenesser nannte. Die Alten haben auch eine Methode zur Kräftigung der Stimme aufgezeigt, bei der man Platten auf die Brust legte, unter diesen sangen sie dann laut die Lieder.

Normalerweise werden diejenigen, die sich in der Kunst des Singens als geeignet erwiesen haben, auch ohne Wissen des Bischofs, allein durch die Anweisung des Presbyters für dieses Amt ausgewählt.

13. Über die Exorzisten

(1) In der Ordnung und im Dienst der Kirche sind die Exorzisten gemäß den Ämtern, die im Tempel Salomos eingerichtet und später von dem sehr heiligen Esra aufgeteilt wurden. Wir haben ermittelt, dass diejenigen, die Esra als Verwalter im Tempel erwähnt, jetzt in der Kirche Gottes die Exorzisten sind. Die Verwalter des Tempels unter Esra waren nämlich die Söhne der Diener Salomos, die die Verwaltung des gesamten Tempels unter sich hatten, nicht jedoch bei den priesterlichen Aufgaben oder

deseruirent (2) Et cum fuissent ex ordine et ministerio templi, longe fuerunt ab officio altaris dei, quia nec | psalmistis nec ostiariis nec sacrorum seruis adtingere licebat ad munera altaris nisi tantummodo leuitis. Quid ergo est? Nullam aliam curam habebant actores templi nisi ad sarta tecta reficienda ut, quaecumque fuissent uexata in aedificio templi aut delapsa, per eosdem actores de thesauris dominicis reficerentur atque excolerentur. (3) Ergo actores templi exorcistae sunt in populo dei. Quomodo enim actor prudens et bonus scit quid sit domini sui census et omnis substantiae modus, et redigit apud se totius possessionis instrumenta originalia, sic et exorcista redigit in sua diligentia totius regni domini secreta ut memoriae mandet de scripturarum sacramentis, unde exerceat scilicet donum quod illi est ab spiritu sancto concessum secundum apostoli praeconium. (4) Exorcistas enim memorat apostolus cum dicit: „Numquid omnes donationes habent sanationum?"

Hii enim cum ordinantur, sicut ait canon, accipiunt de manu episcopi libellum in quo scripti sunt exorcismi, accipientes potestatem inponendi manus super inerguminos siue caticuminos.

XIIII. De ostiariis.

(1) Ostiarii sunt qui in ueteri testamento ianitores templi uocabantur; qui praeerant portis Hierusalem, quique ordinati per uices suas omnia interiora templi uel exteriora custodiebant.

Hii denique, inter sanctum et iniquum discernentes, eos tantum in ecclesia qui sunt fideles recipiunt. Intrare enim templum nisi per hos non possumus. Habent enim potestatem tam bonos recipiendi quam reiciendi indignos. |

den heiligen Opferungen Dienst leisten sollten. (2) Auch wenn sie aus der Ordnung und dem Dienst des Tempels waren, so waren sie vom Dienst am Altar Gottes weit entfernt, weil weder den Psalmisten, noch den Ostiariern noch den Dienern der Heiligtümer erlaubt war, die Geschenke für den Altar zu berühren, außer den Leviten. Aus welchem Grund? Die Verwalter des Tempels hatten keine anderen Aufgaben als den guten baulichen Zustand der Dächer wiederherzustellen, damit alles, was am Gebäude des Tempels beschädigt oder herabgefallen war, durch die Verwalter aus den Schätzen des Herrn wiederhergestellt und erneuert würde. (3) Deshalb sind die Verwalter des Tempels im Volk Gottes die Exorzisten. Denn so wie der kluge und gute Verwalter das Vermögen seines Herrn und die Art des gesamten Besitzstandes kennt und die originalen Urkunden des ganzen Besitzes in seiner Zuständigkeit verwaltet, so soll auch der Exorzist die Geheimnisse des gesamten Gottesreiches aus den Geheimnissen der (Heiligen Schriften) in der ihm eigenen Sorgfalt (in der Weise) verwalten, dass er sie dem Gedächtnis anvertraut, weshalb er nämlich die Gabe ausübt, die ihm nach der Verkündigung des Apostels vom Heiligen Geist verliehen wurde. (4) Denn der Apostel denkt an die Exorzisten, wenn er sagt: „Haben denn alle die Gabe zu heilen?" (1 Kor 12,30).

Wenn sie ordiniert werden, empfangen sie, wie es der Kanon bestimmt, aus der Hand des Bischofs das Buch, in dem die Exorzismen verzeichnet sind, und die Macht der Handauflegung für von Dämonen Besessene und Katechumenen.

14. Über die Ostiarier

(1) Ostiarier sind diejenigen, die im Alten Testament als Torhüter des Tempels bezeichnet wurden. Sie schützten die Tore Jerusalems und bewachten nach ihrer Einsetzung abwechselnd das gesamte Innere und Äußere des Tempels.

Sie lassen nämlich nur die Gläubigen in die Kirche ein, wobei sie zwischen Frommen und Bösen unterscheiden. Nur mit ihrer Erlaubnis können wir die Kirche betreten. Denn sie haben die Gewalt, sowohl die Guten einzulassen wie die Bösen abzuweisen.

XV. De monachis.

(1) Vnde autem ad monachos studium defluxerit paupertatis? Vel quis huius conuersationis extitit auctor, cuius isti habitum imitantur? Quantum enim, inquam, adtinet ad auctoritatem ueterum scripturarum, huius propositi princeps Helias et discipulus eius Heliseus fuerunt, siue filii prophetarum qui habitabant in solitudinem urbibusque relictis faciebant sibi casulas prope fluenta Iordanis. Huius etiam propositi in euangelio baptista Iohannis auctor extitit qui heremum solus incoluit, locustis tantum et agresti melle nutritus; iam deinde progenitos conuersationis huius nobilissimos principes, Paulos, Antonios, Hilarionas, Macharios ceterosque patres; quorum exemplis per uniuersum mundum adoleuit sancta institutio monachorum.

(2) Sex autem sunt genera monachorum, quorum tria optima, reliqua uero deterrima atque omnimodis euitanda.

Primum genus est coenobitarum, id est in commune uiuentium, ad instar sanctorum illorum qui temporibus apostolorum in Hierusolimis, uindita ac distributa omnia sua indigentibus, habitabant in sancta communione uitae, non dicentes aliquid proprium, sed „erant illis omnia communia" et anima et cor unum in deum. Horum igitur institutione monasteria sumpsere principium. |

(3) Secundum genus est heremitarum qui procul ab hominibus recedentes deserta loca et uastas solitudines sequi atque habitare perhibentur, ad imitationem scilicet Heliae et Iohannis baptistae qui heremi secessus penetrauerunt. Hii quippe incredibili mundi contemptu sola solitudine delectantur, herbis tantum agrestibus uictitantes, aut pane solo uel aqua contenti quod eis per certa interualla temporum defertur; sicque secretissimi penitus et ab omni hominum conspectu remoti, diuino tantum conloquio perfruuntur cui puris mentibus inheserunt et propter cuius amorem non solum mundum sed etiam hominum consortia reliquerunt.

15. Über die Mönche

(1) Von woher wurde das Streben nach Armut den Mönchen zuteil? Und wer zeichnete sich als Urheber dieser Lebensform aus, dessen Gewohnheit diese (*sc.* die Mönche) nachahmen? Soweit es die Autorität des Alten Testamentes betrifft, möchte ich sagen, dass die Urheber dieses Vorsatzes Elias und sein Jünger Eliseus waren und die Söhne der Propheten, die in der Einöde wohnten und sich in verlassenen Städten nahe dem Jordan Hütten errichteten. Als Begründer dieses Vorsatzes ragt im Evangelium Johannes der Täufer hervor, der allein die Wüste bewohnte und der sich von Heuschrecken und wildem Honig ernährte (vgl. Mt 3,4). Schon spätere Nachkommen dieser Lebensweise waren die edelsten Gründer Paulus, Antonius, Hilarius, Macarius und die übrigen Mönchsväter. Durch ihr Beispiel wuchs die heilige Institution des Mönchtums auf der ganzen Welt heran.

(2) Es gibt sechs Arten der Mönche, von denen drei sehr gut, die übrigen höchst abscheulich und um jeden Preis zu meiden sind.

Die erste Art sind die Coenobiten, d. h. die in Gemeinschaft lebenden, nach dem Vorbild jener Heiligen, die zur Zeit der Apostel in Jerusalem ein Leben in heiliger Gemeinschaft führten, nachdem sie allen Besitz verkauft und an Bedürftige verteilt hatten, nichts ihr eigen nannten, „sondern alles gemeinsam besaßen" (Apg 4,32) und ein Herz und eine Seele in Gott waren. Von der Einrichtung dieser Lebensgemeinschaften nahmen die Klöster ihren Anfang.

(3) Die zweite Art sind die Eremiten, von denen erzählt wird, dass sie weit von den Menschen entfernte, verlassene Orte und weite Einöden aufsuchten und bewohnten, nämlich nach dem Vorbild des Elias und Johannes des Täufers, die die Abgeschiedenheit der Einöde aufsuchten. Wegen ihrer unglaublichen Verachtung der Welt fanden sie Freude nur an der Einsamkeit, lebten von wilden Kräutern oder waren nur mit Wasser und Brot zufrieden, die ihnen zu bestimmten Zeiten gebracht wurden. Völlig einsam und fast von jedem Anblick der Menschen entfernt, pflegten sie reinen Geistes das Gespräch mit Gott. Aus Liebe zu ihm verließen sie nicht nur die Welt, sondern auch die Gesellschaft der Menschen.

(4) Tertium genus est anachoritarum qui, iam coenobiali conuersatione perfecti, includunt semetipsos in cellulis procul ab hominum conspectu remoti, nulli ad se praebentes accessum sed in sola contemplatione dei uiuentes.

(5) Quartum genus est qui sese anachoritarum imagine blandiuntur. Isti, ut ait Cassianus, in primordiis suis feruore quodam breui coenobii perfectionem uidentur expetere; sed, continuo tepefacti dum pristinos mores ac uitia resecare contemnunt nec iugum humilitatis ac patientiae diutius sustinere contenti sunt subdique seniorum imperio dedignantur, separatas expetunt cellas ac solitarie sedere desiderant ut a nemine lacessiti mansueti uel humiles aestimentur. Quae institutio, immo tepor, eos quos semel infecerit ad perfectionem numquam permittit accedere. (6) Hoc enim modo non solum non abscidentur uerum etiam in deterius eorum uitia conualescunt dum a nemine prouocati, ut quoddam loetale et intestinum uirus, quanto am|plius celatum fuerit tanto profundius serpens, insanabilem morbum generat aegrotanti. Pro reuerentia enim singularis cellae nullus iam uitia solitarii audet arguere quae ille ignorari maluit quam curari.

(7) Quintum genus est circellionum qui sub habitu monachorum usquequaque uagantur, uenalem circumferentes ypocrisin, circumeuntes prouincias, nusquam missi nusquam fixi, nusquam stantes nusquam sedentes. Alii quae non uiderunt confingunt, opiniones suas habentes pro deo; alii membra martyrum, si tamen martyrum, uinditant; alii fimbrias et filacteria sua magnificant, gloriam captantes ab hominibus; alii criniti incedunt

---

[39] Cassian, *coll.* 18,8,1f (CSEL 13,516f).

(4) Die dritte Art sind die Anachoreten, die sich, nachdem sie sich durch ein Leben im Kloster vervollkommnet haben, weit vom Anblick der Menschen entfernt in ihren Zellen einschließen, niemandem Zutritt gewähren und allein in der Betrachtung Gottes leben.

(5) Die vierte Art der Mönche schmeicheln sich selbst durch den Anschein von Anachoreten. Sie scheinen zu Beginn ihrer Laufbahn, wie Cassian[39] bemerkt, mit einer Art kurzer Leidenschaft in einem Kloster nach Vollkommenheit gestrebt zu haben. Weil sie aber, ständig erhitzt, ihre früheren Gewohnheiten und Laster nicht verachten wollen und nicht damit zufrieden sind, das Joch der Demut und Geduld auf sich zu nehmen, verschmähen sie es, sich den Anordnungen ihrer Vorgesetzten zu unterwerfen. Sie versuchen, entlegene Zellen zu erreichen, und streben danach, für sich allein zu leben, damit sie von niemandem belästigt für sanft und demütig gehalten werden. Diese Verfasstheit, oder besser gesagt Hitze, die sie einmal befleckt hat, gestattet es diesen Menschen nicht, die Vollkommenheit zu erreichen. (6) Denn auf solche Weise werden ihre Laster nicht nur nicht abgetrennt, sondern verschlimmern sich noch, weil sie (die Pseudoanachoreten) von niemandem zum Kampf gegen ihre Laster aufgefordert werden, wie ein in der Seele befindliches todbringendes Gift, das, je länger es verborgen bleibt, umso tiefer eindringt, für den Erkrankten eine unheilbare Krankheit erzeugt. Denn aus Verehrung für das Leben als Einsiedler in einer Mönchszelle wagt niemand, die Laster des Einsiedlers offen zu legen. Jener möchte nämlich lieber, dass seine Laster ignoriert als geheilt werden.

(7) Die fünfte Art von Mönchen sind die Circellionen, die im Mönchsgewand überall umherstreifen. Sie verbreiten eine käufliche Heuchelei und bereisen die Provinzen: nirgends hingeschickt, nirgends verweilend, nirgends stehen bleibend, nirgends sich niederlassend. Einige erfinden Dinge, die sie nicht gesehen haben, und haben ihre eigenen Ansichten von Gott. Andere bieten Gebeine der Märtyrer feil – wenn es denn Märtyrer sind. Wieder andere preisen ihre Fransen und Amulette an und erheischen Ruhm von den Menschen. Wieder andere schreiten mit

ne uilior habeatur tonsa sanctitas quam comata, ut uidelicet qui eos uiderit antiquos illos quos legimus cogitet Samuhelem et Heliam et ceteros; (8) alii honores quos non acceperunt habere se protestantur; alii parentes et consanguineos suos in illa uel illa regione se audisse uiuere, et ad eos pergere mentiuntur et omnes petunt, omnes exigunt aut sumptum lucrosae egestatis aut simulatae pretium sanctitatis; cum interea, ubicumque in factis suis malis ac uerbis deprehensi fuerint uel quoquo modo innotuerint, sub generali nomine monachorum propositum blasphematur.

(9) Sextum genus est monachorum et ipsum deterrimum atque neglectum quod per Ananiam et Saffiram in exordio ecclesiae pullulauit et apostoli Petri seueritate succisum est. Quique ab eo quod semetipsos a coenobiali disciplina sequestrant suasque liberi appetunt uoluntates Aegyptiorum lingua sarabaitae siue renuitae nuncupati sunt. Construunt enim sibi cellulas easque falso nomine monasteria nuncupant, liberique ab imperio seniorum arbitrio suo uiuunt, certatim in operibus | laborantes non ut indigentibus distribuant sed ut adquirant pecunias quas recondant; et, sicut ait de ipsis Hieronimus, quasi ars sit sancta non uita, quicquid uindiderint maioris est pretii. (10) Re uera, ut idem dicit, solent certare ieiuniis et rem secreti uictoriae faciunt. Apud hos affectata sunt, inquid, omnia fluxae manicae, caligae follicantes, uestis grossior, crebra suspiria, uisitatio uirginum, detractio clericorum, et siquando dies festus uenerit satiantur ad uomitum.

(11) Inter coenobium autem et monasterium ita distinguit Cassianus, quod monasterium possit etiam unius monachi habitatio nuncupari, coenobium autem non nisi plurimorum.

---

[40] Gegen die Sarabaiten wendet sich auch die Benediktregel (*Bened. reg.* 1,6–9 [72f SALZBURGER ÄBTEKONFERENZ]). Vgl. FRANK, *Sarabaiten*.
[41] Vgl. HIERONYMUS, *epist.* 22,34 (CSEL 54,597).
[42] CASSIAN, *coll.* 18,9f (CSEL 13,517).

wallendem Haar umher, damit die Tonsur für minderwertiger gehalten wird als langes Haar, so dass derjenige, der sie sieht, an jene Alten – Samuel, Elias und die übrigen, von denen wir gelesen haben – denkt. (8) Wieder andere behaupten, Würden zu besitzen, die sie nicht empfangen haben. Andere täuschen vor, sie hätten gehört, dass ihre Eltern oder Verwandten in dieser oder jener Gegend wohnen und geben vor, dass sie sich zu ihnen begeben. Alle aber fordern, alle verlangen entweder die Kosten für eine gewinnbringende Armut oder den Preis für eine geheuchelte Heiligkeit, während unterdessen, wo immer sie bei ihren bösen Worten und Taten ergriffen oder auf welche Art und Weise sie auch immer zur Anzeige gebracht werden, unter dem allgemeinen Namen das Gelübde der Mönche geschmäht wird.

(9) Die sechste ist die schlechteste und am geringsten geachtete Art der Mönche, die in den Anfängen der Kirche durch Ananias und Safira hervorgesprießt ist und durch die Strenge des Apostels Petrus ausgemerzt wurde. Deshalb werden diejenigen, die sich selbst von der Disziplin der Klöster absondern und als Freie ihren eigenen Willen begehren, in der ägyptischen Sprache als Sarabaiten (vgl. Apg 5, 1–11)[40] oder Renuiten (Verweigerer) bezeichnet. Sie errichten sich Zellen und bezeichnen sie fälschlich als Klöster. Frei von der Herrschaft von Ältesten leben sie nach ihrem eigenen Willen. Wetteifernd gehen sie Beschäftigungen nach, nicht um etwas an Bedürftige zu verteilen, sondern um Geld zu erwerben, das sie verstecken. Wie Hieronymus sagt, sei ihnen das Geschäft, nicht das Leben heilig. Was sie verkaufen, hat einen höheren Preis. (10) Sie pflegen tatsächlich Wettkämpfe im Fasten auszutragen, wie derselbe sagt, und machen einen Gegenstand der Verschwiegenheit zu einem Gegenstand des Sieges. Bei ihnen, sagt er, ist alles geheuchelt: die losen Ärmel, die klappernden Sandalen, das grobe Gewand, die häufigen Seufzer, der Besuch der Jungfrauen, die Schmähung der Kleriker. Wenn ein Festtag ist, essen sie so lange, bis sie sich übergeben.[41]

(11) Cassian[42] unterscheidet folgendermaßen zwischen *coenobium* und *monasterium*. Letzeres kann auch die Wohnung eines einzelnen Mönches bezeichnen, Ersteres nur die Wohnung mehrerer Mönche.

Quorum quidem conuersationem ut patrum edocet institutio breuiter intimabo. Hii quippe, ut praedictum est, contemptis primum atque desertis mundi huius inlecebris, in commune uitam sanctissimam congregati simul agunt, uiuentes in orationibus, in lectionibus, in disputationibus, in uigiliis, in ieiuniis; nulla superbia tumidi, nulla inuidentia liuidi, sed modesti uerecundi placati, concordissimam uitam sectantur, cogitationesque suas alterutrum reuelantes inuicem discutiunt, corrigunt. (12) Nemo quicquam terrenum sorte peculiari possidet. Pretiosis uel coloratis uestibus non induuntur, sed uilissimis atque sinceris. Lauacra numquam utuntur delectatione corporis, sed raro propter necessitatem langoris. Inconsulto abbate nusquam progrediuntur, nec aliquid ab eis sine nutu paternae iussionis adsumitur. Operantur autem manibus ea quibus et corpus pasci possit et a deo mens inpediri non possit. Canent autem manibus operantes et ipsum laborem tamquam diuino celeumate consolantur. (13) Opus autem suum tradunt eis quos decanos uocant | eo quod sint denis praepositi, ut neminem illorum cura sui corporis tangat neque in cibo neque in uestimento neque siquid aliud opus est uel cotidianae necessitati uel mutatae, ut adsolet, ualitudini. Ipsi autem decani tradunt ea praeposito. Praepositus autem, cum magna sollicitudine omnia disponens, praesto facit quicquid illorum uita propter inbecillitatem corporis postulat, rationem tamen etiam ipse reddit ei quem patrem uocant. Hii uero patres, intellectu tolerantia atque discretione insignes, omnibus rebus excelsi nulla superbia consulunt his quos filios appellant, magna sua in iubendo auctoritate, magna illorum in oboediendo uoluntate. (14) Conueniunt autem omnes frequenter nocte dieque dato signo festina cum properatione ad orationem solemnium horarum, celebrantes fixa intentione cordis et usque ad consummationem psalmorum sine fastidio persistentes. Item conueniunt

Deren Lebensweise werde ich nach der Anordnung der Väter kurz darstellen. Die Mönche haben sich, wie schon gesagt, nachdem sie zunächst die Verlockungen dieser Welt verachtet und verlassen haben, in einer Gemeinschaft verbunden und führen ein sehr heiliges Leben in Gebeten, Lesungen, Disputationen, Nachtwachen und Fasten. Weder aufgeblasen von Stolz noch missgünstig durch Neid, sondern bescheiden, sittsam und zufrieden leben sie in höchster Eintracht, teilen sich ihre Gedanken gegenseitig mit, diskutieren sie miteinander und weisen sich gegenseitig zurecht. (12) Niemand besitzt ein irdisches Gut als Eigentum. Sie werden nicht mit kostbaren und gefärbten, sondern mit minderwertigen und ungefärbten Gewändern bekleidet. Bäder werden niemals zu körperlicher Lust, sondern nur selten aus Notwendigkeit bei Erschöpfung benutzt. Niemals verlassen sie das Kloster, ohne den Abt zu fragen, und nehmen nichts ohne seine väterliche Zustimmung an. Mit den Händen wird das hergestellt, wodurch sowohl der Körper ernährt als auch der Geist nicht von Gott abgehalten werden kann. Während sie mit den Händen arbeiten, singen sie und verrichten ihre Arbeit gleichsam nach göttlichem Befehl. (13) Die Erzeugnisse ihrer Arbeit übergeben sie denjenigen, die Dekane genannt werden, weil sie Vorgesetzte von je zehn Mönchen sind, so dass niemand von ihnen sich Sorgen um seinen Körper machen muss, weder hinsichtlich der Nahrung, der Kleidung oder eines anderen täglichen Bedürfnisses oder, wie üblich, bei Krankheit. Die Diakone übergeben diese Sachen dem Probst (*praepositus*). Der Probst, der alles mit größter Sorgfalt regelt, stellt alles bereit, was das Leben der Mönche bei einer Krankheit erfordert, legt aber gleichwohl dem, den sie Vater nennen, Rechenschaft ab. Diese Väter aber, die sich durch Verständnis, Geduld und Weisheit auszeichnen und in jeder Beziehung hervorragen, kümmern sich um diejenigen, die sie Söhne nennen. Ihre Autorität beim Befehlen ist groß ebenso wie der Wille der Mönche beim Gehorchen groß ist. (14) Auf ein Zeichen hin versammeln sich alle häufig bei Tag und Nacht mit großer Eile zum Gebet der feierlichen Horen und lobpreisen mit gleichbleibender Konzentration des Herzens und verharren ohne Überdruss bis zur Beendigung der Psalmen.

diebus singulis interpositis dum adhuc ieiuni sunt in conlatione
ad audiendum patrem. Audiunt autem eum incredibili studio,
summo silentio affectusque animorum suorum, prout eos pro-
uocauerit disserentis oratio, uel gemitu uel fletu significantes.
Corpus deinde cum silentio magno reficiunt tantum quantum
saluti necesse est, coercente unoquoque per parsimoniam concupiscentiae gulam ne grauetur eorum cor uel in ea ipsa quae prae-
sto sunt parca et uilissima. (15) Itaque non solum a carnibus et a
uino abstinent pro sufficientia domandarum libidinum, sed etiam ab omnibus quae uentris et gutturis prouocant appetitum.
Sane, quicquid necessario uictui superest ex operibus manuum et
epularum restrictione, tanta cura egentibus distribuitur ut nihil
remaneat quod habundauerit.

Ad cuius sanctae militiae propositum ueniunt non solum liberi sed etiam plerumque et ex conditione seruili, uel propter
hoc a dominis liberati uel propter hoc potius liberandi. (16) Ve-
niunt quoque et ex uita rustica et ex opificum exercitatione et
ex | plebeio labore, tanto utique felicius quanto fortius educati.
Qui si non admittantur, graue delictum est. Multi enim ex eo
numero uere magni imitandique extiterunt; nam propterea „et
infirma mundi elegit deus ut confunderet fortia, et stulta mundi
elegit ut confunderet sapientes, et ignobilia mundi et ea quae non
sunt tamquam sint ut ea quae sunt euacuentur, ut non glorietur
omnis caro coram deo".

(17) Simili quoque modo extant et coenobia feminarum deo
sollicite casteque seruientium. Quae, habitaculis suis segregatae
ac remotae a uiris quam longissime, pia tantum sanctitatis caritate iunguntur et imitatione uirtutis. Ad quas iuuenum nullus

Ebenso kommen sie an den jeweils festgesetzten Tagen nüchtern zusammen, um den Vater zu hören. Sie hören ihm mit außergewöhnlichem Eifer und äußerstem Stillschweigen zu, wobei sie die Stimmung ihrer Seelen, je nachdem wie sie die Rede des Vortragenden hervorruft, entweder durch Seufzen oder Weinen kundtun. Danach kräftigen sie in großer Stille den Körper, soweit es für die Gesundheit nötig ist, wobei jeder die Gefräßigkeit durch Sparsamkeit der Begierde zügelt, damit ihr Herz nicht beschwert wird, sondern sie sich selbst bei den wenigen und billigen Dingen, die ihnen zur Verfügung stehen, enthalten und sie geringachten. (15) Deshalb sollen sie zur Unterdrückung der Begierden, die beherrscht werden sollen, sich nicht nur des Fleisches und Weines enthalten, sondern aller Dinge, die den Appetit des Magens und Gaumens anregen. In der Tat wird alles, was aus der Hände Arbeit für den nötigen Lebensunterhalt und durch die Einschränkung bei den Mahlzeiten übrigbleibt, mit so großer Sorgfalt an die Bedürftigen verteilt, dass nichts übrigbleibt, was zu einem Überfluss führen würde.

Zur Lebensweise dieses heiligen Dienstes kommen nicht nur Freie, sondern meistens Sklaven, die deshalb von ihren Herren freigelassen wurden oder freizulassen sind. (16) Es kommen auch Bauern, Handwerker und einfache Arbeiter, sie sind je glücklicher, desto strenger sie erzogen wurden. Es stellt ein schweres Vergehen dar, ihnen keinen Zutritt (in das Kloster) zu gewähren. Viele von ihnen zeichnen sich nämlich besonders aus und sind nachzuahmen. Denn deshalb „hat Gott das Törichte in der Welt erwählt, um die Weisen zuschanden zu machen, und das Schwache in der Welt hat Gott erwählt, um das Starke zuschanden zu machen. Und das Niedrige in der Welt und das Verachtete hat Gott erwählt: das, was nichts ist, um das, was etwas ist, zu vernichten, damit kein Fleisch sich rühmen kann vor Gott" (1 Kor 1,27–29).

(17) Es gibt von gleicher Art auch Klöster von Frauen, die Gott sorgfältig und keusch dienen. Wenngleich sie durch ihre Wohngebäude von den Männern getrennt und möglichst weit entfernt sind, so sind sie sowohl durch eine fromme Liebe zur Heiligkeit und die Nachahmung der Tugend miteinander verbunden. Zu

accessus est, neque ipsorum quamuis grauissimorum et probatissimorum senum nisi usque ad uestibulum, necessaria praebendi quibus indigent gratia. His praesunt singulae grauissimae ac probatissimae, non tantum in <in>stituendis conponendisque moribus sed etiam instruendis mentibus peritae atque paratae. Lanificio etiam corpus exercent atque sustentant, uestesque ipsas monachis tradunt, ab his inuicem quod uictui opus est resumentes.

Hos mores, hanc uitam, hanc institutionem tenere uidentur coenobia uirginum ac monachorum.

(18) Monachi enim secundum humilitatem eleguntur. Multos enim ex eis cenodoxiae morbus conmaculat, multosque abstinentia inflat, extollit scientia. Faciunt enim bona sed propter famam, non propter uitam aeternam, scilicet ut aut gloriam affectent laudis aut perueniant ad fastigium desiderati honoris. Inter hos saepius discordia oboritur, inuidiaeque liuor de fraternis profectibus gignitur, amor temporalium rerum grassatur, sequentes terrenas concupiscentias tanto inaniter quanto saepius et ante humanos oculos inpudenter.

Tales itaque nequalquam monachi uocitandi sunt, quia deo sola professione non actione iunguntur.

XVI. De paenitentibus.

(1) Paenitentibus exemplum Iob primus exhibuit, quando post funera uel flagella adhuc in sui redargutione etiam in cilicio et cinere lamenta paenitudinis sumpsit dicens: „Idcirco ago paenitentiam in fauilla et cinere". Post hunc nobis Dauid paenitentiae magisterium praebuit quando, graui uulnere lapsus dum audisset a propheta peccatum suum, confestim paenituit et culpam suam

ihnen haben Männer keinen Zutritt; auch nicht sehr ehrwürdige und erprobte Greise außer bis zum Eingang, wenn Sachen zu liefern sind, die sie benötigen. Ihnen stehen einzelne sehr würdige und sehr erprobte Frauen vor, die nicht nur in der Einrichtung und Ordnung der Gebräuche erfahren und ausgebildet sind, sondern auch in der geistigen Unterweisung. Durch Wollarbeit betätigen und ernähren sie ihren Leib. Die Gewänder übergeben sie den Mönchen, von denen sie wiederum empfangen, was für die Ernährung nötig ist.

Diese Gewohnheiten, diese Lebensform und diese Einrichtung scheinen die Klöster der Frauen und Männer zu haben.

(18) Mönche werden nämlich auf Grund der Bescheidenheit ausgewählt. Viele von ihnen aber besudelt die Krankheit der Eitelkeit, bläht die Enthaltsamkeit auf, machen die Kenntnisse übermütig. Denn sie tun Gutes aus Ruhmsucht, nicht wegen des ewigen Lebens, um nämlich entweder nach einem rumreichen Leben zu streben oder den Gipfel der erstrebten Würde zu erreichen. Unter ihnen kommt es oft zu Zwietracht, und wegen der Erfolge der Brüder entsteht missgünstiger Neid. Die Liebe zu weltlichen Dingen ist verbreitet, da sie ebenso unnütz wie häufig und in unkluger Weise vor den Augen der Menschen weltlichen Begierden folgen.

Solche Leute darf man überhaupt nicht als Mönche bezeichnen, weil sie Gott nur durch das Gelübde und nicht durch die Tat verbunden sind.

16. Über die Büßer

(1) Als Beispiel für die Büßer erscheint als erster Ijob, als er nach Begräbnissen und Züchtigungen noch bei seinem Widerruf – schon in Sack und Asche – Bußklagen anstimmte und sagte: „Deshalb tue ich Buße in Asche und Staub" (Ijob 42,6). Nach ihm vermittelte uns David die Lehre der Buße, als er, während er – wegen einer schweren Wunde gestürzt – vom Propheten seine Schuld erfuhr, sofort Buße tat und seine Schuld durch das

paenitentiae confessione sanauit. (2) Sic Niniuitae et alii multi peccata sua confessi sunt, paenitentiam egerunt; displicuerunt sibi quales fuerunt et quales per deum facti sunt illi placuerunt.

Est autem paenitentia medicamentum uulneris, spes salutis, per quam peccatores saluantur, per quam deus ad misericordiam prouocatur; quae non tempore pensatur sed profunditate luctus et lacrimarum. Paenitentia autem nomen sumpsit a poena qua anima cruciatur et mortificatur caro.

(3) Hii uero qui paenitentiam gerunt proinde capillos et barbam nutriunt, ut demonstrent habundantiam criminum quibus caput peccatoris grauatur. Capilli enim pro uitiis accipiuntur, sicut scriptum est: „Et crinibus peccatorum suorum unusquisque constringitur. Vir quippe si comam nutriat", ut ait apostolus, „ignominia est illi"; ipsam ergo ignominiam suscipiunt paenitentes pro merito peccatorum. |

(4) Quod uero in cilicio prosternuntur, per cilicium quippe recordatio est peccatorum propter haedos ad sinistram futuros. Inde ergo confitentes in cilicio prosternimur tamquam dicentes: „Et peccatum meum contra me est semper." Quod autem cinere asparguntur, uel ut sint memores quia cinis et puluis sunt uel quia puluis facti sunt, id est impii facti sunt. Vnde et illi praeuaricatores primi homines, recedentes a deo malisque factis offendentes creatorem, in puluerem unde sumpti sunt redierunt. Bene ergo in cilicio et cinere paenitens deplorat peccatum, quia in cilicio asperitas et punctio peccatorum, in cinere autem puluis ostenditur mortuorum; (5) et idcirco in utroque paenitentiam agimus ut et in punctione cilicii cognoscamus uitia quae per culpam commisimus et per fauillam cineris perpendamus mortis sententiam ad quam peccando peruenimus.

Bekenntnis zur Buße heilte (vgl. 2 Sam 11–12). (2) So bekannten auch die Niniviter (vgl. Jona 3,5–9) und viele andere ihre Sünden und leisteten Buße. Sie missfielen sich, wie sie waren, und gefielen Gott, wie sie durch ihn gemacht worden waren.

Die Buße ist aber ein Medikament für die Wunde, die Hoffnung auf die Heilung, durch die die Sünder gerettet werden und Gott zur Barmherzigkeit veranlasst wird. Sie wird nicht nach der Zeit, sondern nach dem Ausmaß der Tränen und der Trauer beurteilt. *Paenitentia* (Buße) hat ihre Bezeichnung von *poena* (Strafe), durch die der Geist gekreuzigt und das Fleisch getötet wird.

(3) Diejenigen, die Buße tun, lassen sich daher die Haare und den Bart wachsen, um auf das Übermaß der Vorwürfe hinzuweisen, durch die das Haupt des Sünders belastet wird. Die Haare stehen für die Laster, wie geschrieben steht: „Jeder wird von den Haaren seiner Sünden gefesselt" (Spr 5,22). „Wenn aber ein Mann seine Haare wachsen lässt, ist es für ihn eine Schmach" (1 Kor 11,14), wie der Apostel sagt. Diese Schmach nehmen die Büßer verdientermaßen wegen der Schuld ihrer Sünden auf sich.

(4) Sie werfen sich in einem groben Sack (Bußgewand) zu Boden, weil es – wie künftig die Böcke zur Linken – an die Sünden erinnert. Deshalb werfen wir uns als Bekennende zu Boden, als ob wir sagten: „Und meine Sünde ist immer gegen mich" (Ps 50,5). Mit Asche aber werden sie bestreut, entweder um sich zu erinnern, dass sie Asche und Staub sind, oder weil sie zu Staub, d. h. zu Frevlern, gemacht wurden. Deshalb kehrten auch die pflichtvergessenen ersten Menschen, die sich, weil sie Böses taten, von Gott entfernten und den Schöpfer beleidigten, zum Staub zurück, von dem sie genommen waren. Folglich beklagt der in Sack und Asche Büßende seine Schuld richtig, weil durch das härene Gewand die Rauheit und das Stechen der Sünden, durch die Asche aber der Staub der Sterblichen zum Ausdruck gebracht wird. (5) Aus diesem Grund tun wir in beiden, (d. h. Sack und Asche,) Buße, damit wir im Stechen des härenen Bußgewandes die Sünden erkennen, die wir durch Schuld begangen haben, und durch die glühende Asche uns auf die Strafe des Todes besinnen, zu dem wir als Sünder gelangen.

Paenitentiae autem remedium ecclesia catholica in spe indulgentiae fidenter alligat exercendum, et post unum baptismi sacramentum quod, singulari traditione commendatum, sollicite prohibet iterandum, medicinali remedio paenitentiae subrogat adiumentum. (6) Cuius remedii egere se cuncti agnoscere debent pro cotidianis humanae fragilitatis excessibus sine quibus in hac uita esse non possumus (honorum dumtaxat dignitate seruata ita ut a sacerdotibus et leuitis deo tantum teste fiat, a ceteris uero adstante coram deo solemniter sacerdote), ut hic tegat fructuosa confessio quod temerarius appetitus aut ignorantiae notatur contraxisse neglectus; ut, sicut in baptismo omnes iniquitates remitti uel per martyrium nulli peccatum credimus inputari, ita paenitentiae conpunctione fructuosa uniuersa fateamur deleri peccata. Lacrimae enim paenitentium | apud deum pro baptismate reputantur. Vnde et quamlibet sint magna delicta, quamuis grauia, non est tamen in illis dei misericordia disperanda.

(7) In actione autem paenitudinis, ut supra dictum est, non tam consideranda est mensura temporis quam doloris; „cor" enim „contritum et humiliatum deus non spernit". Verumtamen quanta in peccando fuit ad malum abruptae mentis intentio, tanta necesse est in lamentatione deuotio. Duplex est autem paenitentiae gemitus: uel dum plangimus quod male gessimus, uel dum non agimus quod agere debebamus. Ille autem uere paenitentiam agit qui nec paenitere praeterita neglegit nec adhuc paenitenda committit; qui uero lacrimas indesinenter fundit et tamen peccare non desinit, hic lamentum habet sed mundationem non habet.

(8) Siqui autem per gratiam dei ad paenitentiam conuertuntur, perturbari non debent si rursus post emendationem relicta uitia cor pulsent, dum non possint bonae conuersationis nocere si

Die katholische Kirche hält aber gläubig – in der Hoffnung auf Vergebung – daran fest, das Heilmittel der Buße auszuüben, und erbittet nach dem einen Sakrament der Taufe, das durch eine einzige Tradition empfohlen wurde und das zu wiederholen strengstens verboten ist, durch das medizinische Heilmittel der Buße Unterstützung. (6) Alle sollten wissen, dass sie dieses Heilmittels bedürfen wegen der täglichen Sünden unserer menschlichen Gebrechlichkeit, ohne die wir in diesem Leben nicht sein können (allerdings, um die Würde des Amtes zu wahren so, dass [die Buße] von den Priestern und Leviten [*sc*. Diakonen] nur vor Gott als Zeugen geschieht, von allen andern aber vor Gott feierlich in Anwesenheit eines Priesters), so dass dieses fruchtbringende Bekenntnis bedeckt, was die leichtfertige Begierde oder die Nachlässigkeit der Unwissenheit offenbar zustande gebracht haben, damit – wie wir glauben, dass durch die Taufe alle Sünden vergeben werden und aufgrund des Martyriums niemandem eine Sünde angerechnet wird – wir ebenso bekennen, dass durch die fruchtbringende Zerknirschung der Reue sämtliche Sünden ausgelöscht werden. Die Tränen der Büßer gelten bei Gott als Taufe. Deshalb ist, wie groß und wie schwer die Sünden auch sein mögen, nichts in ihnen, um an der Barmherzigkeit Gottes zu zweifeln.

(7) Bei Ableistung der Buße ist, wie bereits gesagt, nicht so sehr das Ausmaß der Zeit als der Schmerzen zu bedenken. Denn „ein zerknirschtes und demütiges Herz verachtet Gott nicht" (Ps 50,19). Deshalb ist beim Wehklagen die Demut genauso notwendig wie beim Sündigen die Neigung eines vorschnellen Geistes zur Sünde. Doppelt aber ist das Wehklagen der Buße, entweder weil wir über das weinen, was wir schlecht gemacht haben, oder weil wir nicht tun, was wir tun sollten. Der aber leistet wirklich Buße, der weder vernachlässigt, vergangene Sünden zu bereuen, und außerdem nicht begeht, was zu sühnen ist. Wer aber ohne Unterlass Tränen vergießt und trotzdem nicht aufhört zu sündigen, der hat zwar das Gejammer, aber keine Reinigung.

(8) Wenn sie aber durch Gottes Gnade zur Buße hingelenkt werden, dann sollen sie nicht außer Fassung gebracht werden, wenn nach der Besserung die zurückgelassenen Laster erneut an das Herz pochen, weil diese einem guten Lebenswandel nicht

talis cogitatio non erumpat in consensu uel opere. Ferre enim sine perfectione uitiorum cogitationes non est ad damnationem sed ad probationem, nec est occasio subeundi discriminis sed potius augendae uirtutis.

Nam et siquis circa finem suum per paenitentiam desinat esse malus, non ideo debet disperare quia in termino est ultimae uitae, quoniam deus non respicit quales antea fuimus sed quales circa finem uitae existimus. (9) Ex fine enim suo unumquemque aut iustificat aut condemnat, sicut scriptum est: „Ipse iudicat extrema terrae", et alibi: „Vniuersorum finem ipse considerat." Proinde non dubitamus circa finem iustificari hominem per paenitentiae | conpunctionem. Sed quia raro id fieri solet, metuendum est ne, dum ad finem differtur conuersio sperata, ante occupet mors quam subueniat paenitentia. Pro qua re, etsi bona est ad extremum conuersio, melior tamen est quae longe ante finem agitur ut ab hac uita securius transeatur.

XVII. De uirginibus.

(1) Nunc autem, quae sit sacrae uirginitatis integritas uel a quo tam sancti propositi studium sit exortum, breuiter intimabo. Quantum enim ad uetus testamentum adtinet, Helias, Hieremias et Danihel castitatis et continentiae bonum primi studuisse noscuntur; quantum uero ad nouum, uirorum uirginum caput Christus est, feminarum uirginum caput Maria est, ipsa earum auctrix, ipsa mater nostri capitis, qui est et uirginis filius et uirginum sponsus. Inde agmina uirorum et puellarum sanctarum,

schaden können, wenn so ein Gedanke nicht plötzlich in die Zustimmung oder die Tat übergeht. Denn die Gedanken an Laster, ohne sie zu begehen, zu ertragen, ist kein Anlass zur Verdammung, sondern zur Bewährung, keine Gelegenheit ein Risiko einzugehen als vielmehr zur Vermehrung der Tugend.

Denn wenn jemand am Ende seines Lebens durch die Buße aufhört, schlecht zu sein, dann muss er nicht deshalb verzweifeln, weil es erst am Ende des Lebens geschieht, da Gott nicht berücksichtigt, wie wir vorher waren, sondern wie wir am Ende unseres Lebens erscheinen. (9) Denn nach dem Ende seines Lebens rechtfertigt oder verdammt er jeden, so wie geschrieben steht: „Er (sc. Gott) wird die Enden der Erde richten" (1 Kön 2,10), und an anderer Stelle „er erwägt das Ende von allem" (Ijob 28,24). Deshalb zweifeln wir nicht daran, dass der Mensch beim Ende seines Lebens durch die Zerknirschung der Buße gerechtfertigt wird. Wenn dies auch selten geschieht, so muss man sich doch davor hüten, damit, wenn die erhoffte Bekehrung bis zum Ende aufgeschoben wird, nicht der Tod eintritt, bevor die Buße zu Hilfe kommt. Deshalb ist – wenngleich die Bekehrung am Lebensende eine gute Sache ist – es aus diesem Grunde besser, dass sie möglichst lange vor dem Ende geschieht, damit man sicherer aus diesem Leben hinübergeht.

17. Über die Jungfrauen

(1) Nun aber werde ich kurz ausführen, was die Unberührtheit der heiligen Jungfräulichkeit bedeutet, und von wem das Streben nach einem so heiligen Vorsatz seinen Anfang nahm. Soweit sie bis auf das Alte Testament zurückreicht, haben sich bekanntlich Elias, Jeremia und Daniel als erste um das Gut der Keuschheit und Enthaltsamkeit bemüht. Soweit sie bis ins Neue Testament reicht, ist Christus das Haupt der männlichen Jungfrauen und Maria das Haupt der weiblichen Jungfrauen. Sie ist deren Urheberin, die Mutter unseres Hauptes ist, des Sohnes der Jungfrau und des Verlobten der Jungfrauen. Seither haben sich die Scharen der Männer und heiligen Jungfrauen, die männlichen und

inde et sectatores et sectatrices perpetuae continentiae pullularunt, castigantes se non solum in corpore sed etiam in ipsa concupiscentiae radice castrantes, caelestemque atque angelicam uitam in terrena mortalitate meditantes atque in carne corruptibili incorruptionem perpetuam retinentes. Quibus cedit omnis fecunditas carnis, omnis pudicitia coniugalis; (2) nam cum ipsa uniuersa ecclesia „uirgo" sit „disponsata uni uiro" sicut dicit apostolus, quanto digniora sunt honore membra eius quae hoc custodiunt etiam in ipsa carne quod tota custodit in fide?

Sed tamen sic laudatur uirginitas ne nuptiae condemnentur; oportet ergo non damnare quod bonum est sed suadere quod melius est. Ante aduentum quippe Christi coniugia placuere | deo, post aduentum uirginitas. Prima enim dei sententia crescere et generare praecepit, secunda continentiam suasit. Non enim iam locus est uocis illius: „Crescite et multiplicamini", quia iam alia uox superuenit: „Vae pregnantibus et nutrientibus", et aliud: „Tempus iam in collecto est. Restat ut qui uxores habent tamquam non habentes sint." (3) Et nisi fallor unius eiusdemque dei utraque pronuntiatio est. Tunc quidem deus in primordio sementem generis emisit, indultis coniugiorum habenis donec mundus repleretur; nunc uero sub extremitatibus temporum, conpressit quod emiserat et reuocauit quod indulserat. Vnde et Salomon in spiritu praeuidens ait: „Tempus amplexandi et tempus longe fieri a amplexu"; quia praecepti ueteris est ut terra procreationibus impleretur, noui autem ut continentia atque uirginitate caelum adimpleatur.

Quam tamen adeo ardui ac sublimis praemii esse constat ut dicentibus quodam loco apostolis: „Si sic est homini causa cum

weiblichen Anhänger der ständigen Enthaltsamkeit ausgebreitet, die sich nicht nur körperlich kasteien, sondern an der Wurzel der Begierde kastrieren und sich auf das himmlische und engelgleiche Leben in der irdischen Sterblichkeit vorbereiten und im verdorbenen Fleisch die ewige Unversehrtheit bewahren. Sie verzichten auf jede Fruchtbarkeit des Fleisches, auf alle eheliche Keuschheit. (2) Denn weil, wie der Apostel sagt, die gesamte Kirche „als Jungfrau einem Mann verlobt ist" (2 Kor 11,2), um wieviel würdiger sind durch ihr Ansehen ihre Glieder, die dies sogar im Fleisch beachten, was die gesamte (Kirche) im Glauben beachtet?

Wenn auch die Jungfräulichkeit besonders gelobt wird, ist doch die Ehe nicht verdammt. Es ist nicht nötig zu verdammen, was gut ist, sondern das anzuraten, was besser ist. Vor Christi Ankunft gefielen Gott nämlich die Ehen, nach seiner Ankunft die Jungfräulichkeit. Denn das erste Gebot Gottes bestimmte, zu wachsen und sich zu vermehren; das zweite Gebot riet zur Enthaltsamkeit. Denn es ist schon nicht mehr der Ort seiner Äußerung „wachset und mehret euch" (Gen 1,22.28; 9,1.7; 35,11), weil bereits eine andere Äußerung hinzugekommen ist: „Wehe den Schwangeren und Stillenden" (Lk 21,23) und weiter: „Die Zeit ist kurz, daher soll, wer eine Frau hat, sich so verhalten, als habe er keine" (1 Kor 7,29). (3) Und wenn ich nicht irre, sind beide Aussagen von ein und demselben Gott. Damals am Anfang (der Welt) gab Gott, nachdem er die Zügel der Ehe frei gelassen hatte, die Aussaat des (Menschen)geschlechtes frei, bis die Erde bevölkert sein würde. Nun aber, am Ende der Zeiten, gebietet er dem Einhalt, was er freigegeben hatte, und verbietet, was er gestattet hatte. Darum sagt Salomo im Geist vorausblickend: „Eine Zeit zum Umarmen und eine Zeit, sich von der Umarmung zu entfernen" (Koh 3,5), weil das Alte Gesetz befiehlt, dass die Erde durch Fortpflanzen angefüllt wird, das Neue Gesetz aber, den Himmel durch Enthaltsamkeit und Jungfräulichkeit zu füllen.

Dennoch ist sie (d. h. die Jungfräulichkeit) bekanntlich eine besonders hohe und ehrenvolle Auszeichnung, so dass, als die Apostel an einem gewissen Ort sagten: „Wenn das Verhältnis des

muliere non expedit nubere, responderit dominus: Qui potest capere capiat." (4) Non ergo praeceptum de continentibus sed suasio est; nec iniungitur uirginitas ut sit necessitatis, sed ut uoluntatis possit esse laudatur, apostolo protestante: „De uirginibus autem praeceptum domini non habeo, sed consilium do tamquam et ipse scientiam dei habens. Existimo ergo hoc bonum esse propter instantem necessitatem quoniam bonum est homini sic esse." At uero qui temptationem carnis non tolerant, necesse est ut portum coniugii petant. Vnde et idem apostolus: „Qui se", inquid, „non continet nubat. Melius est enim nubere quam uri"; et iterum: „Si acceperis uxorem non peccasti et si nupserit uirgo non peccauit"; quia liberae uoluntatis es; si non uis esse maior, esto | uel minor. (5) Nuptiae enim peccatum non sunt sed per sollicitudinem mundi qui nubunt legem dei seruare uix possunt.

Aliter: illos dicit non peccare si nubant qui nondum deo uouerint castitatem; ceterum qui uel in corde suo promisit, si aliud fecerit, „habet damnationem quia primam fidem", sicut ait idem apostolus, „irritam fecit". Quod enim erat per naturam licitum, per uotum sibi fecit inlicitum, sicut Ananias et Saffira quibus de pretio possessionis suae retinere nihil licuit; ob quam causam et subita morte prostrati sunt.

(6) In euangelio autem uirginum diuersa genera memorantur; sed illis specialiter regni possessio deputatur qui se amore dei castrauerunt, id est non quos inpossibilitatis necessitas cogit sed quos uoluntas efficit continentes. Sic enim scriptum est, domino disputante: „Sunt enim spadones qui ita nati sunt, sunt et alii qui ab hominibus facti sunt, et sunt qui se ipsos castrauerunt propter

Mannes so ist, dann ist es nicht gut zu heiraten", der Herr antwortete: „Wer es begreifen kann, möge es begreifen" (Mt 19, 10.12). (4) Folglich gibt es keine Vorschrift, enthaltsam zu leben, sondern nur eine Empfehlung. Die Jungfräulichkeit wird nicht auferlegt, als sei sie eine Notwendigkeit, sondern sie wird gelobt wegen ihrer Freiwilligkeit, weil der Apostel verkündet: „Für die Jungfrauen habe ich kein Gebot, sondern ich gebe einen Rat, als hätte ich das Wissen Gottes. Ich meine, dass es gut ist wegen der bevorstehenden Not, weil es gut ist für den Menschen, so zu sein" (1 Kor 7,25f). Wenn sie aber die Versuchung des Fleisches nicht ertragen können, ist es nötig, dass sie den Hafen der Ehe ansteuern.

Deshalb sagt auch derselbe Apostel: „Wer nicht enthaltsam lebt, soll heiraten. Denn es ist besser zu heiraten, als von der Leidenschaft verzehrt zu werden" (1 Kor 7,9). Weiter sagt er: „Wenn du eine Frau nimmst, sündigst du nicht, und eine Jungfrau sündigt nicht, wenn sie heiratet" (1 Kor 7,28). Denn du hast einen freien Willen. Wenn du nicht der Größere sein willst, sei doch wenigstens der Geringere. (5) Ehen sind keine Sünde, aber diejenigen, die heiraten, können wegen der Unruhe der Welt das Gesetz Gottes kaum beachten.

Er (der Apostel) sagt außerdem, dass die, die Gott noch nicht Keuschheit gelobt haben, nicht sündigen, wenn sie heiraten. Gleichwohl „wird", wer anders handelt, als er in seinem Herzen versprochen hat, „verdammt werden, weil er", wie derselbe Apostel sagt, „sein erstes Versprechen gebrochen hat" (1 Tim 5,12). Denn was von Natur aus erlaubt war, verbot er sich durch das Versprechen, so wie Ananias und Safira, die vom Verkaufspreis ihres Besitzes nichts zurückbehalten durften. Deshalb wurden sie von einem jähen Tod niedergestreckt (vgl. Apg 5,1–11).

(6) Im Evangelium werden aber verschiedene Arten von Jungfrauen erwähnt. Besonders wird aber denen der Besitz des (Himmel)reiches zugewiesen, die sich aus Liebe zu Gott kastrieren, und nicht denen, die ihre Impotenz zur Enthaltsamkeit zwingt, sondern die freiwillig enthaltsam leben. „Denn es gibt Eunuchen, die als solche geboren werden, es gibt auch andere, die von Menschen dazu gemacht wurden, und es gibt diejenigen,

regnum caelorum"; quibus etiam per Esaiam prophetam dicit se „daturum in domo sua et in muris suis locum nominatum meliorem multo quam filiorum ac filiarum". (7) Nam illis qui sic nascuntur aut quibus ipsud uirile membrum debilitatur ut generare non possint sicut sunt eunuchi potentum et regum, sufficit utique quod Christiani fiunt et dei praecepta custodiunt. Eo tamen proposito sunt ut coniuges si potuissent haberent, ideoque ceteris in domo dei coniugatis fidelibus adaequantur, quia castrati sunt propter saeculum, non propter regnum caelorum; neque enim uxores animi uirtute sed carnis necessitate non ducunt.

(8) Quantum autem sit in uirginibus sanctitatis donum, ut etiam Iohannis eos tantum agni uestigiis inherere praescribat „qui contaminati mulierum conuentibus non fuerunt". Ipsi sunt enim duodecies duodena milia sanctorum citharedorum, inli|batae uirginitatis in corpore, inuiolatae castitatis in corde, „qui sequuntur agnum quocumque ierit"; quem nemo sequi uel audet uel ualet nisi tantum uirginitas. Sequuntur itaque agnum et ceteri fideles qui uirginitatem corporis amiserunt, sed non quocumque ille ierit sed quousque ipsi potuerint. (9) Vnde cauendum est ne tantum sanctitatis donum superbia corrumpatur. Multos enim extollit uirginitas, eleuat continentia. Fidenter enim dico, facilius sequuntur agnum, etsi non quocumque ierit, certe quousque potuerint, coniugati humiles quam superbientes uirgines. Quomodo enim sequitur ad quem non uult accedere? Aut quomodo accedit ad quem non uenit ut discat „quoniam mitis est et humilis corde?" Pergant ergo uirgines uiam sublimitatis pede humilitatis; sequantur Christum tenendo perseueranter quod uouerunt ardenter, ita ut professae ac seruatae integritatis ceteris

die sich selbst kastriert haben wegen des Himmelreiches" (Mt 19,12). Ihnen sagt er auch durch Jesaja, „er werde ihnen in seinem Haus und seinen Mauern einen Ort geben, der besser sei als der der Söhne und Töchter" (Jes 56,5). (7) Denn für diejenigen, die so geboren wurden oder deren männliches Glied geschwächt wurde, so dass sie nicht zeugungsfähig sind – so wie die Eunuchen der Mächtigen und der Könige – reicht es aus, Christen zu werden und Gottes Gebote zu befolgen. Trotz dieser Lebensweise sind sie (Personen), die Ehegattinnen gehabt hätten, wenn sie es gekonnt hätten. Daher werden sie im Haus Gottes den übrigen Verheirateten gleichgestellt, weil sie wegen der Welt kastriert wurden und nicht wegen des Himmelreiches. Denn sie haben nicht aus Tugendhaftigkeit der Seele, sondern wegen der Notwendigkeit des Fleisches nicht geheiratet.

(8) Das Geschenk der Heiligkeit ist für die Jungfrauen so groß, dass auch Johannes vorschreibt, dass nur diejenigen den Spuren des Lammes folgen dürfen, „die nicht durch das Zusammenkommen mit Frauen verdorben wurden" (Offb 14,4). Dies sind die 144.000 Kitharöden, „die" – in einem Körper von unversehrter Jungfräulichkeit und einem Herzen von unverletzter Keuschheit – „dem Lamm folgen, wo es auch hingeht" (Offb 14,4). Ihm (dem Lamm) wagt und vermag niemand zu folgen als nur die so große Jungfräulichkeit. Auch die übrigen Gläubigen folgen dem Lamm, aber nicht, wohin es immer geht, sondern nur soweit sie selbst können. (9) Man muss deshalb verhüten, dass ein so großes Geschenk der Heiligkeit nicht durch den Stolz verdorben wird. Denn die Jungfräulichkeit macht viele übermütig und die Enthaltsamkeit viele hochmütig. Ich sage nämlich zuversichtlich, dass demütige Verheiratete dem Lamm eher folgen – wenn auch nicht, wohin es auch hingeht, sicherlich aber, soweit sie können – als stolze Jungfrauen. Denn wie kann man demjenigen folgen, dem man sich nicht nähern will? Oder wie nähert man sich demjenigen, zu dem man nicht kommt, um zu lernen, „weil er im Herzen mild und demütig ist?" (Mt 11,29). Die Jungfrauen folgen nämlich dem Weg der Erhabenheit mit dem Fuß der Demut. Sie folgen Christus, indem sie beharrlich einhalten, was sie enthusiastisch gelobt haben, so dass die gelobten und eingehaltenen Regeln

etiam moribus congruant, sine quibis procul dubio otiosa et inanis manet uirginitas. Boni enim actus, si addantur uirginitati, angelicam uitam hominibus et caeli mores exhibent terris.

(10) Illi ergo uirgines esse probantur qui sic continentiae inseruiunt ut nullis criminibus nulloque terrenae sollicitudinis onere praegrauentur. Curam enim mundi coniugalis copula gignit, Paulo docente dum dicit: „Volo autem uos sine sollicitudine esse. Qui sine uxore est, sollicitus est quae domini sunt, quomodo placeat deo; qui autem cum uxore est, sollicitus est quae sunt mundi; quomodo placeat uxori". Vnde agnoscitur non posse placere deo huiusmodi continentiae uotum quod praepeditur saecularium inpedimento curarum. Nihil enim prodest expeditos esse ab actione carnis qui inligantur saecularibus curis, nisi tantum quod sibi maiora adquirunt supplicia pro eo quod saeculum minime uincunt qui carnem uincere potuerunt. |

(11) Quaeritur autem cur feminae uirgines in benedictione uelentur, quarum haec causa est; in gradibus enim uel officiis ecclesiasticis feminae nullatenus praescribuntur. Nam neque permittitur eis in ecclesia loqui uel docere, sed nec tinguere nec offerre nec ullius uirilis muneris aut sacerdotalis officii sortem sibi uindicare, ideoque hoc tantum ut, quia uirgo est et carnem suam sanctificare proposuit, idcirco uelaminis uenia fit illi, ut in ecclesia notabilis uel insignis introeat, et honorem sanctificati corporis in libertate capitis ostendat, atque mitram quasi coronam uirginalis gloriae in uertice praeferat.

auch mit den übrigen Regeln der Keuschheit übereinstimmen, ohne die die Jungfräulichkeit zweifelsohne gleichgültig und inhaltsleer bleibt. Gute Werke freilich zeigen, wenn sie der Jungfräulichkeit hinzugefügt werden, den Menschen das engelgleiche Leben und der Welt die Sitten des Himmels.

(10) Diejenigen nämlich erweisen sich als Jungfrauen, die sich der Enthaltsamkeit so eifrig hingeben, dass sie von keinem Vorwurf und keiner Last irdischer Sorge beschwert werden. Denn eine weltliche Eheverbindung bringt Sorge hervor, wie Paulus lehrt, wenn er sagt. „Ich will, dass ihr ohne Sorge seid. Wer ohne Gattin ist, sorgt sich um die Angelegenheiten des Herrn, wodurch er Gott gefällt. Wer aber eine Ehefrau hat, sorgt sich um die Dinge der Welt, wodurch er seiner Ehefrau gefällt" (1 Kor 7,32f). Deshalb erkennt man, dass ein Versprechen dieser Art von Enthaltsamkeit Gott nicht gefallen kann, weil es gehemmt wird durch das Hindernis weltlicher Sorgen. Denn es nützt nichts, dass diejenigen sich des Geschlechtsverkehrs enthalten, die durch weltliche Sorgen gebunden sind. Sie erwerben nur eine höhere Sühne dafür, dass sie, die das Fleisch besiegen konnten, die Welt keineswegs besiegt haben.

(11) Man fragt aber, warum die weiblichen Jungfrauen bei der Weihe den Schleier empfangen. Der Grund ist folgender: Für die (kirchlichen) Weihegrade und Ämter wurden Frauen nicht vorgeschrieben. Es ist ihnen nicht nur nicht erlaubt, in der Kirche zu sprechen oder zu lehren (vgl. 1 Kor 14,34; 1 Tim 2,12), sondern sie sollen sich auch nicht anmaßen zu taufen oder zu opfern, noch einen Anteil an irgendeiner männlichen Aufgabe oder an einem priesterlichen Amt. Und zwar nur aus dem Grund, weil sie eine Jungfrau ist und ihr Fleisch zu heiligen gelobt hat, wird ihr daher die Erlaubnis des Schleiers zuteil, damit sie (als Jungfrau) erkennbar und ausgezeichnet die Kirche betritt und die Ehre des geheiligten Körpers in der Freiheit des Hauptes zeigt und die Kopfbinde gleichsam wie eine Krone des jungfräulichen Ruhmes auf ihrem Scheitel trägt.

XVIII. De uiduis.

(1) Viduarum multa exempla sunt, quarum prima in scripturis legitur Noemi. Legitur et uidua ad quam Helias missus est; scribitur et uidua Sunamitis quae solebat Heliseum recipere et uictum illi administrare; extat et Iudith illa admirabilis uidua quae de Oloferne Assyriorum principe triumphauit saluumque pudorem hoste deuicto reuexit. In nouo autem testamento Anna prima uidua legitur, quae dominum cognouit infantem, quae meruit gratiam diuinitatis eius agnoscere, antequam potuit uerbum eius audire.

(2) Cuius quidem gradus uirginitati paene coniunctus est. Vnde et Christum, quem uirgo peperit, uidua prima cognouit. Felix ergo uirgo quia intacta, fortior uidua quia experta. Vtrique tamen est apud dominum mercis, maior illa subsequens ista.

Illam autem uiduam apostolus uocat quae, post unius coniugii interceptum, exinde sexui renuntiat. Dicit enim: „Vidua elegatur non minus annorum LX unius uiri uxor"; unde consequens est ut quae plurimis fuit nexa maritis careat nomen uiduitatis.

(3) Quales autem esse uiduae debeant, idem apostolus signanter expressit, dicens: „Si fuerit in operibus bonis testimonium habens", utique sicut Tabita; „si filios educauit", subauditur „deo"; „si hospitio recepit, si sanctorum pedes lauit, si tribulationem patientibus subministrauit", hoc est aegrotis uel in carcere positis; „si omne opus bonum subsecuta est", breuiter uniuersa concludens ut in omnibus sint exempla uiuendi. Et iterum: „Anus similiter in habitu sancto", utique ut ipse earum incessus et motus, uultus, sermo, silentium, quandam sacrae continentiae

18. Über die Witwen

(1) Es gibt viele Beispiele für Witwen. Im Alten Testament liest man über Noomi als die erste (vgl. Rut 1,3–5). Man liest auch von einer Witwe, zu der Elias gesandt wurde. Es wird geschrieben, dass die eine Witwe aus der Stadt Sunam den Elias aufzunehmen und ihm Nahrung zu geben pflegte (vgl. 2 Kön 4,8). Hervorragt die bewunderungswürdige Witwe Judit, die über Holofernes, den König der Assyrer triumphierte und, nachdem sie den Feind besiegt hatte, ihre Keuschheit unversehrt zurückbrachte (vgl. Jdt 8–14,5). Im Neuen Testament liest man zuerst von der Witwe Anna, die den Herrn bereits als Kind erkannte und die verdiente, die Anmut seiner Göttlichkeit zu begreifen, bevor sie sein Wort hören konnte (vgl. Lk 2,36–38).

(2) Der Witwenstand ist eng mit der Jungfräulichkeit verbunden. Deshalb erkannte auch eine Witwe Christus, der von der Jungfrau geboren wurde, zuerst. Denn eine Jungfrau ist glücklich, weil sie unversehrt ist, eine Witwe stärker, weil sie erfahren ist. Dennoch werden beide von Gott belohnt, jene mehr, darauffolgend diese.

Als Witwe aber bezeichnet der Apostel jene (Frau), die nach Beendigung einer Ehe sexuell enthaltsam ist. Denn er sagt: „Als Witwe wird erwählt die mindestens sechzigjährige Ehefrau eines Mannes" (1 Tim 5,9). Daraus folgt, dass mehrfach verheiratete Frauen nicht Witwen genannt werden.

(3) Wie aber die Witwen sein sollen, schildert derselbe Apostel prägnant: „Wenn von ihr gute Werke bezeugt sind," wird sie genauso wie Tabita (vgl. Apg 9,36–41) sein. „Wenn sie Kinder großgezogen hat", dabei ist gemeint: für Gott. „Wenn sie gastfreundlich war, wenn sie den Heiligen die Füße gewaschen hat, wenn sie den Leidenden Trost gespendet hat", d. h. den Kranken oder den ins Gefängnis Geworfenen, „wenn sie jedes gute Werk verfolgt hat", so dass sie (die Witwen) – alles kurz zusammenfassend – Vorbilder für die Lebensführung sind in allem (vgl. Tim 5,10). Und wiederum: „So wie eine alte Frau im heiligen Gewand" (Tit 2,3) sollen ihr Einherschreiten, ihre Bewegungen, ihr Aussehen, ihre Sprache, ihr Schweigen eine gewisse Würde

praeferat dignitatem. (4) Post haec adiecit: „Non criminatrices, non multo uino seruientes", sed parum utentes; nam solent haec aetates, quae corporis frixere luxoria, uino se dedere pro libidine. Post haec addidit: „Bene docentes ut prudentiam doceant"; docere illis quidem permisit sed feminas et hoc non in ecclesia sed priuatim. Nam hoc genus muliercularum solet esse garrulum; unde et curiosas et uerbosas quasdam uiduas idem apostolus notat, et hoc uitium uenire dicit ex otio: „Simul autem", inquid, „et otiosae discunt circumire domos", scilicet dum nullo timore detentae nec mariti potestatis subiectae sunt, „non solum otiosae uerum etiam curiosae discurrunt, loquentes quae non oportet". |

(5) Praedicat autem idem apostolus damnationem habere uiduas quae post propositum continentiae nubere cupiunt: „Cum enim", inquid, „luxoriatae fuerint in Christo, nubere uolunt, habentes damnationem quia primam fidem irritam fecerunt", id est quia in eo quod primo uouerant non steterunt. Nec tamen ait „nubunt" sed nubere uolunt; multas enim earum reuocat a nubendo non amor praeclari propositi sed aperti dedecoris timor. (6) Igitur quae nubere uolunt et ideo non nubunt quia inpune non possunt – quae melius non uouerent et nuberent quam urerentur, id est quam occulta flamma concupiscentiae uastarentur! Quas paenitet professionis et piget confessionis; quae, nisi correcte cor dirigant et dei timore rursum libidinem uincant, in mortuis deputandae sunt, siue in diliciis agant (unde dicit apostolus: „Quae autem in diliciis agit uiuens mortua est"), siue in laboribus atque ieiuniis nulla cordis correctione sed magis ostentationi quam emendationi seruientibus.

heiliger Keuschheit ausstrahlen. (4) Dann fügt er hinzu: „Sie sollen keine Verleumderinnen sein und nicht viel Wein trinken" (Tit 2,3), sondern ihn nur wenig nutzen. Denn diese Lebensalter, die die Begierden des Körpers erkalten lassen, geben sich gewöhnlich dem Wein anstatt der Lust hin. Danach fügt er an: „Indem sie gut unterrichten, sollen sie die Weisheit lehren" (Tit 2,3–4). Denn ihnen ist es erlaubt zu unterrichten, aber nur Frauen und nicht in der Kirche, sondern nur privat. Denn das schwache Geschlecht pflegt geschwätzig zu sein. Deshalb schreibt der Apostel, gewisse Witwen seien neugierig und weitschweifig, und dies Laster sei eine Folge des Müßiggangs. „Gleichzeitig", sagt er, „verstehen sie es, müßig um die Häuser zu gehen", weil sie nämlich weder von Furcht zurückgehalten werden noch der Gewalt eines Ehemannes unterworfen sind, „aber nicht nur aus Müßiggang, sondern auch aus Neugier laufen sie umher und reden, was sich nicht gehört" (1 Tim 5,13).

(5) Derselbe Apostel predigt auch, dass Witwen, die nach dem Gelübde der Enthaltsamkeit heiraten möchten, verdammt sind. „Denn wenn sie", sagt er, „in Christus von der Begierde erfasst werden, wollen sie heiraten und werden verdammt, weil sie ihr erstes Versprechen unwirksam gemacht haben" (1 Tim 5,11f), d. h., weil sie nicht zu dem standen, was sie zuerst gelobt hatten. Er sagt aber nicht, sie heiraten, sondern „sie wollen heiraten"; denn viele von ihnen ruft nicht die Liebe zu einem erhabenen Versprechen vom Heiraten zurück, sondern die Furcht vor der offenkundigen Schande. Zwar wollen sie heiraten, heiraten aber nicht, weil sie nicht ungestraft heiraten können – besser hätten sie kein Gelübde abgelegt und geheiratet, statt zu brennen, d. h. von der verborgenen Flamme der Begierde zerstört zu werden. Diejenigen, die ihr Gelübde bereuen und wegen ihres Bekenntnisses verdrossen sind, wenn sie ihr Herz nicht richtig lenken und aus Furcht vor Gott ihre Begierde erneut besiegen, sind für tot zu halten, egal ob sie wollüstig handeln (daher sagt der Apostel: „Diejenige aber, die sich der Wollust hingibt, ist als Lebende bereits tot" [1 Tim 5,6]) oder sich – ohne Besserung des Herzens, sondern eher zum Schein als zur Besserung – Arbeiten und Fasten unterwerfen.

XVIIII. De coniugatis.

(1) De coniugatis lex naturae a saeculo est. Deus enim fecit Adam et dedit ei adiutorium Euam cum procreationis subsecuta sententia dicens: „Crescite et multiplicamini et replete terram". Sed facta eadem mulier prius solatio quam coniugio fuit, donec a paradiso inoboedientia eiceret quos intra paradisum oboedientia tenuissent ac, post beatae sedis excessum, mulierem suam pulsus agnosceret libro Genesis edocente: „Et cognouit Adam mulierem suam et concepit et peperit filium". (2) Ergo addictum laborem nuptiae praecesserunt et „tribulos spinasque" passuri praeuios | adiere conuentus; secuta in procreationibus taedia; unde et pariturae tale praecessit edictum. „In dolore", inquid, „et merore paries filios", quos utique sic creatos diuersi, ut cernimus, casus luctusque subriperent. Vnde et apostolus praedicans ait: „Tribulationem tamen carnis habebunt huiusmodi".

Non tamen coniugiorum inhonorabiles tori et inmaculatum cubile sine fructu est. Nempe soboles inde sanctorum et quod laudatur in uirginitate coniugii est, ideoque nec peccatum nuptias dicimus, nec tamen eas bono uirginali uel continentiae uel etiam uiduali coaequamus. (3) Coniugia autem tantum per se bona sunt, per ea uero quae circa illa sunt mala fiunt. Per id namque mala sunt, per quos dicit apostolus: „Qui autem cum uxore est cogitat ea quae sunt mundi", et iterum: „Propter fornicationem unusquisque suam uxorem habeat".

Quod autem non unus et multae sed unus et una copulantur, ipsa prima diuinitus facta coniunctio in exemplo est. Nam cum

19. Über die Eheleute

(1) Das Naturgesetz über die Verheirateten ist weltlicher Art. Denn Gott machte den Adam und gab ihm Eva als Helferin mit dem anschließenden Auftrag zur Fortpflanzung, indem er sagte: „Wachset und mehret euch und füllt die Erde" (Gen 1,22.28; 35,11). Diese Frau wurde zunächst eher zum Trost als für die Ehe geschaffen, bis er jene wegen des Ungehorsams aus dem Paradies warf, die er vorher wegen des Gehorsams im Paradies behalten hatte, und er (Adam) – nach dem Weggang aus dem glücklichen Wohnsitz – als Vertriebener seine Frau erkannte, wie das Buch Genesis lehrt: „Und Adam erkannte seine Frau und sie empfing und gebar einen Sohn" (Gen 4,1). (2) Also ging die Ehe der Arbeit voraus, die ihnen auferlegt worden war, und sie erfüllten unter Erduldung von „Dornen und Disteln" (Gen 3,18) die vorausgehenden Verpflichtungen. Auf die Zeugungen folgte Abscheu. Deshalb ging der Geburt auch folgendes Gebot voraus: „In Schmerz und Tränen sollst du deine Kinder gebären" (Gen 3,16), bei denen sich – nachdem sie nämlich auf diese Weise völlig verschieden geboren wurden – wie wir sehen, Tod und Trauer einfinden werden. Deshalb sagt auch der predigende Apostel: „Sie werden jedoch die Not dieses Fleisches haben" (1 Kor 7,28).

Dennoch sind die Betten der Eheleute nicht unehrenhaft und ist das unbefleckte Lager nicht ohne Frucht (vgl. Hebr 13,4). Von dort stammen gewiss die Nachkommen von Heiligen, und (von daher) ist das, was an der Jungfräulichkeit gelobt wird, auch Bestandteil der Ehe, und deshalb sagen wir auch nicht, die Ehe sei eine Sünde, wenn wir sie auch nicht gleichsetzen mit dem Gut der Enthaltsamkeit der Jungfrauen und Witwen. (3) Aber nur die Ehen sind von sich aus gut; durch das, was um sie herum ist, werden sie schlecht. Schlecht aber sind sie durch das, von dem der Apostel sagt: „Wer eine Frau hat, sorgt sich um die Dinge dieser Welt" (1 Kor 7,33), und erneut: „Wegen der Hurerei soll jeder Mann seine Frau haben" (1 Kor 7,2).

Dass aber nicht ein (Mann) und mehrere (Frauen) miteinander verbunden werden, sondern nur ein Mann und eine Frau, dafür ist die auf göttliches Geheiß erfolgte erste eheliche Verbindung das

deus hominem figurasset eique parem necessariam prospexisset, unam de costis eius mutuatus unam illi feminam finxit, sicque Adam et mulier Eua, unis inter se nuptiis functi, formam hominibus de originis auctoritate et prima dei uoluntate sancxerunt. Item secundum spiritales nuptias, sicut unus Christus et una ecclesia, sic et unus uir et una uxor tam secundum generis documentum quam secundum Christi sacramentum. (4) Numerus autem matrimonii a maledicto uiro coepit; primus Lamech duabus maritatus tres in unam carnem effecit. Sed dices quod et patriarchae simul pluribus uxoribus usi sunt; ergo propterea nobis licebit plures ducere. Sane licebit, siqui adhuc | typi alicuius futuri sacramenti supersunt, quibus plures nuptiae figurentur.

Secundas autem nuptias propter incontinentiam iubet apostolus: melius est enim denuo uni uiro „nubere" quam explendae libidinis causa cum plurimis fornicare. Saepius autem nubendi licentia iam non est religionis sed criminis.

(5) Nam quod in ipsa coniunctione conubii a sacerdote benedicuntur, hoc a deo in ipsa prima conditione hominum factum est. Sic enim scriptum est: „Et fecit deus hominem, ad imaginem dei fecit eum, masculum et feminam creauit eos, et benedixit eos dicens: Crescite et multiplicamini". Hac ergo similitudine fit nunc in ecclesia qua tunc factum est in paradiso.

Quod uero eisdem uirginibus legitime nubentibus uniuirae pronubae adhibuntur; scilicet propter monogamiam et, si auspicii causa, tamen boni auspicii est.

(6) Quod uero eaedem feminae, dum maritantur, uelantur; scilicet ut nouerint semper haec uiris suis esse subiectae et humiles.

Vorbild. Denn als Gott den Menschen erschaffen und für ihn die benötigte Gefährtin vorgesehen hatte, erschuf er, nachdem er eine Rippe ausgetauscht hatte, für ihn eine Frau. Und so heiligten Adam und Eva, die sich durch eine Ehe miteinander verbunden hatten, wegen der Autorität des Beginnes und des ursprünglichen göttlichen Willens diese Form (der Ehe) für die Menschen. Ebenso wie es gemäß der geistlichen Ehe nur einen Christus und eine Kirche gibt, so auch nur einen Mann und eine Frau sowohl nach dem Zeugnis des (Menschen)geschlechtes wie des Sakraments Christi. (4) Die Mehrfachehe aber wurde von einem schlechten Mann begonnen. Als erster machte Lamech, der mit zwei Frauen verheiratet war (vgl. Gen 4,19), drei (Personen) zu einem Fleisch. Man könnte sagen, dass die Patriarchen mehrere Frauen gleichzeitig hatten, und es uns folglich deshalb erlaubt ist, mehrere Frauen zu heiraten. Es wird in der Tat erlaubt sein, weil bis heute noch die Vorausbilder wenigstens eines künftigen Sakramentes erhalten geblieben sind, durch die Mehrfachehen figuriert werden.

Der Apostel aber befiehlt zweite Ehen wegen der Unkeuschheit; „denn es ist besser" für einen Mann noch einmal „zu heiraten" (1 Kor 7,9), als zur Befriedigung seiner Lust mit mehreren (Frauen) Unzucht zu treiben. Häufig erfolgt aber eine Eheerlaubnis nicht wegen der Religion, sondern wegen der Sünde.

(5) Denn was in der ehelichen Verbindung durch den Priester gesegnet wird, ist von Gott in die ursprüngliche Beschaffenheit des Menschen gelegt: „Und Gott schuf den Menschen, nach Gottes Bild schuf er ihn, er schuf sie als Mann und Frau und segnete sie und sprach: Wachset und mehret euch" (Gen 1,27f). Folglich geschieht heute analog in der Kirche, was damals im Paradies gemacht wurde.

Deshalb werden von den rechtmäßig heiratenden Jungfrauen Brautführerinnen herangezogen, die nur mit einem Mann verheiratet sind; offensichtlich wegen der Einehe, wenn wegen des Vorzeichens, dann ist es ein gutes Vorzeichen.

(6) Weshalb werden die Frauen bei ihrer Verheiratung verschleiert? Selbstverständlich, damit sie wissen, dass sie ihren Männern immer unterworfen und demütig sind. Deshalb wird dieser

Vnde et ipsud uelamentum uulgo mafortem uocant, id est Martem, quia signum maritalis dignitatis ac potestatis in eo est; „caput enim mulieris uir est". Licet et proinde uelantur dum nubunt, ut uerecundiam muliebritatis agnoscant, quia iam sequitur inde quod pudeat; unde et Rebecca quae, cum ad sponsum duceretur, simul ut eum ipsa conspexit, salutationem uel oscula non sustinuit, sed statim sentiens quod esset futura pallio caput uelauit. Hinc etiam et nuptae dictae quod uultus suos uelent; obnubere enim cooperire dicitur. Vnde et nubes dictae eo quod aethera obtegant. |

(7) Quod autem nubentes post benedictionem a leuita uno inuicem uinculo copulantur, uidelicet ne conpagem coniugalis unitatis disrumpant. At uero quod eadem uitta candido purporeoque colore permiscitur; candor quippe ad munditiam uitae, purpora ad sanguinis posteritatem adhibetur, ut hoc signo et continentiae lex tenenda ab utrisque ad tempus ammoneatur, et post haec reddendum debitum non negetur, quod enim dicit coniugatis apostolus: „Abstinete uos ad tempus ut uacetis orationi, hoc ille candor uittae insinuat; quod uero subiungit: Et iterum reuertimini in id ipsum", hoc purporeus color ille demonstrat.

(8) Illud uero quod inprimis anulus ab sponso sponsae datur, fit hoc nimirum uel propter mutuae fidei signum uel propter id magis, ut eodem pignore eorum corda iungantur. Vnde et quarto digito anulus idem inseritur quod eo uena quaedam, ut fertur, sanguinis ad cor usque perueniat. Antiquitus autem non amplius uno dabatur, ne pluralitas amorem unicum carperet.

Penes Israhel autem inlicitum erat puellam uiro tradere nisi post manifestatam sanguine maturitatem.

Schleier umgangssprachlich als *mafors*, d. h. als Mars, bezeichnet, weil in ihm die eheliche Würde und Gewalt zum Ausdruck kommt, „denn das Haupt der Frau ist der Mann" (1 Kor 11,3). Man darf sie daher verschleiern, während sie heiraten, damit sie die Sittsamkeit einer Ehefrau erkennen, weil schon daraus folgt, was sie mit Scham erfüllt. Deshalb duldete auch Rebekka, als sie zu ihrem Verlobten geleitet wurde, um ihn gleichzeitig selber zu erblicken, weder eine Begrüßung noch einen Kuss, sondern verschleierte sofort ihr Haupt, weil sie daran dachte, was in Zukunft ihr Gewand sein würde (vgl. Gen 24,65). Sie werden auch deshalb *nuptae* (Verschleierte) genannt, weil sie ihr Gesicht verschleiern. Denn verschleiern (*obnubere*) heißt völlig bedecken. Daher kommt auch die Bezeichnung Wolken (*nubes*), weil sie den Himmel bedecken.

(7) Nach dem Segen werden aber die Heiratenden deshalb von einem Diakon gegenseitig mit einem Band verbunden, damit sie das Gefüge der ehelichen Einheit nicht zerreißen. Warum aber wird dieses Band mit weißer und purpurner Farbe vermischt? Die Farbe Weiß wird verwendet für die Reinheit des Lebens, Purpur für die Nachkommen des Blutes, damit durch dieses Zeichen daran erinnert wird, dass das Gebot der Enthaltsamkeit von beiden von Zeit zu Zeit einzuhalten ist, und danach die Erfüllung des Geschuldeten nicht verweigert wird. Denn der Apostel sagt den Eheleuten: Enthaltet euch „von Zeit zu Zeit, damit ihr frei seid für das Gebet", dies bedeutet das Weiß der Binde. Weil er aber fortfährt: „und kehrt wieder zu demselben zurück" (1 Kor 7,5), bezeichnet dies die purpurne Farbe.

(8) Dass aber als erstes der Braut der Ring vom Bräutigam gegeben wird, das geschieht entweder zum Zeichen der gegenseitigen Treue oder vielmehr deshalb, damit ihre Herzen durch dieses Unterpfand der Liebe verbunden werden. Deshalb wird dieser Ring auch auf den vierten Finger gesteckt, weil durch ihn, wie es heißt, eine bestimmte Vene des Blutes bis hin zum Herzen gelangt. Von alters her wurde aber nicht mehr als ein (Ring) gegeben, damit eine Mehrzahl (von Ringen) nicht die einzigartige Liebe zerreißt.

In Israel aber war es nicht erlaubt, ein Mädchen einem Mann zu übergeben, wenn ihre Geschlechtsreife noch nicht durch das Blut bezeugt war.

(9) Apud ueteres in elegendis maritis quattuor ista spectabantur: uirtus, genus, pulchritudo, oratio; in feminis tria: Si generosa, si bene morata esset, si pulchra. Nunc autem non genus ac mores, sed magis diuitiae in uxoribus placent; nec quaeritur femina quam sit pudica, sed potius quam formosa, quae et concupiscendi libidinem nutriat et cunctorum post se suspiria trahat. Pulchra enim, ut ait quidam sapiens, cito adamatur et difficile custoditur quod plures amant.

Illae sunt autem certae nuptiae quae in coniugio non libidinem sed prolem requirunt. Neque enim sic institutae sunt ut carnis | uoluptatibus seruiant, sed tantum ut fructum propaginis quaerant. (10) Nam et ut ipsae dotales tabulae indicant, „causa procreandorum liberorum" ducitur uxor. Quando ergo quisque luxoriose amplius uiuit quam necessitas procreandorum liberorum cogit, iam peccatum est. Vnde necesse est ut cotidianis elymosinis ac precibus intercedant quique tori coniugalis pudicitiam frequenti usu per incontinentiam maculant.

Nuptialia autem bona tria sunt: proles, fides et sacramentum. In fide adtenditur ne praeter uinculum coniugale cum altera uel altero concumbatur; in prole ut amanter suscipiatur, pudice nutriatur; in sacramento ut coniugium non separetur neque causa prolis alteri coniungatur.

(11) Sacramentum autem ideo inter coniugatos dictum est quia, sicut non potest ecclesia diuidi a Christo, ita nec uxor a

---

[43] Das Zitat wird Theophrast zugeschrieben; vgl. LAWSON 92; HIERONYMUS, adv. Jovin. 1,47 (PL 23,290): *pulchra cito adamatur ... difficile custoditur, quod plures amant*. Das überlieferte *quos* gibt keinen Sinn. Wie bei Hieronymus sollte *quod* im Haupttext stehen. Vielleicht liegt ein Lesefehler des Editors vor. Tatsächlich haben diesen Fehler auch bereits die Editoren der elektronischen Version erkannt und entsprechend berichtigt.
[44] Augustinus nennt solche *tabulae dotales* (meist in der Form *tabulae matrimoniales* oder *nuptiales*) mehrfach für die Praxis christlicher Eheschließung, die aus dem römischen Recht übernommen wurde; es handelt sich um Eheverträge, die im Voraus vor Zeugen geschlossen und schriftlich niedergelegt wurden; in ihnen ging es hauptsächlich um Vermögensfragen wie die Höhe der Mitgift und deren Verbleib nach dem Ende der Ehe, aber

(9) Bei den Alten wurde bei der Wahl der Ehemänner auf vier Dinge geachtet: Tugend, Herkunft, Schönheit und Sprache. Bei den Frauen auf drei: ob sie edelmütig, ob sie sittsam und ob sie schön ist. Heute gefällt an den Frauen nicht die Herkunft und die Tugenden, sondern das Vermögen. Eine Frau wird heute nicht umworben, weil sie keusch ist, vielmehr weil sie wohlgestaltet ist, eine, die sowohl den Trieb des Verlangens gedeihen lässt als auch die Seufzer aller nach sich zieht. Denn die Schöne wird, wie ein Weiser[43] sagt, schnell liebgewonnen, aber schwierig lässt sich hüten, wonach viele verlangen.

Richtige Ehen aber sind jene, die in der ehelichen Verbindung nicht die sexuelle Lust, sondern den Nachwuchs suchen. Denn sie sind deshalb nicht so eingesetzt worden, dass sie den Begierden des Fleisches dienen, sondern vielmehr um sich um die Frucht der Nachkommenschaft zu bemühen. (10) Denn man heiratet – wie auch die Mitgiftgesetze[44] bestimmen –, um Kinder zu zeugen. Wenn also jemand ausschweifender lebt als es die Notwendigkeit, Kinder zu erzeugen, erfordert, ist es schon Sünde. Deshalb ist es nötig, dass diejenigen, die aus Zügellosigkeit die Sittsamkeit des ehelichen Lagers durch häufige Benutzung beflecken, dagegen mit täglichen Almosen und Gebeten einschreiten.

Es gibt aber drei eheliche Tugenden: Nachkommen, Treue und das Sakrament (Ehegelübde). Bei der Treue wird darauf geachtet, dass außerhalb des Ehebundes nicht mit einer oder einem anderen Geschlechtsverkehr ausgeübt wird; beim Nachwuchs (wird darauf geachtet), dass er liebevoll aufgenommen und sittsam erzogen wird. Beim Eheversprechen darauf, dass die Ehe nicht geschieden und wegen der Nachkommen ein anderer geheiratet wird.

(11) Die Verbindung der Eheleute wird aber deshalb als Sakrament bezeichnet, weil – wie die Kirche nicht von Christus – auch die Ehefrau nicht von ihrem Ehemann getrennt werden

---

auch um den Zweck der Ehe, Nachkommen hervorzubringen; entsprechend lautet eine Formulierung in diesen Verträgen: *causa liberorum procreandorum*; vgl. HUNTER, *Marrying and the Tabulae nuptiales in Roman North Africa* 104f.

uiro. Quod ergo in Christo et in ecclesia, hoc in singulis quibusque uiris atque uxoribus coniunctionis inseparabile sacramentum est. Vnde et apostolus: „Praecipio non ego sed dominus uxorem a uiro non discedere". Prohibet enim dimitti quacumque ex causa, ne aliis coniungantur secundum consuetudinem iudaeorum quam dominus interdixit, dicens: „Quicumque dimiserit uxorem suam excepto fornicationis causa et aliam duxerit, moechatur". Solum, ut ait Hieronimus, adulterium est quae uxoris uincat affectum. Immo cum illa unam carnem in aliam diuiserit et se fornicatione separauerit, a marito non debet teneri, ne uirum quoque sub maledicto faciat, dicente scriptura: „Qui | adulteram tenet stultus et impius est". Vbicumque est igitur fornicatio et fornicationis suspicio, libere uxor dimittitur. (12) Quid ergo? Si sterilis est, si deformis, si aetate uetula, si foetida, si temulenta, si iracunda, si malis moribus, si luxoriosa, si fatua, si gulosa, si uaga, si iurgatrix et maledica, tenenda erit, uelis nolis, et qualiscumque accepta est, habenda. Cum enim esses liber, sponte seruituti te subiecisti. Cum quis autem habet uxorem, ut ait Lactantius, neque seruam neque liberam habere poterit ut matrimonii fidem seruet. Neque enim, ut iuris publici ratio est, sola mulier adultera est quae uirum habens ab altero polluitur et maritus si alteram habeat a crimine adulterii alienus habetur, dum diuina lex ita duos in unum matrimonii corpus coniunxerit ut adulter sit quisquis conpagem corporis in diuersa distraxerit. Seruanda igitur fides ab utroque alteri est, (13) immo uero exemplo continentiae docenda uxor a uiro ut se caste gerat. Iniquum est enim ut id exigas quod praestare non possis; caput est enim mulieris uir. Vbi autem melius uiuit mulier quam uir,

---

[45] HIERONYMUS, *In Matth.* 3,19,9 (CCL 77,167).
[46] LAKTANZ, *inst.* 6,23,23–25 (626f HECK/WLOSOK).

kann. Denn was für Christus und die Kirche ein unauflösbares Versprechen ist, das gilt auch für die einzelnen Ehemänner und -frauen. Deshalb sagt auch der Apostel: „Nicht ich befehle, sondern der Herr, die Gattin nicht vom Gatten zu trennen" (1 Kor 7,10). Denn es ist verboten, entlassen zu werden, aus welchem Grund auch immer, damit sie nicht mit anderen verheiratet werden nach Sitte der Juden, die der Herr verboten hat, der sagt: „Wer seine Gattin – außer wegen Unzucht – verlässt und eine andere heiratet, begeht Ehebruch" (Mt 19,9). Wie Hieronymus[45] sagt, ist nur das Ehebruch, was die Zuneigung der Ehefrau besiegt. Sollte sie aber ein Fleisch in einem anderen (Fleisch) geteilt und sich durch Unzucht getrennt haben, dann muss sie von ihrem Ehemann nicht behalten werden, damit sie nicht auch den Ehemann in üble Nachrede bringt, nach dem Wort der Schrift: „Wer eine Ehebrecherin bei sich behält, ist töricht und gottlos" (Spr 18,22). Wo immer Unzucht oder Verdacht auf Unzucht besteht, darf die Ehefrau unbeschränkt entlassen werden. (12) Was folgt daraus? Ob sie unfruchtbar, ob sie missgestaltet, ob sie eine alte Vettel, ob sie übelriechend, ob sie betrunken, ob sie jähzornig, ob sie sittlich schlecht, ob sie ausschweifend, ob sie einfältig, ob sie unbeständig, ob sie eine Keiferin und eine Verleumderin ist, man muss sie *nolens volens* behalten und an der, welche man auch immer bekommen hat, festhalten. Denn als du frei warst, hast du dich aus freien Stücken der Knechtschaft unterworfen. Wenn jemand eine Ehefrau hat, kann er, wie Laktanz[46] sagt, weder eine Sklavin noch eine Freie haben, damit er die eheliche Treue einhält. Denn nicht allein die Frau ist – wie das öffentliche Recht lehrt – eine Ehebrecherin, die, wenn sie einen Ehemann hat, von einem anderen entehrt wird, während der Ehemann, wenn er eine andere Frau hat, vom Vorwurf des Ehebruchs ausgenommen ist, weil das göttliche Gesetz die beiden so in einem ehelichen Körper vereinigt hat, dass jeder ein Ehebrecher ist, der das Gefüge dieses Körpers auseinander reißt. Deshalb muss jeder dem andern die Treue halten. (13) Allerdings ist die Gattin von ihrem Mann durch vorbildliche Enthaltsamkeit zu unterweisen, dass sie sich keusch verhält. Denn es ist ungerecht, das zu fordern, was man selbst nicht leisten kann. Denn das Haupt der Frau ist der Mann (vgl. 1 Kor 11,3). Wo

capite deorsum pendet domus. Ideoque praecedere debet uir in
omnibus bonis factis uxorem suam, qui<a> caput est, ut illa imi-
tetur uirum et sequatur uere ut corpus caput suum, sicut ecclesia
sequitur Christum.

Hortatur autem apostolus coniugibus et propter orationem
abstineant, atque „ex consensu" tempora sanctificationis obser-
uent, et sine inpedimento carnali „orationibus uacent". Nam et
in ueteri testamento ante sanctificati sunt omnes a mulieribus et
sic discendenti deo in monte adsistere meruerunt. |

(14) Item hortatur idem apostolus „mulieres subditas esse uiris" suis. Nam multae, erga simpliciores uiros diuitiis et nobi-
litate perflatae, dei sententiae non recordantur per quam subiectae sunt illis; ait quippe dominus ad mulierem: „Conuersio tua
ad uirum tuum et ipse tui dominabitur". Oboediendum est itaque sanctae scripturae praeceptis, et seruiendum uiro quadam
seruitute libera et dilectione plena. Etenim non est creatus uir
propter mulierem sed mulier propter uirum; et cum „caput mu-
lieris uir" sit, „caput" autem „uiri Christus", quaecumque uxor
non subicitur uiro, hoc est capiti suo, eiusdem criminis rea est
cuius et uir si non subicitur Christo, capiti suo. (15) Verbum
autem domini blasphematur, uel dum contemnitur dei prima
sententia et pro nihilo ducitur, uel Christi infamatur euangelium
dum contra legem fidemque naturae ea quae Christiana est et ex
dei lege subiecta praeesse uiro desiderat; cum etiam gentiles feminae uiris suis seruiant communi lege naturae. Seruatur ergo lex
naturae et dei, si mulier marito subiecta est; at contra si illa uiro
imperare desiderat, et ordo naturae corrumpitur et domus illa
misera et peruersa uocabitur.

aber die Ehefrau (sittlich) besser lebt als der Mann, wird das Haus auf den Kopf gestellt. Deshalb muss der Mann, weil er das Haupt ist, seine Frau in allen guten Taten übertreffen, damit sie ihren Mann nachahmt und ihm wirklich folgt – wie der Körper seinem Haupt, wie die Kirche Christus folgt.

Der Apostel aber ermahnt die Eheleute, auch wegen des Gebetes enthaltsam zu sein und „in Übereinstimmung" (1 Kor 7,5) Zeiten der Heiligung einzuhalten, und unbehindert vom Fleisch „frei zu sein für Gebete" (1 Kor 7,5). Denn auch im Alten Testament enthielten sich alle der Frauen, bevor sie geheiligt wurden, und verdienten so, vor den auf den Berg hinabsteigenden Gott hinzutreten.

(14) Ebenso ermahnt der Apostel „die Frauen, ihren Männer untertan zu sein" (Kol 3,18). Denn viele, die wegen ihres Reichtums und ihrer vornehmen Herkunft ihren einfacheren Männern gegenüber hochmütig sind, denken nicht an die Bestimmung Gottes, durch die sie ihnen unterworfen sind. Der Herr sagt nämlich zur Frau: „Wende dich deinem Mann zu, und er wird über dich herrschen" (Gen 3,16). Deshalb muss den Geboten der Heiligen Schrift gehorcht werden, und dem Mann ist zu dienen mit einer Art freiwilliger Knechtschaft und vollkommener Liebe. Der Mann wurde nämlich nicht wegen der Frau, sondern die Frau wegen des Mannes erschaffen. Weil „das Haupt der Frau der Mann ist", „ist" aber „Christus das Haupt des Mannes" (1 Kor 11,3), ist eine Frau, die sich nicht dem Mann, ihrem Haupt, unterwirft, des gleichen Vergehens schuldig wie ihr Mann, wenn er sich nicht Christus, seinem Haupt, unterwirft. Das Wort Gottes aber wird gelästert, wenn sowohl das erste Gesetz Gottes missachtet und für nichts geachtet wird als auch wenn man das Evangelium Christi verleumdet, wenn die Frau, die eine Christin und nach Gottes Gesetz eine Unterworfene ist, gegen das Naturgesetz und den Glauben versucht, über dem Mann zu stehen. Denn aufgrund des allgemeinen Naturrechts dienen auch die heidnischen Frauen ihren Männern. Also wird das Naturgesetz und das Gesetz Gottes beachtet, wenn die Ehefrau dem Ehemann unterworfen ist. Verletzt werden sie dagegen und die natürliche Ordnung zugrunde gerichtet, wenn sie verlangt, ihrem Mann zu befehlen. Ein solches Haus wird als armselig und verkommen bezeichnet.

XX.

Iam nunc rationem sacramentorum siue ordinem ad fidem uenientium persequamur; quorum primus gradus est caticuminorum, secundus conpetentium, tertius baptizatorum.

(XX). De caticuminis, exorcismo et sale.

(1) Caticumini sunt qui primum de gentilitate ueniunt habentes | uoluntatem credendi in Christo et, quia primum exortationis praeceptum est in lege: „Audi Israhel, dominus deus tuus deus unus est", inde est ut is cui per sacerdotem quasi per Moysen deus primum loquitur caticuminus, id est audiens, nominetur; scilicet ut unum agnoscens deum relinquat errores uarios idolorum. (2) Puto autem et omnes a Iohanne in paenitentia baptizatos caticuminorum praetulisse figuram.

Exorcizantur autem hii primum, deinde sales accipiunt et unguuntur.

Exorcismus autem sermo increpationis est contra inmundum spiritum inerguminis siue caticuminis factus, per quod ab illis diabuli nequissima uirtus et inueterata malitia uel uiolenta incursio expulsa fugetur. (3) Hoc significat lunaticus ille quem „increpauit Iesus et exiit ab illo daemonium". Potestas autem diabuli exorcizatur et insufflatur in his, ut ei renuntient atque eruti a potestate tenebrarum in regnum sui domini per sacramentum baptismatis transferantur; quod, quia paruuli per se renuntiare non possunt, per corda et ora gestantium adimpletur.

Sales autem in ministerio caticuminis dandos a patribus ideo est institutum, ut eorum gustu condimentum sapientiae percipiant,

20.

Nun wollen wir die Beschaffenheit der Sakramente und den Stand der zum Glauben Kommenden darstellen. Die erste Stufe dieses Standes bilden die Katechumenen, die zweite die (Tauf)bewerber und die dritte die Täuflinge.

(20). Über die Katechumenen, den Exorzismus und das Salz

(1) Katechumenen sind die, die zuerst vom Heidentum kommen und den Willen haben, an Christus zu glauben. Weil das erste mahnende Gebot des Gesetzes lautet: „Höre Israel, der Herr dein Gott ist der einzige" (Dtn 6,4), ist es so, dass der, zu dem Gott zuerst durch den Priester gleichsam durch Mose spricht, Katechumene, d. h. Hörender, genannt wird, damit er gleichsam, indem er den einen Gott anerkennt, die verschiedenen Irrtümer der Götzen zurücklässt. (2) Ich glaube aber, dass alle, die von Johannes zur Buße getauft wurden, den Charakter der Katechumenen vorweggenommen haben.

Sie werden zunächst dem Exorzismus unterzogen, dann empfangen sie Salzkörner und werden gesalbt.

Der Exorzismus ist aber eine Zurückweisungsformel gegen den unreinen Geist, die über vom Teufel Besessene und Katechumenen gesprochen wird, durch die die böse Kraft oder die eingewurzelte Boshaftigkeit von ihnen oder ein gewalttätiger Angriff zurückgetrieben und verjagt wird. (3) Dies bezeichnet jener Besessene, „den Jesus schalt und aus dem ein Dämon herausfuhr" (Mt 17,17). Die Macht des Teufels aber wird ausgetrieben und sie (die Katechumenen) werden angehaucht, damit sie widerrufen und, nachdem sie der Macht der Finsternis entrissen wurden, durch das Sakrament der Taufe in das Reich ihres Herrn hinübergeführt werden. Weil aber die Kinder noch nicht selber abschwören können, wird das durch Herz und Mund derer, die sie tragen, ausgeführt.

Von den Vätern wurde aber deshalb angeordnet, den Katechumenen die Salzkörner während des Gottesdienstes zu geben, damit

neque disipiant a sapore Christi, nec sint fatui et retro respiciant
sicut uxor Loth, ne malum exemplum dantes ipsi remaneant et
alios condiant, (4) quemadmodum illa quae, cum liberaretur a
Sodomis, in uia posita retro respexit ibique remansit facta statua
salis, quo signo condirentur hii qui per fidem mundo et actibus
desideriisque eius renuntiant, ut affectionis pristinae non recordentur neque ad saeculi inlecebras | reuocentur, quia secundum
saluatoris sententiam „ponens manum suam super aratrum et
respiciens retro regno caelorum aptus" esse non potest.

XXI. De conpetentibus.

(1) Post caticuminos secundus conpetentium gradus est. Conpetentes autem sunt qui iam, post doctrinam fidei, post continentiam uitae, gratiam Christi percipiendam festinant, ideoque
appellantur conpetentes, id est gratiam Christi petentes. Nam
caticumini tantum audiunt, necdum petunt. Sunt enim quasi hospites et uicini fidelium; deforis audiunt mysteria, audiunt gratiam, sed adhuc non appellantur fideles. (2) Conpetentes autem
iam petunt, iam accipiunt, iam catecizantur, id est inbuuntur
instructione sacramentorum. Istis enim salutare symbolum traditur quasi commonitorium fidei et sanctae confessionis indicium, quo instructi agnoscant quales iam ad gratiam Christi exhibere se debeant.

sie durch ihren Geschmack die Würze der Weisheit empfinden und nicht töricht handeln fern vom Geschmack Christi und nicht einfältig sind und zurückblicken wie die Frau Loths, so dass sie (die Katechumenen), indem sie ein schlechtes Beispiel geben, nicht selbst zurückbleiben und andere würzen (4) so wie jene, als sie von den Sodomitern befreit wurde, auf dem Weg verharrte und zurückschaute und dort zurückblieb, nachdem sie zu einer Salzsäule gemacht worden war (vgl. Gen 1,19–26), durch welches Zeichen diejenigen gewürzt werden, die durch ihren Glauben der Welt, ihren Geschäften und Begierden entsagen, so dass sie sich nicht an ihre frühere Leidenschaft erinnern und nicht zu den Verlockungen der Welt zurückgerufen werden, weil gemäß dem Urteil des Heilands derjenige, „der seine Hand auf den Pflug legt und zurückschaut, für das Himmelreich" nicht „geeignet" sein kann (Lk 9,62).

21. Über die Taufkandidaten

(1) Nach den Katechumenen sind die Taufkandidaten die zweite Stufe. Taufkandidaten sind aber diejenigen, die – nach der Glaubensunterweisung und einem Leben in Enthaltsamkeit – sich beeilen, die Gnade Christi zu empfangen. Denn die Katechumenen hören nur und bitten noch nicht (um die Taufe). Sie sind gleichsam Gäste und Nachbarn der Gläubigen. Von außen lauschen sie den Mysterien und hören sie von der Gnade, sie werden aber noch nicht Gläubige genannt.[47] (2) Die Taufkandidaten aber bitten bereits, empfangen schon, erhalten die Katechese, d. h. sie werden durch Unterweisung in die Sakramente eingeführt. Ihnen wird nämlich das heilige Glaubensbekenntnis überreicht – gleichsam als Ermahnung zum Glauben und Beweis des heilbringenden Bekenntnisses – wodurch die Unterwiesenen (sc. die Taufkandidaten) erkennen sollen, auf welche Weise sie sich bereits im Hinblick auf die Gnade Christi präsentieren dürfen.

---

[47] Die Katechumenen nahmen nur am Wortgottesdienst teil und hatten den Kirchenraum vor der Eucharistiefeier zu verlassen.

XXII. De symbolo.

(1) Symbolum autem, quem idem conpetentes accipiunt, tali ratione institutum maiores nostri dixerunt. Tradunt enim his uerbis quod post ascensionem domini et saluatoris nostri ad patrem, cum per aduentum sancti spiritus discipuli eius inflammati linguis omnium gentium loquerentur (quo praesagio consecutum est ut nulla illis gens extera, nulla lingua barbaris inaccessa uel inuia uideretur), praeceptum eis a domino datum | ad praedicandum dei uerbum ad singulas quasque nationes abire. (2) Discessuri itaque ab inuicem normam prius sibi futurae praedicationis in commune constituunt, ne localiter ab inuicem discedentes diuersum aliquid uel dissonum praedicaretur his qui ad fidem Christi inuitabantur. Omnes igitur in uno positi et spiritu sancto repleti, breue sibi praedicationis indicium conferendo in unum quo sentiebant conponunt, atque hanc credentibus dandam esse regulam statuunt.

(3) Symbolum autem hoc multis et iustissimis ex causis appellare uoluerunt. Symbolum enim grece et indicium dici potest et conlatio, hoc est quod plures in unum conferunt; id enim fecerunt apostoli in his sermonibus in unum conferendo unusquisque quod sensit. Indicium autem uel signum idcirco dicitur quia illo in tempore, sicut Paulus apostolus dicit et in Actibus Apostolorum refertur, multi simulabant se esse apostolos Christi, nominantes quidem Christum sed non integris traditionum lineis nuntiantes. Idcirco igitur istud indicium posuere per quod agnosceretur is qui Christum uere secundum apostolicas regulas praedicaret. (4) Denique et in bellis ciuilibus hoc obseruari

22. Über das Glaubensbekenntnis

(1) Das Glaubensbekenntnis aber, das die (Tauf)bewerber empfangen, wurde nach Aussage unserer Vorfahren aus folgendem Grund eingeführt. Denn durch diese Worte überliefern sie, dass nach dem Hinaufsteigen unseres Herrn und Erlösers zum Vater, als seine Jünger – durch die Ankunft des Heiligen Geistes entflammt – in den Sprachen aller Völker redeten (aus welchem Vorzeichen folgt, dass ihnen kein auswärtiges Volk, keine Sprache für die Barbaren unerreichbar und unzugänglich schien), von Gott aufgetragen wurde fortzugehen, um das Wort Gottes jedem einzelnen Volk zu verkünden. (2) Als sie im Begriff waren, sich voneinander zu trennen, verfassten sie für sich zuerst gemeinsam eine Regel für die zukünftige Verkündigung, damit – weil man je nach der Örtlichkeit voneinander abwich – denen, die zum Glauben an Christus eingeladen wurden, nicht etwa Verschiedenes oder Nichtübereinstimmendes verkündet würde. Deshalb versammelten sie sich alle gemeinsam und verfassten für sich – erfüllt vom Heiligen Geist – eine kurze Anweisung für die Verkündigung, indem sie ihre Ansichten auf einen gemeinsamen Nenner brachten. Und sie legten fest, dass diese Regel den Gläubigen gegeben werden solle.

(3) Diese Anweisung wollten sie aber aus vielen und sehr triftigen Gründen das Glaubensbekenntnis (*symbolum*) nennen. *Symbolum* ist nämlich Griechisch und kann mit Losung oder Einigung (Zusammentragung) übersetzt werden, d. h. was viele zu Einem zusammentragen. Denn dies taten die Apostel bei diesen Gesprächen, indem sie das, was jeder Einzelne dachte, zu (einer gemeinsamen Anweisung) vereinigten. Hinweis oder Zeichen wurde es deshalb genannt, weil in jener Zeit, wie der Apostel Paulus sagt und wie in der Apostelgeschichte berichtet wird (vgl. 2 Kor 11,13; Apg 15,24), viele vortäuschten, Apostel Christi zu sein, weil sie zwar Christus beim Namen nannten, ihn aber nicht nach den unverletzlichen Richtlinien der Überlieferung verkündeten. Deshalb gaben sie nämlich diese Losung aus, durch die derjenige erkannt wird, der Christus gemäß den apostolischen Anordnungen wahrhaft verkündet. (4) Schließlich berichtet man,

ferunt, quoniam et armorum habitus par et sonus uocis idem et
mos unus est atque eadem instituta bellandi; sed, ut nequa doli
subreptio fiat, symbola discreta unusquisque dux suis militibus
tradit quae latine uel signa uel indicia nominantur, ut si forte
occurrerit quis de quo dubitetur interrogatus symbolum prodat
si sit hostis an socius. Idcirco denique hoc non scribi membranis
sed retineri cordibus tradiderunt, ut certum esset neminem hoc
ex lectione, quae interdum peruenire etiam ad infideles solet, sed
ex apostolorum traditione didicisse.

(5) Discessuri itaque ut dictum est ad praedicandum, istud
unianimitatis et fidei suae apostoli indicium posuere.

Est autem symbolum signum per quod agnoscitur deus,
quodque proinde credentes accipiunt ut nouerint qualiter contra
diabolum fidei certamina praeparent. |

In quo quidem pauca sunt uerba sed omnia continentur sacramenta. De totis enim scripturis haec breuiatim collecta sunt
ab apostolis ut, quoniam plures credentium litteras nesciunt uel
qui sciunt per occupationes saeculi scripturas legere non possunt,
haec corde retinentes habeant sufficientem sibi scientiam salu-
tarem. Est enim breue fidei uerbum et olim a propheta praedic-
tum: „Quoniam uerbum breuiatum faciet dominus super terram".

dass dieses auch bei den Bürgerkriegen eingehalten wird, weil die Art der Waffen gleich und der Klang der Stimme derselbe ist und weil es eine Art und dieselben Vorschriften für die Kriegsführung gibt. Damit es aber nicht zu einer heimlichen Täuschung kommt, gibt jeder Heerführer seinen Soldaten geheime Symbole, die man auf Latein Zeichen (*signa*) oder Losung (*indicium*) nennt, so dass, wenn vielleicht jemand auftauchen sollte, über den man im Zweifel ist, er auf die Frage, ob er Feind oder Verbündeter ist, das Symbol zeigt. Deshalb übergaben sie (*sc.* die Apostel) es mit der Empfehlung, es nicht auf Pergament niederzuschreiben, sondern es auswendig zu lernen, damit gesichert sei, dass niemand es durch die Lektüre, die inzwischen auch zu den Nichtgläubigen zu gelangen pflegte, sondern nach der Überlieferung der Apostel gelernt hatte.

(5) Deshalb verfassten die Apostel, als sie, wie gesagt wird, im Begriff waren zur Verkündigung aufzubrechen, dieses Zeichen der Eintracht und ihres Glaubens.

Das Glaubensbekenntnis ist aber das Zeichen, durch das Gott erkannt wird, und das die Gläubigen deshalb empfangen, damit sie wissen, wie sie die Kämpfe des Glaubens gegen den Teufel vorbereiten sollen.

In ihm (*sc.* dem Glaubensbekenntnis) sind nur wenige Worte, aber alle Sakramente enthalten. Sie wurden aus sämtlichen Schriften von den Aposteln in kurzer Form zusammengestellt, damit – weil die meisten Gläubigen nicht lesen können oder die des Lesens Kundigen wegen der weltlichen Geschäfte keine Zeit haben, die Schriften zu lesen – sie, nachdem sie es (*sc.* das Glaubensbekenntnis) auswendig gelernt haben, ein für sich ausreichendes Wissen des Heils besitzen. Denn das Wort des Glaubens ist kurz und einstmals vom Propheten vorhergesagt worden: „Also wird der Herr über die Erde eine kurze Aussage machen" (vgl. Jes,23; Röm 2,28).

XXIII. De regula fidei.

(1) Haec est autem post apostolicum symbolum certissima fides quam doctores nostri tradiderunt:

Vt profiteamur patrem et filium et spiritum sanctum unius essentiae eiusdemque potestatis et sempiternitatis unum deum in<di>uisibilem; ita ut, in singulis personarum proprietate seruata, nec substantialiter Trinitas diuidi nec personaliter debeat omnino confundi. Patrem quoque confiteri ingenitum, filium genitum, spiritum autem sanctum nec genitum nec ingenitum sed ex patre et filio procedentem; filium a patre nascendo procedere, spiritum uero sanctum procedendo non nasci.

Ipsum quoque filium perfectum ex uirgine sine peccato hominem suscepisse, ut quem sola bonitate creauerat sponte lapsum misericorditer repararet; quem ueraciter crucifixum et tertia die resurrexisse et cum eadem ipsa carne glorificata ascendisse in caelum; in qua et ad iudicium uiuorum et mortuorum expectatur uenturus. (2) Et quod diuinam humanamque substantiam, in utroque perfectus, una Christus persona gestauerit, quia nec geminauit utriusque substantiae integritate | personam nec confudit geminam unitate personae substantiam; altero quippe neutrum exclusit, quia utrumque unus intemerato iure seruauit.

Quod noui et ueteris testamenti salubris commendetur auctoritas, illa quippe per prophetiam, ista per historiam ueraciter persoluta, et quod neque de deo neque de creatura saeculi sit cum paganis aut cum hereticis aliquid sentiendum in his quibus a ueritate dissentiunt, (3) sed quod in utroque testamento diuina

23. Über die Glaubensregel

(1) Dies aber ist gemäß dem apostolischen Glaubensbekenntnis der sicherste Glaube, den unsere Gelehrten überliefert haben:

Dass wir bekennen, dass der Vater, der Sohn und der Heilige Geist ein einziger und unteilbarer Gott von gleicher Wesenheit und der gleichen Macht und Ewigkeit sind, so dass, unter Wahrung der Eigentümlichkeit für die einzelnen Personen, die Dreifaltigkeit in keiner Weise weder nach dem Wesen geteilt noch nach den Personen vermischt werden darf. (Dass wir auch) den Vater als nicht geschaffen (bekennen), den Sohn als gezeugt, den heiligen Geist aber weder gezeugt noch ungezeugt, sondern als den aus dem Vater und Sohn Hervorgehenden; dass der Sohn vom Vater durch Geburt hervorgeht, dass aber der Heilige Geist durch sein Hervorgehen nicht geboren wird.

(Dass wir bekennen), dass auch eben dieser vollkommene Sohn aus der Jungfrau Maria ohne Sünde den Menschen angenommen hat, um den, den er aus reiner Güte geschaffen hatte und der aus freiem Willen abgefallen war, aus Barmherzigkeit zu erneuern; dass er wirklich gekreuzigt wurde und am dritten Tag wieder auferstanden und mit eben diesem Fleisch verherrlicht in den Himmel aufgestiegen ist und, in den zu kommen, er erwartet wird, um die Lebenden und Verstorbenen zu richten. (2) Und dass Christus als eine Person die göttliche und menschliche Wesenheit, in beiden vollkommen an sich trug, weil er weder die Person durch die Unversehrtheit jeder der beiden Wesenheiten verdoppelt noch die zwei Wesenheiten durch die eine Person vermischt hat. Keine von beiden hat er durch die andere ausgeschlossen, weil einer beide ohne Rechtsverletzung bewahrt hat.

(Dass wir bekennen), dass die heilsame Autorität des Alten und Neuen Testamentes empfohlen werden soll, weil jenes durch die Weissagung, dieses durch die Geschichte in Wahrheit erfüllt wurde, und dass man weder über Gott noch die Erschaffung der Welt mit den Heiden oder Häretikern der Meinung sein darf, dass es bei diesen Dingen irgendetwas gibt, wodurch sie von der Wahrheit abweichen, (3) sondern, dass die göttlichen Aussagen in beiden Testamenten bezeugen, dass nur

protestantur eloquia hoc tantummodo sentiendum: quod siue hominem siue uniuersa nulla deus necessitate creauerit, nec ullam esse omnino uisibilem inuisibilemque substantiam nisi aut quae deus sit aut a bono deo bona creata sit (sed deus summe et incommutabiliter bonus, creatura uero inferius et mutabiliter bona); et quod animae origo incerta sit, et quod angelorum natura uel animae non sit pars diuinae substantiae, sed dei creatura ex nihilo condita, ideoque incorporea quia ad imaginem dei creata.

(4) De pietate morum, sine qua fides diuini cultus otiosa torpescit et cum qua integritas diuini cultus perficitur – ut unusquisque deum propter deum et proximum in deo diligens usque ad dilectionem quoque inimicorum pertendendo proficiat ut proficiendo perueniat.

Alterum quoque alterius pollui non posse peccato ubi par uoluntatis non tenetur consensio.

Legitimas nuptias non credi damnandas, licet ex eis quoque originali peccato obnoxia credatur nasci posteritas, eisque iure fidelium uirginum uel continentium praeferenda doceatur integritas.

(5) Ne unum trinitatis baptisma, quod nefas est, iteretur; neque pro diuersitate tradentium ministrorum singulis putetur quibusque conferri sed a deo singulari potestate donari; de quo dictum legimus; „Super quem uideris spiritum discendentem et manentem super eum, hic est qui baptizat in spiritu sancto. Et ego uidi et testimonium perhibui quia hic est filius dei".

Et ne paenitentiae remedii nos egere non putemus pro cotidianis humanae fragilitatis excessibus, sine quibus in hac uita

diese Meinung vertreten werden darf: dass Gott weder den Menschen noch das Weltall aus irgendeiner Notwendigkeit heraus erschaffen hat und dass es überhaupt keine sichtbare oder unsichtbare Substanz gibt außer derjenigen, die Gott ist oder die vom guten Gott gut erschaffen wurde (Gott ist in höchster und unveränderlicher Weise gut, die Schöpfung ist in geringerem Maße und in veränderlicher Weise gut); und dass der Ursprung der Seele ungewiss ist, und dass die Natur der Engel und der Seele kein Teil des göttlichen Wesens ist, sondern durch die Schöpfung Gottes aus dem Nichts erschaffen wurde und deshalb körperlos ist, weil sie nach dem Bild Gottes geschaffen wurde.

(4) Bezüglich der Frömmigkeit unserer Gewohnheiten, ohne die der Glaube des göttlichen Kultes untätig erstarrt und mit der die Reinheit des göttlichen Kultes vollendet wird (bekennen wir), dass jeder, indem er Gott um Gottes willen und in Gott den Nächsten liebt, durch eifriges Bemühen bis hin zur Liebe auch der Feinde Fortschritte machen soll, damit er durch den Fortschritt ans Ziel gelangt.

(Wir bekennen auch), dass jemand einen anderen durch eine Sünde nicht beflecken kann, wenn die gleiche Zustimmung des Willens nicht besteht.

(Wir bekennen), rechtmäßige Ehen nicht für verdammenswert zu halten, wenn man auch glaubt, dass aus ihnen eine der Erbsünde verhaftete Nachkommenschaft geboren wird, und gelehrt wird, dass ihnen die Unversehrtheit der gläubigen Jungfrauen und der Enthaltsamen mit Recht vorzuziehen ist.

(5) Die eine Taufe der Dreifaltigkeit soll nicht wiederholt werden, weil dies eine Gotteslästerung ist. Man soll auch nicht glauben, dass sie wegen der Verschiedenheit der (sie) spendenden Diener (Gottes) von diesen einzelnen übertragen, sondern allein durch die Macht Gottes geschenkt wird. Darüber lesen wir das Diktum: „Über wen du den Geist herabsteigen und über wem du ihn verweilen siehst, der ist es, der im Heiligen Geist tauft. Und ich habe es gesehen und ich bezeuge es, weil dieser der Sohn Gottes ist" (Joh 1,33f).

Und wir sollen nicht glauben, dass wir wegen der täglichen Sünden der menschlichen Gebrechlichkeit, ohne die wir in diesem

esse non possumus; ita ut paenitentiae conpunctione fructuosa uniuersa fateamur deleri peccata, sicut scriptum est: „Beati quorum remissae sunt iniquitates, et quorum tecta sunt peccata; beatus uir cui non inputauit dominus peccatum".

(6) Nullum quoque suis uiribus sed per diuinam gratiam capiti Christo subiungi, atque indisruptae pacis perseuerantia in unitate ecclesiae ipsius solidari; nec humanae uoluntatis arbitrio boni quicquam deputandum existimari, sed secundum propositum uoluntatis dei omnem numerum electorum adquiri.

Bona quoque temporalia bonis malisque communia a deo creari, eiusque dispensatione singulis quibusque uel tribui uel negari; quorum bonorum in unoquoque fidelium non habitus sed usus aut inprobandus est aut probandus. Certa uero aeternaque bona solos posse bonos in futuro consequi; quorum pignore ecclesiam nunc informatam credimus detineri, hic habentem primitias spiritus, in futuro perfectionem, hic sustentari in spe, postea pasci in re, hic uidere per speculum in enigmate, in futuro autem „facie ad faciem" cum ad speciem fuerit perducta per fidem. (7) Quod donec perficiatur in nobis ut summi dei bonis fruamur aeternis, fruendum in deo nouerimus et proximis.

Eam quoque nos spem resurrectionis habere, ut eodem ordine eademque forma qua ipse dominus resurrexit a mortuis nos quoque resurrecturos esse credamus, in eodem corpore in quo sumus uel uiuimus, non naturam aut sexum mutantes sed tantum fragilitatem et uitia deponentes.

Leben nicht existieren können, nicht des Heilmittels der Buße bedürfen; so dass wir bekennen, dass durch die fruchtbringende Zerknirschung der Buße alle Sünden getilgt werden, wie geschrieben steht: „Selig, deren Vergehen vergeben und deren Sünden bedeckt sind. Selig der Mensch, den der Herr keiner Sünde bezichtigt" (Ps 31,1 f).

(6) (Wir bekennen auch,) dass niemand aus eigener Kraft, sondern durch göttliche Gnade Christus, dem Haupt, verbunden ist und dass er durch die Bewahrung eines ununterbrochenen Friedens in der Einheit seiner Kirche gefestigt wird. Ferner, dass nicht angenommen wird, irgendetwas sei durch das Urteil des menschlichen Willens dem Guten zuzuordnen, sondern die gesamte Anzahl der Auserwählten nach dem Plan des göttlichen Willens erworben wird.

Auch (bekennen wir), dass die zeitlichen Güter gemeinsam für die Guten und die Bösen von Gott erschaffen wurden und durch seine Verteilung jedem einzelnen von ihnen gewährt oder verweigert werden; dass bei jedem einzelnen Gläubigen nicht die Eigenschaft dieser Güter, sondern ihr Gebrauch entweder nicht oder zu billigen ist. (Wir bekennen,) dass aber nur die Guten die sicheren und ewigen Güter erlangen. Wir glauben, dass die jetzt noch geschwächte Kirche durch deren Pfand gehalten wird, da sie hier nur die Erstlingsfrüchte des Geistes besitzt, in Zukunft aber die Vollkommenheit, hier nur von der Hoffnung unterhalten wird, später aber sich von der Realität ernährt; dass sie „durch einen Spiegel in einem Rätsel sieht" (1 Kor 13,12), in Zukunft aber „von Angesicht zu Angesicht" (1 Kor 13,12), wenn sie durch den Glauben zum Sehen geführt wurde. (7) (Wir bekennen,) dass – bis in uns vollendet wird, dass wir die ewigen Güter des höchsten Gottes genießen – wir das zu Genießende in Gott und den Nächsten erkennen.

(Wir bekennen auch,) dass wir eine solche Hoffnung auf die Auferstehung haben, dass wir glauben, dass auch wir in derselben Weise und Gestalt, wie der Herr selbst auferstand, auferstehen werden, in demselben Körper in dem wir sind oder leben, ohne die Natur oder das Geschlecht zu wechseln, sondern nur unsere Gebrechlichkeit und Laster ablegen.

Ipsum quoque Satanan cum angelis suis atque cultoribus aeterno incendio condemnandum; neque secundum quorundam | sacrilegam disputationem ad pristinam, id est angelicam dignitatem, ex qua propria malignitate cecidit, reducendum.

Haec est catholicae traditionis fidei uera integritas de qua, si unum quodlibet respuatur, tota fidei credulitas amittitur.

XXIIII. De baptismo.

(1) Baptismi sacramentum, „si prima repetens ab origine" pandam, baptizauit Moyses in mari et in nube, et in typo et in figura; ita enim Paulus pronuntiat. Habuit ergo mare formam aquae, nubis uero spiritus sancti, manna panis uitae. Illic enim, sicut patrum exempla edocent, Aegyptius dimergitur, dei populus resurgit sancto renouatus spiritu qui etiam per mare rubrum inoffenso transiuit uestigio. Baptizauit et Iohannis, sed non ex toto Iudaice; non enim solum in aqua nec tamen in spiritu, sed hoc solum addidit quod in paenitentia baptizauit, sicut ait Paulus in Actibus Apostolorum: „Iohannis baptizauit baptismo paenitentiae populum"; cui tamen ideo datum est in aqua baptizare ut Christus qui in aqua et spiritu baptizaturus erat baptismo Iohannis „manifestaretur in Israhel", quando spiritus sancti discensione et patris uoce filius dei palam cunctis ostensus est. (2) Coepit ergo perfectum baptisma a Iesu; ipse enim baptizauit primum in spiritu sancto, sicut et Iohannis dicit: „Ego quidem baptizo in aqua; medius autem uestrum stetit quem uos nescitis, ipse uos baptizabit in spiritu sancto et igni". Haec est perfectio baptismi; deus est enim qui baptizat ut possint et qui baptizantur fieri filii dei.

---

[48] VERGIL, *Aen.* 1,372.

(Wir bekennen auch,) dass der Satan mit seinen Engeln und Verehrern zum ewigen Feuer verdammt werden muss und nicht gemäß einer gottlosen Argumentation von einigen zu seiner früheren, d. h. engelhaften Würde zurückzuführen ist, aus der er durch eigene Bosheit herabstürzte.

Dies ist die wahre Integrität der katholischen Glaubensüberlieferung. Die gesamte Glaubwürdigkeit diese Glaubens wird ungültig, wenn auch nur ein Teil davon zurückgewiesen wird.

24. Über die Taufe

(1) Wenn ich, „beginnend mit ihrem ersten Ursprung"[48], das Sakrament der Taufe erläutere, so taufte Mose im Meer und in der Wolke, sowohl typologisch als auch symbolisch. So verkündet es nämlich auch Paulus (vgl. 1 Kor 10,1f). Denn das Meer hatte die Beschaffenheit des Wassers, die Wolke jedoch die des Heiligen Geistes, das Manna die des Brotes des Lebens. In ihm wird, wie die Beispiele der Väter lehren, der Ägypter ertränkt und richtet sich das Volk Gottes, erneuert durch den Heiligen Geist, wieder auf, das, ohne dass der Schritt behindert wurde, das Rote Meer überquerte. Auch Johannes taufte, allerdings nicht ganz auf jüdische Art. Er taufte nicht nur im Wasser, sondern auch im Geist, aber fügte dies nur deshalb hinzu, weil er zur Buße taufte, wie Paulus in der Apostelgeschichte sagt: „Johannes taufte das Volk durch die Taufe der Buße" (Apg 19,4). Ihm wurde freilich deshalb aufgetragen, im Wasser zu taufen, damit Christus, der im Wasser und im Geist taufen würde, „in Israel" durch die Taufe des Johannes „offenbart werde" (Joh 1,31), als durch die Herabkunft des Heiligen Geistes und die Stimme des Vaters der Sohn vor allen gezeigt wurde. (2) Die vollständige Taufe nahm ihren Ursprung von Jesus; denn er selbst taufte als erster im Heiligen Geist, wie auch Johannes sagt: „Ich taufe nur mit Wasser; mitten unter euch steht der, den ihr nicht kennt, er wird im Heiligen Geist und im Feuer taufen" (Mt 3,11; Joh 1,26). Das ist die Vollendung der Taufe. Denn es ist Gott, der tauft, damit diejenigen, die getauft werden, Kinder Gottes werden können.

Tria sunt autem genera baptismi: primum baptismum quo sordes peccatorum per regenerationis lauacrum abluuntur; se|cundum baptismum quo quis sanguine suo per martyrium baptizatur. Quo baptismo etiam Christus baptizatus est ut et in hoc, sicut in ceteris, formam credentibus daret, sicut dicebat ad discipulos suos filios Zebedei: „Potestis bibere calicem quem ego bibiturus sum et baptismo quo ego baptizabor baptizari?" Itaque aqua et sanguis gemini est figura baptismatis: unum quo regeneramur ex lauacro, aliud quo consecramur ex sanguine. (3) Est et tertium baptismum lacrimarum quod laboriosius transigitur, sicut ille qui „per singulas noctes stratum suum lacrimis rigat", qui imitatur conuersionem Manasse et humilitatem Niniuitarum per quam misericordiam consecuti sunt, qui imitatur orationem publicani illius in templo „stantis a longe et percutientis pectus suum quique nec ausus erat eleuare oculos suos ad caelum".

Baptismum enim aqua est quae tempore passionis de latere Christi profluxit, nullumque aliud elimentum est quod in hoc mundo purget uniuersa, quod uiuificet cuncta; ideoque cum baptizamur in Christo per ipsam renascimur ut purificati uiuificemur.

(4) Fons autem origo omnium gloriarum est; cuius septem gradus sunt, tres in discensum propter tria quibus renuntiamus, tres alii in ascensum propter tria quae confitemur. Septimus uero is est qui et quartus „similis filio hominis", extinguens fornacem ignis, stabilimentum pedum, fundamentum aquae, „in quo plenitudo diuinitatis habitat corporaliter".

In patre autem et filio et spiritu sancto salutaria baptismi dona consistunt; unde nequaquam baptismi sanctificatur officio, | nisi qui sub Trinitatis tinguitur sacramento, sicut et dominus ait: „Ite docete omnes gentes, baptizantes eos in nomine patris et filii et

Es gibt aber drei Arten der Taufe: die erste Taufe durch das Bad der Wiedergeburt, durch die der Schmutz der Sünden abgewaschen wird; die zweite Taufe, durch die jemand durch das Martyrium mit seinem Blut getauft wird. Durch diese Taufe wurde auch Christus getauft, um – wie auch sonst – ebenfalls hierin den Gläubigen ein Beispiel zu geben, wie er zu seinen Jüngern, den Söhnen des Zebedäus, sagte: „Könnt ihr den Kelch trinken, den ich trinken werde, und durch die Taufe, durch die ich getauft werde, getauft werden?" (Mk 10,38). Deshalb symbolisieren Wasser und Blut eine zweifache Taufe: eine, durch die wir aus dem Bad wiedergeboren werden, eine andere, durch die wir aus dem Blut geweiht werden. (3) Als dritte gibt es noch die Taufe der Tränen, die man mühseliger übersteht, so wie jener, „der in den einzelnen Nächten sein Bett mit Tränen benetzt" (Ps 6,7), der die Bekehrung des Manasse (vgl. 2 Chr 33,11–19) nachahmt und die Demut der Niniviter (vgl. Jona 3,5–9), durch die sie Barmherzigkeit erlangten, der das Gebet des Zöllners nachahmt „der weit hinten im Tempel stand und an seine Brust schlug" und „der es nicht gewagt hatte, seine Augen zum Himmel zu erheben" (Lk 18,13).

Denn die Taufe ist das Wasser, das bei der Passion aus der Seite Christi herausfloss, und es gibt kein anderes Element, das in dieser Welt alles reinigt, das alles mit Leben erfüllt. Daher werden wir, wenn wir in Christus getauft werden, durch das Wasser wiedergeboren, damit wir gereinigt zum Leben kommen.

(4) Die Quelle ist aber der Ursprung aller Ehren; ihre Stufen sind sieben, drei beim Abstieg wegen der drei (Dinge), denen wir widersagen, drei beim Aufstieg wegen der drei (Dinge), die wir bekennen. Die siebte Stufe ist diejenige, die auch als vierte „dem Sohn des Menschen gleicht" (Dtn 3,92), der den Feuerofen löscht, (sie ist) die Stütze der Füße, das Fundament des Wassers, „in dem die Fülle der Gottheit körperlich wohnt" (Kol 28,9).

Die heilbringenden Geschenke der Taufe bestehen aus dem Vater, dem Sohn und dem Heiligen Geist. Deshalb wird durch die Spendung der Taufe in keiner Weise geheiligt, wer nicht in das Sakrament der Dreifaltigkeit getaucht wird, so wie der Herr sagt: „Geht und lehrt alle Völker und tauft sie im Namen des

spiritus sancti". Proinde si omissa qualibet Trinitatis persona baptismum detur, manifeste in regenerationis solemnitate nihil agitur nisi tota Trinitas inuocetur. (5) Nam et dominus, dum a Iohanne baptizaretur, eundem baptismum sub Trinitatis sacramento legitur peregisse; dicente enim deo: „Hic est filius meus", pater in uoce, filius in corpore, spiritus autem sanctus fuisse probatur in columbae specie.

Duae sunt namque pactiones credentium. Prima enim pactio est in qua renuntiatur diabolo et pompis et uniuersae conuersationis illius; secunda pactio est in qua se credere in patrem et filium et spiritum sanctum profitetur.

(6) Semel autem nos oportet in Christo lauari, quia et Christus semel pro nobis mortuus est. Si enim „unus deus et fides una" est, necessario et „unum baptisma" sit, quia et Christi mors una pro nobis. In cuius imaginem mergimur per mysterium sacri fontis, ut consepeliamur Christo morientes huic mundo et ab isdem aquis quibus in formam resurrectionis eius emergimus non reuersuri ad corruptionem, sicut nec ille reuertitur ad mortem. Quod et si postea quisque praeuentus fuerit aliquo peccato, non iam lauacri beneficio sed paenitentia expiatur, quae in similitudinem fontis peccata mortificat.

(7) Perfectis autem aetate baptismum uel ad purgationem originalis noxae uel ad abolitionem actualis peccati proficere, | paruulis autem ut ab originali tantum peccato abluantur quod ab Adam per primam natiuitatem traxerunt. Qui si priusquam regenerentur transierint, procul dubio a regno Christi alieni sunt, ipso saluatore testante: „Nisi quis renatus fuerit ex aqua et spiritu sancto, non intrabit in regnum caelorum". Quique proinde idem paruuli alio profitente baptizantur, quia adhuc loqui uel

Vaters und des Sohnes und des Heiligen Geistes" (Mt 28,19). Folglich wird, wenn die Taufe unter Weglassung einer Person der Dreifaltigkeit gespendet wird, offensichtlich bei der Feier der Wiedergeburt nichts bewirkt, wenn nicht die ganze Dreifaltigkeit angerufen wird. (5) Denn man liest, dass auch der Herr, während er von Johannes getauft wurde, eben diese Taufe unter dem Sakrament der Dreifaltigkeit vollendete; denn während Gott spricht: „Dies ist mein Sohn" (Mt 3,17), wird der Vater in der Stimme, der Sohn im Leib und der Heilige Geist in Gestalt der Taube bezeugt.

Es gibt nämlich zwei Versprechen der Gläubigen: Im ersten Versprechen wird dem Teufel, seiner Pracht und jeglichem Umgang mit ihm entsagt; im zweiten Versprechen wird der Glaube an den Vater und den Sohn und den Heiligen Geist bekannt.

(6) Wir müssen aber auch einmal in Christus gewaschen werden, weil Christus auch einmal für uns gestorben ist. Denn wenn es nur „einen Gott und nur einen Glauben" gibt, kann es notwendigerweise auch nur „eine Taufe" geben (Eph 4,5), weil es auch nur einen Tod Christi für uns gibt. Nach seinem Vorbild werden wir durch das Geheimnis der heiligen Quelle untergetaucht, damit wir in Christus begraben werden, indem wir für diese Welt sterben, und aus diesen Wassern, aus denen wir in Gestalt seiner Auferstehung wiederauftauchen, nicht zur Verderbnis zurückkehren, so wie er nicht zum Tod zurückkehrt. Auch wenn später jemand von einer Sünde eingeholt wird, wird er nicht durch die Gnade des Bades, sondern der Buße gereinigt, die nach dem Vorbild der Quelle die Sünden tötet.

(7) (Wir glauben,) dass die Taufe den Erwachsenen sowohl bei der Tilgung der Erbsünde als auch bei der Aufhebung einer begangenen Sünde nützt, den Kindern aber, damit sie nur von der Erbsünde gereinigt werden, die sie von Adam durch die erste Geburt bekommen haben. Wenn sie sterben, bevor sie wiedergeboren wurden, sind sie ohne Zweifel vom Reich Gottes ausgeschlossen, weil es der Erlöser selbst bezeugt: „Wer nicht wiedergeboren wurde aus dem Wasser und dem Heiligen Geist, wird in das Reich Gottes nicht eintreten" (Joh 3,5). Deshalb werden die Kinder auch getauft, während ein anderer das Bekenntnis spricht,

credere nesciunt, sicut etiam aegri muti et surdi, quorum uice alius profitetur ut pro eis respondeat dum baptizantur. (8) Quamuis autem per regenerationem pereat originale delictum, poena tamen mortis quae per praeuaricationem mandati introiit manet et in eos quos in reatu originis purgat baptisma saluatoris, et hoc proinde ut homo nouerit profuturae beatitudinis spem regenerationis consequi, non ut a poena temporalis mortis possit absolui.

Illud uero quod nec priuatis nec clericis baptizare liceat nisi tantum sacerdotibus, in euangelio legimus apostolis tantum permissum, Iesu post resurrectionem dicente illis: „Sicut misit me pater et ego mitto uos; et haec cum dixisset, inspirauit et ait: Accipite spiritum sanctum; cui dimiseritis peccata dimittentur illis, et cui tenueritis tenebuntur". Et alio loco: „Ite docete omnes gentes baptizantes eos in nomine patris et filii et spiritus sancti". (9) Vnde constat baptisma solis sacerdotibus esse traditum. Cuiusque ministerium nec ipsis diaconibus explere est licitum absque episcopo uel presbitero, nisi his procul absentibus ultima langoris cogat necessitudo, quod etiam et laicis fidelibus plerumque permittitur, ne quisquam sine remedio salutari de saeculo euocetur. |

Heretici autem, si tamen in patris et filii et spiritus sancti attestatione docentur baptisma suscepisse, non iterum baptizandi sed solo crismate et manus inpositione purgandi sunt. Baptismum enim non est hominis sed Christi, ideoque nihil interest hereticus an fidelis baptizet. (10) Quod sacramentum tam sanctum est ut nec homicida ministrante polluatur. Habet quidem baptismum Christi hereticus sed, quia extra unitatem fidei est,

weil sie noch nicht sprechen und glauben können, ebenso die Kranken, Stummen und Tauben, an deren Stelle jemand anderes das Bekenntnis spricht, so dass er für sie antwortet, während sie getauft werden. (8) Wenn durch die Wiedergeburt die Erbsünde verschwindet, bleibt dennoch die Strafe des Todes, die durch die Übertretung des Gebotes eingetreten ist, auch für die bestehen, die die Taufe des Erlösers von der Erbschuld gereinigt hat, und zwar deshalb, damit der Mensch erkennt, dass die Hoffnung auf die ewige Glückseligkeit auf die Wiedergeburt folgt, und nicht, dass er von der Strafe des zeitlichen Todes erlöst werden kann.

Hinsichtlich der Bestimmung, dass es weder Privatleuten noch Klerikern, sondern nur Priestern gestattet ist zu taufen, lesen wir im Evangelium, dass dies nur den Aposteln erlaubt wurde, weil Jesus nach der Auferstehung sagte: „Wie mich der Vater gesandt hat, sende ich auch euch; und nachdem er dies gesagt hatte, hauchte er und sagte: Empfangt den Heiligen Geist. Wem ihr die Sünden vergeben werdet, denen sind sie vergeben, und wem ihr sie erhaltet, denen werden sie erhalten" (Joh 20, 21–23). Und an anderer Stelle: „Geht, lehrt alle Völker und tauft sie im Namen des Vaters und des Sohnes und des Heiligen Geistes" (Mt 28,19). (9) Deshalb steht fest, dass die Taufe nur den Priestern übertragen wurde. Ihr Amt auszuüben, ist ohne Bischöfe oder Presbyter selbst den Diakonen nicht gestattet, außer wenn die äußerste Notwendigkeit einer Krankheit es erfordert und diese (d. h. Bischöfe, Priester) wegen Abwesenheit fern sind. Dies wird häufig auch den gläubigen Laien erlaubt, damit jemand nicht ohne dies Heilmittel aus der Welt gerufen wird.

Häretiker sind nicht erneut zu taufen, sondern nur durch Chrisma und Handauflegung zu reinigen, sofern sie belehrt werden, dass sie die Taufe mit dem Zeugnis des Vaters und des Sohnes und des Heiligen Geistes empfangen haben. Denn die Taufe ist nicht Sache des Menschen, sondern Christi, und deshalb ist es nicht von Bedeutung, ob ein Häretiker oder ein Gläubiger tauft. (10) Dieses Sakrament ist so heilig, dass es auch nicht beschmutzt wird, wenn es von einem Mörder gespendet wird. Auch ein Häretiker ist im Besitz der Taufe Christi, aber sie nützt ihm nicht, weil er außerhalb der Gemeinschaft des Glaubens ist.

nihil illi prodest. At ubi ingressus fuerit, statim baptismum quod habuerat foris ad perniciem incipit iam illi prodesse ad salutem. Quod enim accepit, adprobo; sed quia foris accepit, inprobo. Dum autem uenerit, non mutatur sed agnoscitur. Caracter est enim regis mei, non ero sacrilegus; corrigo desertorem, non muto caracterem.

XXV. De crisma.

(1) Crismae unguentum Moyses primum in Exodo, iubente domino, et conposuit et confudit; quo primi Aaron et filii eius in testimonium sacerdotii et sanctitatis peruncti sunt. Deinde quoque et reges eodem crismate sacrabantur; unde et christi nuncupabantur, sicut scriptum est: „Nolite tangere christos meos". Eratque eo tempore tantum in regibus et sacerdotibus mystica unctio qua Christus figurabatur. Vnde et ipsud nomen a crismate ducitur.

(2) Sed postquam dominus noster, uerus rex et sacerdos aeternus, a deo patre caelesti ac mystico unguento est dilibutus, iam non soli pontifices et reges sed omnis ecclesia unctione crismatis consecratur, pro eo quod membrum est aeterni regis et sacerdotis. Ergo quia genus sacerdotale et regale sumus, ideo post lauacrum unguimur ut Christi nomine censeamur. |

XXVI. De manus inpositione uel confirmatione.

(1) Sed quoniam post baptismum per episcopos datur spiritus sanctus cum manuum inpositione, in Actibus Apostolorum apostolos fecisse meminimus. Sic enim dicit: „Factum est autem ut, dum Apollo esset Corintho, Paulus peragratis superioribus partibus

Sobald er aber wieder eingetreten ist, beginnt die Taufe, die er außerhalb zu seinem Verderben hatte, sofort ihm zum Heil zu nützen. Was er empfing, billige ich. Dass er es außerhalb empfing, missbillige ich. Wenn er aber (zurück)kommt, wird er nicht verändert, sondern erkannt. Das Erkennungszeichen ist das meines Königs. Ich werde kein Gotteslästerer sein. Ich weise den Abtrünnigen zurecht, sein Erkennungszeichen ändere ich nicht.

25. Über das Chrisma

(1) Das erste Chrisamöl ersann und mischte auf Befehl des Herrn Mose im Buch Exodos (vgl. Ex 30,25). Mit ihm wurden als erste Aaron und seine Söhne zum Zeugnis für das Priesteramt und die Heiligkeit gesalbt (vgl. Ex 29,7). Danach wurden auch die Könige mit diesem Chrisma gesalbt und deshalb Gesalbte genannt, wie geschrieben steht: „Rührt meine Gesalbten nicht an" (Ps 104,15). In jener Zeit gab es die mystische Salbung nur für die Könige und Priester, durch die Christus symbolisiert wurde. Deshalb wird jener Name (*sc.* Christus) auch von Chrisma hergeleitet.

(2) Nachdem aber unser Herr, der wahre König und ewige Priester, durch eine himmlische und mystische Salbung benetzt worden war, wurden nicht nur Bischöfe und Könige, sondern die gesamte Kirche durch die Salbung mit dem Chrisma geheiligt, weil sie nämlich ein Teil des ewigen Königs und Priesters ist. Weil wir also ein priesterliches und königliches Geschlecht sind (vgl. 1 Petr 2,9), werden wir nach dem Bad gesalbt, damit wir durch den Namen als Gesalbte gelten.

26. Über die Handauflegung oder die Firmung

(1) Weil aber nach der Taufe von den Bischöfen mit der Handauflegung der Heilige Geist verliehen wird, erinnern wir uns, dass die Apostel dies in der Apostelgeschichte taten. So nämlich heißt es: „Es geschah aber, dass, während Apollos in Korinth weilte, Paulus das Hochland durchwanderte und nach Ephesus

ueniret Ephesum, ibique cum inuenisset quosdam discipulos, dixit ad illos si spiritum sanctum accepistis credentes. At illi dixerunt ad eum: Neque si spiritus sanctus sit audiuimus. Dixitque eis: In quo ergo baptizati estis? At illi dixerunt: In Iohannis baptismum. Ait autem Paulus: Iohannis baptizauit baptismum paenitentiae, plebi dicens in eum qui uenturus est post ipsum ut crederent, hoc est in Iesum Christum. Quod cum audissent, baptizati sunt in nomine domini Iesu, et cum inposuisset illis manum Paulus, uenit spiritus sanctus in illis, loquebanturque linguis et prophetabant." (2) Item alio loco: „Cum audissent autem qui erant Hierusolimis apostoli quod accepit Samaria uerbum dei, miserunt ad illos Petrum et Iohannem; qui cum uenissent orauerunt pro illis ut acciperent spiritum sanctum. Nondum enim in nullo eorum discenderat, tantum uero baptizati erant in nomine domini Iesu Christi. Tunc inponebant illis manus, et accipiebant spiritum sanctum". (3) Spiritum autem sanctum accipere possumus, dare non possumus, sed ut detur dominum inuocamus.

Hoc autem a quo potissimum fiat, quemadmodum sanctus papa Innocentius scripserit, subiciam. Dicit enim non ab alio quam ab episcopo fieri licere. Nam presbiteri, licet sint sacerdotes, pontificatus tamen apicem non habent. (4) Hoc autem solis pontificibus deberi ut uel consignent uel paraclitum spiritum tradant; quod non solum consuetudo ecclesiastica demonstrat, uerum et superior illa lectio Actuum Apostolorum, quae asserit Petrum et Iohannem esse directos qui iam baptizatis traderent spiritum sanctum. Nam presbiteris seu extra episcopum siue praesente episcopo, cum baptizant, crismate baptizatos unguere licet sed quod ab episcopo fuerit consecratum; non tamen frontem ex eodem oleo signare, quod solis debetur episcopis cum tradunt spiritum paraclitum.

kam. Und als er dort einige Jünger fand, sagte er zu ihnen, ob sie als Gläubige den Heiligen Geist empfangen hätten. Jene aber sagten zu ihm: Wir haben nicht einmal gehört, ob es einen Heiligen Geist gibt. Er sagte zu ihnen: In wem seid ihr getauft? Und jene sagten: In der Taufe des Johannes. Paulus aber sagte: Johannes spendete die Bußtaufe und sagte dem Volk, sie sollten an den glauben, der nach ihm kommen werde, d. h. an Jesus Christus. Als sie dies gehört hatten, wurden sie im Namen des Herrn getauft, und als ihnen Paulus die Hand aufgelegt hatte, kam der Heilige Geist in sie und sie redeten in Sprachen und weissagten" (Apg 19,1–6). (2) Ebenso an einer anderen Stelle: „Als aber die in Jerusalem versammelten Apostel hörten, dass Samaria das Wort Gottes angenommen habe, sandten sie den Petrus und Johannes zu ihnen. Als sie angekommen waren, beteten sie für jene, damit sie den Heiligen Geist empfingen. Denn er war noch auf keinen von ihnen herabgekommen, obwohl sie bereits im Namen des Herrn Jesus Christus getauft worden waren. Da legten sie ihnen die Hände auf und sie empfingen den Heiligen Geist" (Apg 8,14–17). (3) Den Heiligen Geist können wir empfangen, nicht verleihen, sondern wir bitten den Herrn, ihn zu verleihen.

Ich möchte aber ergänzen, durch wen – wie der heilige Papst Innozenz geschrieben hat[49] – dies sehr Mächtige geschieht. Er sagt nämlich, dass es niemand anderem als einem Bischof erlaubt ist, dies zu tun. Denn die Presbyter haben, wenn sie auch Priester (*sacerdotes*) sind, nicht die Krone des Bischofsamtes. (4) Diese aber wird nur den Bischöfen verliehen, damit sie sowohl beurkunden als auch den Geist als Parakleten übertragen. Dies beweist nicht nur die Gewohnheit der Kirche, sondern auch der oben angeführte Text aus der Apostelgeschichte, der bestätigt, dass Petrus und Johannes gesandt wurden, um den schon Getauften den Heiligen Geist zu übertragen. Den Presbytern ist freilich erlaubt, ohne oder in Gegenwart eines Bischofs, wenn sie taufen, die Getauften mit Chrisma zu salben, das aber von einem Bischof geweiht wurde, nicht aber mit diesem Öl die Stirn zu bezeichnen, was sich nur für die Bischöfe ziemt, wenn sie den Geist als Parakleten übertragen.

---

[49] INNOZENZ I., *epist.* 25,3,6 (PL 20,554f).

(5) Haec sunt parua ex multis quae probabilium uirorum nouimus percepisse doctrinis. Quorumque eloquia proinde quibusdam in locis a nobis interiecta esse noscuntur, ut sermo noster paternis sententiis firmaretur.

Explicit.

(5) Dies sind einige wenige der vielen Lehren rechtschaffener Männer, die wir verstanden haben. Deren Aussprüche wurden von uns an verschiedenen Stellen eingefügt, wie man erkennen kann, damit unsere Darstellung durch die Sätze der Väter abgesichert wird.

Ende.

ABKÜRZUNGEN

WERKABKÜRZUNGEN

AUGUSTINUS
  conf. confessiones
  doct. Chr. de doctrina Christiana
  ench. enchiridion

BENEDIKT VON NURSIA
  Bened. reg. Benedicti regula

BRAULIO
  epist. epistulae

CYPRIAN VON KARTHAGO
  epist. epistulae

HIERONYMUS
  adv. Jovin. adversus Jouinianum
  in Matth. commentarii in Matthaeum
  nom. Hebr. nomina hebraica = liber hebraicorum nominum
  quaest. hebr. gen. quaestiones hebraicae in Genesim
  vir. ill. de viris illustribus

INNOZENZ I.
  epist. epistulae

IRENÄUS VON LYON
  adv. haer. adversus haereses

ISIDOR VON SEVILLA
  etym. etymologiae (sive origines)
  diff. differentiae
  sent. sententiae
  synon. synonyma

JOHANNES CASSIANUS
  coll. collationes
  inst. institutiones

LAKTANZ
  inst.   institutiones divinae
VERGIL
  Aen.   Aeneis

Allgemeine Abkürzungen

Anm.	Anmerkung
Bd.	Band
ders./dies.	derselbe/dieselbe
eingel.	eingeleitet
ebd.	ebenda
etc.	et cetera
Hrsg./hrsg.	Herausgeber/herausgegeben
ND	Nachdruck
o. S.	ohne Seite
praef.	Praefatio
sog.	sogenannt
s. v.	sub voce
u. a.	unter anderem
übers./Übers.	übersetzt/Übersetzung
vgl.	vergleiche
z. B.	zum Beispiel

Bibliographische Abkürzungen

CCL	Corpus Christianorum. Series Latina, Turnhout 1954 ff
CSEL	Corpus Scriptorum Ecclesiasticorum Latinorum, Wien u. a. 1866 ff
DNP	Der Neue Pauly, Stuttgart 1996–2010
EDG	Enzyklopädie deutscher Geschichte, München 1988 ff
EMEu	Early medieval Europe, London u. a. 1992 ff
FMSt	Frühmittelalterliche Studien, Berlin u. a. 1967 ff
GWZ	Geist und Werk der Zeiten, Zürich 1956 ff
Francia	Forschungen zur westeuropäischen Geschichte. München 1973 ff
Francia.B	Beihefte der Francia, München 1975 ff
Helm.	Helmantica. Revista de filologia clásica y hebrea. Salamanca 1950 ff
HJ	Historisches Jahrbuch der Görresgesellschaft. München 1881 ff
LACL	Lexikon der antiken christlichen Literatur (hrsg. v. E. Döpp u. W. Geerlings), Freiburg u. a., 2. Aufl. 1999 (1998), 3. Aufl. 2002
LMA	Lexikon des Mittelalters, München 1980–1999
LThK	Lexikon für Theologie und Kirche, 3. Aufl., Freiburg u. a. 1993 ff
MGH.AA	Monumenta Germaniae Historica. Auctores antiquissimi, Hannover 1877–1919
PL	Patrologiae cursus completus. Series latina (hrsg. von J. P. Migne), Paris 1841 ff
RAC	Reallexikon für Antike und Christentum, Stuttgart 1950 ff
RGA-E	Reallexikon der germanischen Altertumskunde. Ergänzungsbände, Berlin 1986 ff
TRE	Theologische Realenzyklopädie, Berlin u. a. 1977 ff
SFGG	Spanische Forschungen der Görresgesellschaft, 2. Reihe, Münster 1931 ff

TU	Texte und Untersuchungen zur Geschichte der altchristlichen Literatur, Berlin 1882ff
ZSRG. K.	Zeitschrift der Savigny-Stiftung für Rechtsgeschichte. Kanonistische Abteilung, Weimar 1911ff
WiBiLex	Das wissenschaftliche Bibellexikon im Internet (online seit 2007)

Quellen

Isidor von Sevilla

De origine officiorum (=De ecclesiasticis officiis):
De ecclesiasticis officiis (hrsg. von Chr. M. Lawson = CCL 113), Turnhout 1989.
De ecclesiasticis officiis (Übers. und Einl. von Th. L. Knoebel (=Ancient Christian Writers. The Works of the Fathers in Translation 61), New York 2008.
- De los oficios eclesiásticos, übers. von A. Viñayo Gonzalez (Edición Isidoriana), León 2007.
- Los oficios eclesiásticos, übers. von J. Urdeix (Centre de Pastoral Litúrgica. Cuadernos Phase 200), Barcelona 2011.

Weitere Werke Isidors:

De differentiis verborum: PL 83,9–128.
De origine/Historia Gothorum:
- Las Historias de los Godos, los Vándalos y los Suevos de Isidoro de Sevilla (übers. von Cr. Rodríguez Alonso, León 1975.
- De origine Gothorum (hrsg. von Th. Mommsen = MGH.AA 11), Berlin 1894 (ND 1981), 268–295.

De laude Spaniae:
- De laude Spaniae (hrsg. von Th. Mommsen = MGH.AA 11) Berlin 1894 (ND 1981), 207.

De natura:
- Traité de la nature (hrsg. von J. Fontaine), Bordeaux 1960.

Etymologiae:
- Etymologiae sive Origines (hrsg. von W. Lindsay), Oxford 1911.
- Die Enzyklopädie des Isidor von Sevilla (übers. von L. Möller), Wiesbaden 2009.

Sententiae:
- Sententiae (hrsg. von P. Cazier = CCL 111), Turnhout 1998.

Synonyma:
- Synonymorum de lamentatione animae peccatricis libri II: PL 83,827–868.

Versus:
- Versus (hrsg. von J. M. Sánchez Martín = CCL 113A), Turnhout 2000.

Weitere zitierte Werke:

Augustinus

Confessiones:
- Confessionum libri XIII (hrsg. von L. Verheijen = CCL 27), Turnhout 1981.

De doctrina Christiana:
- De doctrina christiana libri IV (hrsg. von J. Martin = CCL 32), Turnhout 1962.

Enchiridion:
- Enchiridion ad Laurentium de fide et spe et caritate (hrsg. von E. Evans = CCL 46), Turnhout 1969, 21–114.

Benedikt von Nursia

Regula Benedicti:
- Die Benediktusregel (hrsg. im Auftrag der Salzburger Äbtekonferenz), Beuron 1992.

Braulio von Zaragossa

Renotatio Isidori:
- Braulio Caesaraugustanus, Renotatio Isidori a Braulione Caesaraugustano edita (Text nach Codex Legionensis 22, 352 ff). Abgedruckt bei J. Fontaine, Isidore de Seville. Genèse et originalité de la culture hispanique aux temps de Wisigoths, Turnhout 2000, 431–433; französische Übers. ebd., 433–435.

Cyprian von Karthago

Epistulae
- Epistulae (hrsg. von W. Hartel = CSEL 3/2), Wien 1871 (ND New York/London 1965).

Hieronymus

Adversus Jovinianum:
- Adversus Iovinianum libri duo: PL 23,211–354.

De viris illustribus:
- De viris illustribus (hrsg. von E. Richardson = TU 14/1a)), Leipzig 1896, 1–56.

Epistulae:
- Epistulae, 4 Bde. (hrsg. von I. Hilberg = CSEL 54–56/2), Wien ²1996.

In Matthaeum:
- Commentariorum in Mattheum libri IV (hrsg. von D. Hurst/M. Adriaen = CCL 77), Turnhout 1969.

Liber interpretationis hebraicorum nominum:
- Liber interpretationis hebraicorum nominum (hrsg. von P. de Lagarde = CCL 72), 57–161.

Quaestiones hebraicae in libro Geneseos:
- Quaestiones hebraicae in libro Geneseos (hrsg. von P. de Lagarde = CCL 72), Turnhout 1959, 1–56.

Ildefonsus Toletanus

De viris illustribus:
- De viris illustribus (hrsg. von C. Codoñer Merino), Salamanca 1972.

Innozenz I.

Epistulae:
- Epistulae: PL 20,463–612.

Irenäus von Lyon

Adversus haereses:
- Adversus haereses – Gegen die Häresien III (übers. und eingel. von N. Brox = FC 8/3), Freiburg i.Br. u. a. 1995.

Johannes Cassianus

Collationes:
- Conlationes XXIIII (hrsg. von M. Petschenig = CSEL 13/2), Wien 1886.

Institutiones:
- De institutione coenobiorum et de octo principalium vitiorum remediis libri XII (hrsg. von M. Petschenig = CSEL 17), Prag/Wien/Leipzig 1888, 3–231.

Laktanz

Institutiones:
- Divinarum Institutionum libri septem – liber V et VI (hrsg. von E. Heck/A. Wlosok), Berlin/New York 2009.

Leander Hispalensis

De institutione virginum et de contemptu mundi:
- De institutione virginum et de contemptu mundi – De la instrucción de las virgenes y el desprecio del mundo (hrsg. von J. Velázquez), Madrid 1979.

Sisebut

De luna:
- De luna (hrsg. von J. Fontaine: Isidore de Seville: Traité de la nature), Bordeaux 1960, 328–335.

Tertullian

De oratione:
- De baptismo/De oratione – Über die Taufe/Über das Gebet (hrsg. von D. Schleyer = FC 76), Turnhout 2006, 218–279.

LITERATUR

BARATA DIAS, P., L'ideal monastique, les moines et les monastères du monde wisigothique selon Isidore de Seville: Antiquité Tardive 23 (2015) 143–154.

BECHTHUM, M., *Beweggründe und Bedeutung des Vagantentums in der lateinischen Kirche des Mittelalters* (Beiträge zur mittelalterlichen, neueren und allgemeinen Geschichte, hrsg. von FR. SCHNEIDER 14), Jena 1941.

BLAISE, A., *Dictionnaire Latin-Français des Auteurs Chrétiens*, Turnhout 1954.

BREHAUT, E. *An Encyclopedist of the Dark Ages. Isidore of Seville*, Columbia 1912.

BRONISCH, A. P., *Reconquista und heiliger Krieg. Die Deutung des Krieges im christlichen Spanien von den Westgoten bis ins frühe 12. Jahrhundert* (=SFGG 2. Reihe 35), Münster 1998.

– *Die Judengesetzgebung im katholischen Westgotenreich von Toledo* (=Forschungen zur Geschichte der Juden, Abteilung A: Abhandlungen 17), Hannover 2005.

– El concepto de España en la historiografía visigoda y asturiana: Norba: Revista de Historia 19 (2006) 9–42.

CASTILLO MALDONADO, P., Gastrimargia y abstinentia en la normativa monástica hispanovisigótica (II): Isidoro de Sevilla: Florentia Iliberritana 15 (2004) 33–52.

– Living a Christian Life: Isidore of Seville on Monasticism, Teaching, and Learnig: FEAR/WOOD (Hrsg.), *A Companion to Isidore of Seville* 301–331.

CAZIER, P., *Isidore de Seville et la naissance de l'Espagne catholique*, Paris 1994.

CODOÑER MERINO, C., El mundo cultural de Isidoro de Sevilla: GONZÁLEZ, *San Isidoro: Doctor Hispaniae* 97–111.

COLLINS, R., Isidor, Maximus and the Historia Gothorum: *Historiographie im frühen Mittelalter* (hrsg. von A. SCHARER u. a.), Wien/München 1994, 345–358.

DÍAZ Y DÍAZ, M. C., San Isidoro el hombre: GONZÁLEZ, *San Isidoro: Doctor Hispaniae* 69–79.

ELFASSI, J., Connaître la bibliothèque pour connaître les sources: Isidore de Séville: Antiquité Tardive 23 (2015) 59–66.
- Isidore of Seville and the Etymologies: FEAR/WOOD, *A Companion to Isidore of Seville* 245–278.

DURST, M., Hilarius von Poitiers: ³LACL 333–336.

JONG, M. DE, *In Samuels Image. Child Oblation in the Early Medieval West*, Leiden 1996.

ESDERS, ST., Regem iura faciunt. Der westgotische Treueid im Kräftefeld personaler und transpersonaler Konzepte der Legitimität politischer Herrschaft: M. ALBERT/E. BRÜGGEN/K. KLAUS (Hrsg.), *Die Macht des Herrschers. Personale und transpersonale Aspekte* (=Macht und Herrschaft. Vormoderne Konfigurationen in transkultureller Perspektive, Schriftenreihe des SFB 1167/4), Göttingen 2019, 69–154.

FEAR, A., Putting the Pieces Back Together. Isidore and De Natura Rerum: DERS./J. WOOD (Hrsg.), *Isidore of Seville and His Reception in the Early Middle Ages* 75–92.

FEAR, A./WOOD, J. (Hrsg.), *Isidore of Seville and his Reception in the Early Middle Ages. Transmitting and Transforming Knowledge*, Amsterdam 2016.
- Introduction: FEAR/WOOD (Hrsg.), *Isidore of Seville and his Reception in the Early Middle Ages* 11–29.
- *A Companion to Isidore of Seville*, Leiden/Boston 2020.

FONTAINE, J., Fins et moyens de l'enseignement ecclésiastique dans l'Espagne wisigothique: *La scuola nell'Occidente latino dell'alto Medioevo* (=Settimane di Studi sull'alto Medioevo 19 [1971] Bd. 1), Spoleto 1972, 145–202.
- Cohérance et originalité de l'étymologie isidorienne: *Homenaje à Eleuterio Elorduy S. J.* (hrsg. von F. RODRÍGUEZ/J. ITURRIAGA), Bilbao 1978, 113–144.
- Isidor IV (von Sevilla): RAC 18, 1002–1027.
- *Isidore de Seville. Genèse et originalité de la culture hispanique au temps de Wisigoths*, Turnhout 2000.
- Une manifeste politique et estétique: le ‚De laude Spaniae' d'Isidore de Seville: L. MARY/M. SOT (Hrsg.), *Le discours d'éloge entre Antiquité et Moyen Âge*, Paris 2001, 61–68.

- Education and Learning in the Early Middle Ages: *The New Cambridge Medieval History c. 500–700* 1 (hrsg. von P. FOURACRE), ²Cambridge 2015, 735–759.
FONTAINE, J./CAZIER, P., Qui a chassé de Carthaginoise Severianus et les siens? Observations sur l'histoire familial d'Isidore de Séville: *Estudios en Homenaje a Don Claudio Sánchez Albornoz en sus 90 años 1*, Madrid 1983, 349–400.
FRANK, K. S., *Frühes Mönchtum im Abendland 1: Lebensformen*, Zürich/München 1975.
- Sarabaiten: ³LThK 9, 68.
GIL FERNÁNDEZ, J., Isidoro como obispo: GONZÁLEZ, *San Isidoro: Doctor Hispaniae* 81–95.
GONZÁLEZ, J. (Hrsg.), *San Isidoro: Doctor Hispaniae*, Sevilla 2002.
GONZALEZ SALINERO, R., Confronting the Other: Isidore of Seville on Pagans, Romans, Barbarians, Heretics and Jews: FEAR/WOOD, *A Companion to Isidor of Seville* 376–386.
HEINZELMANN, M., *Bischofsherrschaft in Gallien. Zur Kontinuität römischer Führungsschichten vom 4. bis zum 7. Jahrhundert. Soziale, prosopographische und bildungsgeschichtliche Aspekte* (Francia.B 5), Zürich u. a. 1976.
- Gallische Prosopographie 260–527: Francia 10 (1982) 531–718.
GRAF, F., Ianus: DNP 5, 858–861.
HEN, Y., A Visigothic king in search of an identity – *Sisebutus Gothorum gloriosissimus princeps*: R. CORRADINI/M. GILLIS/R. KITTERICK/I. VAN RENSWOUDE (Hrsg.), *Ego Trouble: Authors and Their Identities in the Early Middle Ages* (Forschungen zur Geschichte des Mittelalters 15, Österreichische Akademie der Wissenschaften), Wien 2010, 89–99.
HESS, H., *Das Selbstverständnis der gallo-römischen Oberschicht*, Berlin 2019.
HIEKE, Th., Esra: WiBiLEX 2005 (2019) Permanenter Link: http://www.bibelwissenschaft.de/stichwort/10823/
HUNTER, D. G., Marrying and the Tabulae nuptiales in Roman North Africa: *To Have and To Hold: Marrying and Its Documentation in Western Christendom 400–1600* (hrsg. von P. L. REYNOLDS/J. WITTE, Jr.), Cambridge/Mass. 2007, 95–113.

JASCHINSKI, E., Präfation: ³LThK 8, 492f.
KAISER, R., *Das römische Erbe und das Merowingerreich* (EDG 26), ³München 2004.
KAMPERS, G., Zum Ursprung der Metropolitanstellung Toledos: HJ 99 (1979) 1–27.
- Exemplarisches Sterben. Der ‚*Obitus beatissimi Isidori Hispalensis episcopi*' des Klerikers Redemptus: U. LUDWIG/TH. SCHILP (Hrsg.), *Nomen et Fraternitas* (RGA-E 62), Berlin/ New York 2008, 235–248.
- *Geschichte der Westgoten*, Paderborn 2008.
- Das Prooemium des 4. Konzils von Toledo (633): ZRSG. K. 129 (2012) 1–18.
- Wicthairus arianae legis sacerdos: Millennium – Jahrbuch zur Geschichte und Kultur des ersten Jahrtausends n. Chr. 11 (2014) 101–120.
- Isidor von Sevilla und das Königtum: Antiquité Tardive 23 (2015) 123–132.
- Isidor von Sevilla und seine Familie. Überlegungen zu ‚De institutione virginum et de contemptu mundi' c. 31: FmSt 52 (2018) 43–58.
MAAS-EWERT, TH., Rationale: ³LThK 8, 843f.
MEISSNER, D., *Natur, Norm, Name. Sprache und Wirklichkeit in Platons „Kratylos"* (Paradeigmata 38), 2019.
MESSMER, H., *Hispania-Idee und Gothenmythos. Zu den Voraussetzungen des traditionellen vaterländischen Geschichtsbildes im spanischen Mittelalter* (GWZ 5), Zürich 1960.
MOSSHAMMER, A. A., *The Easter Computus and the Origins of the Christian Era*, Oxford 2008.
NAGENGAST, U., *Gothorum florentissima gens. Gotengeschichte als Heilsgeschichte bei Isidor von Sevilla*, Frankfurt a.M. 2011
ORLANDIS ROVIRA, J., La oblación de niños a los monasterios en la España visigótica: DERS., *Estudios sobre instituciones monásticas medievales* (Colección de la Iglesia 2), Pamplona 1971, 51–68.
- Die Synoden im katholischen Westgotenreich: DERS./D. RAMOS-LISSÓN (HRSG.), *Die Synoden auf der Iberischen Halbinsel bis zum Einbruch des Islam (711)*, Paderborn u. a. 1981, 95–346.

PABST, A., Senatorenadel: LMA 7, 1746.

POHL, W./DÖRLER, PH., Isidor and the *Gens Gothorum*: Antiquité Tardive 23 (2015) 133–141.

RODRÍGUEZ, I., Cántico de san Isidoro a España: Helm. 12 (1961) 177–226.

SAUSSURE, F., *Grundfragen der allgemeinen Sprachwissenschaft* (hrsg. von CH. BALLY/A. SECHEHAYE u. a.), Berlin/New York 2001.

STOCKING, R. L., Martianus, Avientius, and Isidor: Provincial Councils in Seventh-Century Spain: EMEu 6 (1997) 169–188.

– *Bishops, Councils, and Consensus in the Visigothic Kingdom 589–633*, Ann Arbor 2000.

STROHECKER, K. F., *Der senatorische Adel im spätantiken Gallien*, Tübingen 1948.

– Spanische Senatoren der spätrömischen und westgotischen Zeit: DERS. (Hrsg.), *Germanentum und Spätantike*, Zürich 1965, 54–87.

UBRIC RABANEDA, P., Leander of Seville and His Influence on Isidore of Seville, in: FEAR/WOOD, *A Companion to Isidore of Seville* 101–134.

VELÁZQUEZ, I./RIPOLL, G. (Hrsg.), Isidor de Séville et son temps: Antiquité Tardive 23 (2015) 43–268.

VELÁZQUEZ, I., La doble redacción de la Historia Gothorum de Isidoro de Sevilla: M. ANDRÉS SANZ/J. ELFASSI/J. C. MARTÍN (Hrsg.), *Actes du Colloque organisé à la Casa Velázquez et à l'Université Rey Juan Carlos de Madrid (14–15 janvier 2002)*, Paris 2008, 91–126.

WALSH, P. G., Hymnen I: TRE 15, 756–762.

WELTER, B., Laudes: ³LThK 6, 681.

WOLF, K. B., *Conquerors and Chronicles of Medieval Spain (Translated Texts for Historians* 9), ²Liverpool 1999.

WOLFRAM, H., *Die Goten. Von den Anfängen bis zur Mitte des sechsten Jahrhunderts. Entwurf einer historischen Ethnographie*, ³München 1990.

WOOD, J., A Family Affair. Leander, Isidore and the Legacy of Pope Gregory the Great in Spain: FEAR/WOOD (Hrsg.), *Isidore of Seville and his Reception in the Early Middle Age* 31–56.

- *The Politics of Identity in Visigothic Spain: Religion and Power in the Histories of Isidore of Seville*, Leiden 2012.

REGISTER

BIBELSTELLEN

ALTES TESTAMENT

Gen 1,19–26 235
Gen 1,22.28 209 221
Gen 1,27f 223
Gen 1,29 143
Gen 3,16 221 231
Gen 3,18 221
Gen 4,1 221
Gen 4,19 223
Gen 5,27 175
Gen 9,1.7 209
Gen 9,3 143
Gen 24,65 225
Gen 35,11 209 221

Ex 12,2 119
Ex 12,29 99
Ex 15,1 59
Ex 16,26 103
Ex 23,19 133
Ex 29,4–9 159
Ex 29,7 255
Ex 30,25 255
Ex 34,18 119

Lev 23,24.27 135
Lev 25,8–55 125
Lev 29f 135

Num 3,5–12 177
Num 6,23–26 85
Num 8,24 177
Num 8,24–26 181
Num 8,25 180
Num 18,12 133
Num 18,20 151
Num 19,2 167

Dtn 3,92 249
Dtn 6,4 233
Dtn 12,6.11 133
Dtn 14,28 133
Dtn 16,9 133
Dtn 18,4 133

Ri 5,1–31 59

Rut 1,3–5 217

2 Sam 11–12 203

1 Kön 2,10 207
1 Kön 2,30 161

2 Kön 4,8 217
2 Kön 5,12 185
2 Kön 25,1 71f

2 Chr 33,11–19 249

Esra 4,23 73
Esra 9,1–3 135
Esra 14,21–44 73

Jdt 8–14,5 217

Ijob 38,32 97

Ps 6,7 249
Ps 15,5 151
Ps 31,1f 245

Ps 33,2 79
Ps 50,5 203
Ps 50,19 205
Ps 55,18 93
Ps 62,1–3 101
Ps 75,6 97
Ps 83,5 79
Ps 104,15 255
Ps 109,4 87
Ps 118,62 99 101
Ps 131,3–5 97
Ps 140,2 95

Spr 5,22 203
Spr 18,22 229
Spr 20,29 175

Koh 3,5 209
Koh 11,2 103 125

Weish 2,1 75
Weish 2,12f 75
Weish 2,18–20 75
Weish 4,8 175
Weish 6,7 167
Weish 9,7f 75

Sir 50,13 59
Sir 50,16–18 81

Jes 26,9 97
Jes 52,6 69
Jes 52,11 183
Jes 53,7 123
Jes 56,5 213
Jes 58,1 183
Jes 73,2 117

Jer 36,2–9 137

Ez 5,1 155

Dan 3,51–90 61
Dan 6,14 92f

Joel 2,32 85

Jona 3,5–9 139 203 249

Mal 1,6–8 167

NEUES TESTAMENT

Mt 2,1f 107
Mt 3,4 191
Mt 3,11 247
Mt 3,17 251
Mt 5,3 151
Mt 6,9 83
Mt 6,9f 83
Mt 9,15 135
Mt 11,29 213
Mt 12,32 93
Mt 16,18f 161
Mt 16,24 113
Mt 17,17 233
Mt 19,9 229
Mt 19,10.12 211
Mt 19,12 213
Mt 20,18 22
Mt 25,35 171
Mt 26,1f 111
Mt 28,19 251 253

Mk 10,38 249
Mk 13,35 99
Mk 14,22 87

Lk 2,16 107
Lk 2,36–38 217
Lk 6,12 99
Lk 9,62 235
Lk 10,39.42 67
Lk 11,1 65
Lk 11,3 89
Lk 12,37 99
Lk 12,38.40 99
Lk 18,13 249
Lk 21,23 209
Lk 24,50–52 45 163

Joh 1,14 105
Joh 1,26 247
Joh 1,31 247
Joh 1,33f 243
Joh 1,47 181
Joh 3,5 251
Joh 6,51 87
Joh 6,54 91
Joh 10,12 129
Joh 12,13 109
Joh 13,1 117
Joh 13,4f 111
Joh 15,1 87
Joh 20,21–23 253

Apg 1,11 121
Apg 1,12 177
Apg 1,26 151
Apg 2,11 123
Apg 4,32 191
Apg 5,1–11 195 211
Apg 6,2–7 177
Apg 8–18 127
Apg 8,2 177
Apg 8,14–17 257
Apg 9,36–41 217
Apg 10,3 177
Apg 11,26 57
Apg 13,12f 163
Apg 15,24 237
Apg 16,23–26 99
Apg 18,18 155
Apg 19,1–6 257
Apg 19,4 247
Apg 20,28 175

Röm 2,28 239
Röm 3,21 131
Röm 4,25 117
Röm 6,9 103
Röm 8,33 185
Röm 12,12 113
Röm 13,1 8
Röm 14,2.21 143

1 Kor 1,25 113
1 Kor 1,27–29 199
1 Kor 5,7 119
1 Kor 6,13 145
1 Kor 7,2 221
1 Kor 7,5 225 231
1 Kor 7,7 115
1 Kor 7,9 211 223
1 Kor 7,10 229
1 Kor 7,25f 211
1 Kor 7,28 211 221
1 Kor 7,29 209
1 Kor 7,32f 215
1 Kor 7,33 221
1 Kor 10,1f 247
1 Kor 10,16 87
1 Kor 11,3 225 229 231
1 Kor 11,14 203
1 Kor 11,29 91
1 Kor 12,30 189
1 Kor 13,12 245
1 Kor 14,34 215

2 Kor 3,16 157
2 Kor 4,16 113
2 Kor 11,2 209
2 Kor 11,13 237

Eph 1,18 113
Eph 3,18 113
Eph 4,5 251
Eph 4,8 121

Phil 1,1 175

Kol 1,18 103
Kol 3,3 119
Kol 3,5 113
Kol 3,9f 155
Kol 3,18 231
Kol 28,9 249

1 Tim 2,12 215
1 Tim 3,1–13 175
1 Tim 3,2 163

1 Tim 3,6 165
1 Tim 3,8 181
1 Tim 3,10 181
1 Tim 5,6 219
1 Tim 5,9 217
1 Tim 5,11f 219
1 Tim 5,12 211
1 Tim 5,13 219
1 Tim 6,11 171
1 Tim 6,22 165

2 Tim 3,16 77

Tit 1,5–7 175
Tit 1,6 175
Tit 2,3 217 219
Tit 2,3–4 219

Hebr 13,4 221

1 Petr 2,9 157 255

Offb 14,4 213
Offb 19,6 79
Offb 22,9 129

Namen

BIBLISCHE NAMEN

Aaron 44 81 157 159 161 173 177 255
Abimelech 91
Abraham 159 175
Adam 35 105 111 175 221 223 251
Ananias 195 211
Apollos 255
Aquila, Nazireer 155
Asaph, Prophet 71 185
Asir, Prophet 71

Barnabas 77 127 163
Baruch 137

Clemens, vermeintlicher Verfasser des Hebräerbriefs 77
Core, Prophet 71

Daniel 69 71 93 207
David 42 61 71 83 91 95 97 101 185 201
Debora 59

Ebiazap, Prophet 71
Elcana, Prophet 71
Eleazar 73
Elias 131 161 191 195 207 217
Eliseus 191
Eman, Prophet 71
Esra 69 71–73 135 181 187
Esther 69 71
Ethan 71
Eva 221
Ezechiel 69 71 155

Haggai 71

Idithun, Prophet 71
Ijob 69 71 201 207
Isaak 159 163

Jakob 97 159 163
Jakobus 69 77
Japhet 16
Jeremia 69 71 137 207
Jesaja 69 71 97 213
Jesus (Christus) 25 43 67 87 99 163 247 257
Jesus Sirach 69 81
Johannes der Täufer 191 233 247 251 257
Johannes, Presbyter 77
Johannes, Apostel, Verfasser der Evangelien, Briefe, Apokalypse 69 77 79 119 181 213 257
Josua 69 71 77 161 163 167
Judas 69 77
Judit 69 77

Lamech 223
Levi 72 177
Lot 235
Lukas 69 77 163

Magog 16
Maleachi 71 167
Manasse 249
Maria, Gottesmutter 111 207 241
Maria, Schwester der Martha 67
Markus 69 77
Martha, Schwester der Maria 67
Matthäus 69
Matthias 151
Melchisedech 87 157
Mose 44 57 59 61 67 69 71 73 85 123 131 133 135 157 159 161 163 167 175 177 185 233 247 255

Nathanael 181
Nebukadnezzar 72
Nerija 137
Nicanor 177

Nikolaus 177
Noah 16
Noomi 217
Nun 69 71

Parmenas 177
Paulus 41 69 77 99 113 127 155 163 173 175 179 215 237 247 255 257
Petrus 44 57 69 77 81 125 157 161 195 257
Philemon 77
Philippus 177
Priscilla 155
Procorus 177

Rut 69 71

Safira 195 211
Salomo 57 71 75 77 125 187 209
Samuel 71 195
Sileas 99
Stephanus 177

Tabita 217
Timon 177
Timotheus 77 175 179
Titus 77 175
Tobit 69 77

Zacharias (Sacharja) 41 71 77
Zebedäus 249

ANTIKE UND
MITTELALTERLICHE NAMEN

Aesop 29
Agila, gotischer König 10
Alexander der Große 73
Ambrosius von Mailand 40f 63
Antonius der Große 141 191
Apuleius 29
Aquila, Übersetzer 73

Aristoteles 29
Artaxerxes 72
Athanagild, westgotischer König 10 12
Augustinus 24 29 41 43 60f 74f 93 226

Boethius 25
Braulio von Zaragoza 28f 32f

Caesar, Gaius Julius 29
Cassiodor 25 29 38f
Chintila, gotischer König 28
Cicero 29 40
Cyprian 24

Florentina, Schwester des Isidor von Sevilla 24 27 51
Fulgentius, Bischof von Astigi, Bruder des Isidor 10f 27 51

Gregor der Große 13 27
Gregorius, häretischer Bischof 28

Heraclius, Kaiser 28
Hermenegild, Sohn des westgotischen Königs Leovigild 13f
Hermogenes, Gesprächspartner des Sokrates 35
Hieronymus 16 24 41 75–77 158 226
Hilarion, Mönchsvater 191
Hilarius, Bischof von Poitiers 63
Hydatius 16

Ingund, Ehefrau des Hermenegild 13
Innozenz I., Papst 257
Irenäus 72

Janus, römischer Gott 138f
Johannes von Biclaro 16

Kratylos 35

Leander, Bischof von Sevilla, Bruder des Isidor 10–15 26 41 51
Leovigild, westgotischer König 12–14
Liuva II., westgotischer König, Sohn Reccareds I. 15
Lucretius 29

Macarius, Mönchsvater 191
Martial 29
Martianus, Bischof von Astigi 23
Mauricius, Kaiser 26
Mir, König der Spaniensueben 14

Origenes 29 73
Orosius 16
Ovid 29

Panaitios von Rhodos 40
Paulus, Mönchsvater 141 191
Plato 29
Plinius d. Ä. 29
Prosper Tiro 16
Ptolemäus II. 73

Quintilian 29

Reccared I., westgotischer König, Sohn des Leovigild 12–14 f 17 f 26
Reccared II., westgotischer König, Sohn des Sisebut 19

Riccimir, Sohn des Svinthila, Mitregent 19

Sallust 29
Servius 29
Severianus, Vater des Isidor von Sevilla 10
Sisebut, westgotischer König 17–19 23 32
Sisenand, westgotischer König 19 24 f
Sokrates, Philosoph 35
Solinus 29
Suetonius 25 29
Svinthila, westgotischer König 17–21
Symmachus, Übersetzer 73

Tertullian 24
Theoderich der Große 38
Theodotion, Übersetzer 73
Theophrast 226
Theudigisclus, gotischer König 10
Theudis, gotischer König 9 f

Varro 25 29
Vergil 29
Verrius Flaccus 25 29
Victor von Tunnuna 16

Witterich, westgotischer König, Usurpator 15

Lateinische Begriffe

accentus 184
acefalus 152
anachorita 192
apex 182 256
atrium 56
auctor 50 54 76 156 184 190
– auctoritas 50 54 78 100 124 132 136 140 158 164 168 172 190 196 222 240
– auctrix 206
auspicium 222

baptisma 204 232 242 246 248 250 252
– baptismum 106 116 148 166 246 248 250 252 254 256
– baptista 190
– baptizare 232 242 246 248 250 252 256

catholicus 56 68 76 92 204 246
circelliones 192
clericus 140 148 150 152 154 156 172 194 252
– cleronomia 150
– cleronomos 150
– cleros 150
coenobium 192 194 198 200
– coenobialis 192 194
– coenobita 190
consecrare 56 80 110 140 154 156 158 164 176 248 254 256
– consecratio 172 178
corona 58 154 156 158 214
– coronare 126

diacon 148 174 176 180 252
– archidiaconus 182
– diaconus 66 172 174 176 178

episcopus 50 62 158 160 162 164 168 170 172 174 178 180 182 186 188 252 254 256
– episcopalis 152
– episcopatus 45 162 166
– episcopin 45 162
etymologia 33

figura 30 102 116 124 158 232 246 248
– figuraliter 86 116
– figurare 118 130 154 156 222 254
filacteria 192

genus 30 44 50 56 82 98 104 138 142 148 152 154 156 160 184 190 192 194 208 218 222 226 254
– libellus de genere officiorum 50, vgl. origo
gradus 150 174 176 182 214 216 232 234 248

heremus 102 140 190
– heremita 190

idiota 56

laicus 152 170 252
leuita 158 178 180 182 224

magister 86
– magisterium 50 68 112 162 164 200
monasterium 100 106 190 194
monogamia 164 222
mysterium 58 60 78 84 86 94 108 110 116 124 130 168 176 178 180 234 250
– mysticus 118 254

nubere 210 218 222 224 246
- nubes 224 246
- nuptiae 208 210 220 222 226 242
- nuptialis 226
- obnubere 224

officium 50 54 78 92 94 98 100 146 150 152 164 168 170 172 178 180 186 188 214 248
ordinare 50 150 162 164 172 174 176 178 182 188
- ordinatio 164 166 172 174 176 180
origo 29 32f 35f 50 76 146 156 222 242 246 248 252
- de origine officiorum 40f 47 50
- originalis 188 242 250 252

paganus 138 240
piscis 54 142 144
pontifex 106 160 166 254 256
- pontificalis 156 158 164
- pontificatus 160 162 256
presbiter 70 74 76 148 158 172 174 186 252 256
- presbiterium 166
priuatus 66 150 218 252
pronuntiare 31 60 64 66 160 182 184 246
- pronuntiatio 208 182 184
protendere 184

renuita 194

sacerdos 44 58 72 76 80 84 86 90 142 148 156 158 160 162 164 166 172 174 176 178 182 204 222 232 252 254 256
- sacerdotalis 94 154 158 160 184 186 214 254
- sacerdotium 44 154 156 160 164 166 172 254
sacramentum 82 84 86 88 90 94 108 116 118 122 130 156 164 178 188 204 222 226 228 232 234 246 248 250 252
saeculum 78 92 94 100 102 110 112 116 118 124 150 156 160 212 214 220 234 238 240 252
- saecularis 78 132 150 152 160 164 170 214
sillaba 184
stilus 42 50 76
superintendere 45 162f
symbolum 52 84 108 148 234 236 238 240

tabernaculum 56 96 134 158 176 180
tabulae dotales (matriomoniales, nuptiales) 226f
typus 86 222 246
- typicus 86 108

uelamen 156 214
- uelamentum 44 156 224
- uelare 156 214 222 224
uocabulum 33 35 52 56 106 116 162
uolumen 70 74 134 136